남북한 역사소설 비교 연구

계명대학교 한국학연구 총서 16

남북한 역사소설 비교 연구

민현기 외

계명대학교출판부

책을 펴내며

작년은 광복 60주년이 되는 해였습니다. 식민의 어둠을 벗어나 빛을 되찾자마자 분단의 아픔을 맞았기에, 60년의 세월은 분단의 역사 또한 그만큼 오래되었음을 말해주는 것이기도 합니다. 남북한의 문화적 · 문학적 이질성 또한 그 세월만큼이나 심해졌을 것입니다. 다가올 통일 시대를 준비하는 작업은 이렇듯 분열된 틈들을 조금씩 메워나가는 일들로부터 비롯될 수 있을 것이라 생각합니다. 이 책의 기획 또한 바로 그러한 문제의식으로부터 출발했습니다.

남북한 역사소설 가운데에는 동일한 역사적 사건과 인물을 소재로 한 경우가 적지 않지만, 그럼에도 그것을 형상화하는 방식에는 큰 차이가 있습니다. 남북한의 서로 다른 형상화 방식은 한반도의 분단된 두 영역이 처한 각각의 현실로부터 유래하는 것이기에, 그 소설들이 그려내는 역사에는 현재의 관념과 의지가 투사되어 있게 마련입니다. 그로 인한 차이들은 우리의 현재를 비춰주는 거울의 일종이라고 할 것입니다.

이 책에는 조선 시대로부터 식민지 시대를 거쳐 해방과 분단에 이르는 역사적 과정을 여섯 개의 역사적 시기로 나누어 각 해당 시기의 역사를 바라보는 남북한 서로 다른 시선을 비교한 글들을 엮었습니다. 분단의 역사로 깊어진 우리 민족의 정신적 단절을 확인하는 이와 같은 예비 작업이 그것을 극복하는 새로운 방도를 모색하는 귀중한 출발점이 될 것으로 기대합니다.

2006년 2월

필자를 대표하여 민현기

남북한 역사소설의 거리

『황진이』를 중심으로

황 국 명

1. 두 황진이

역사소설을 읽다 보면 사실 자체보다 그것을 얼마나 새롭게 해석할 수 있느냐에 소설적 형상화의 요체가 있는 듯하다. 예를 들어, 성차(性差)에 따라 동일한 사건과 자료를 보는 시각이나 서술의 초점이 다를 수 있고, 해석에 개입하는 주관적 사회적 맥락이 의미의 차이와 변화를 초래할 수도 있다. 홍석중의 『황진이』와 전경린의 『황진이』도 그러할 터이다.[1)]

황진이는 16세기 중종 때의 명기로 알려져 있다. 그런데 다양한 문헌들이 전하는 황진이의 행적은 액면 그대로 사실의 기록이라기보다 당대

1) 홍석중, 『황진이』(도서출판 대훈닷컴, 2004)와 전경린, 『황진이』(이룸, 2004)를 대상으로 하며, 인용시 본문에 쪽수만 표시함.

인의 열망을 담은 허구이거나 문헌 저자의 이념이 스며든 이야기처럼 보인다. 황진이의 출생, 기류 입문 동기, 양반 식자층의 훼절이나 파계, 유언과 죽음 등과 관련된 기록들은 대개 야담이나 야사, 일화나 전설의 형태로 전해진다. 그래서 황진이에 얽힌 이들 이야기를 뭉뚱그려 '황진이 설화'라고 명명할 수 있겠다.[2] 1936년 『조선중앙일보』에 연재된 이태준의 장편소설 『황진이』 이후 본고의 대상인 전경린과 홍석중의 소설에 이르기까지 현대소설사도 황진이 설화의 계보를 지닌다.[3]

기왕의 황진이 설화처럼, 홍석중과 전경린도 해석상 백지상태로, 즉 어떤 이념적 편견이나 경향도 없이 물 자체로서의 황진이를 발견한다고 볼 수 없다. 그들은 이미 시간을 통해 누적되어온 해석을 참조하거나 거부하면서 역사에 접근할 수밖에 없을 것이다.[4] 그렇다면, 두 작가의 소설은 암묵적으로 해석상의 경쟁을 한다 하겠고, 이에 따라 우리는 두 사람의 황진이, 곧 '홍석중의 황진이'와 '전경린의 황진이'를 대면한다고 할

---

2) 이동준, 「황진이 설화의 문학적 연구」, 『어문학』60집(한국어문학회, 1997), p. 437.

3) 남북한문학사가 공유할 수 있는 이태준의 소설을 포함해서 남한에서 발표된 작품으로 박종화, 「황진이의 역천」(『새벽』, 1955. 11), 정한숙, 「황진이」, 『한국역사소설문학전집』12권(을유문화사, 1975), 안수길, 『황진이』(홍문각, 1977), 류주현, 『황진이』(범서출판사, 1978), 정비석, 『옛날옛날에 한 여자-옷을 벗은 황진이』(남향문화사, 1982), 김남환, 『황진이와 달』(복지문화사, 1986), 최인호, 『황진이』(동화출판공사, 1986), 최정주, 『황진이』(삼신각, 1993), 문정배, 『황진이』(미래문화사, 1994), 홍성란, 『황진이 별곡』(삶과꿈, 1998), 김탁환, 『나, 황진이』(푸른 역사, 2002) 등이 있다. 그러나 홍석중의 작품 외에 황진이를 다룬 북한소설은 미처 확인할 수 없었다.

4) 이들 작가가 참고한 문헌은 허균의 『惺翁識小錄』(1611년), 유몽인의 『於于野談』(1621년), 이덕형의 『松都奇異』(1631년), 임방의 『水村漫錄』(1724년 전후), 서유영의 『錦溪筆談』(1873년), 김택영의 『崧陽耆舊傳』(1896년) 등이다.

수 있다.

경쟁하는 해석들은 황진이에 관한 독자의 인식을 확장하고 다변화시켜 주겠지만, 두 작가의 황진이를 비교할 근거가 그렇게 넉넉한 것은 아니다. 두 작가의 소설은 '이태준의 황진이'를 공유한 문학사에 통합하여 이해해야 할 것이다.[5] 또 북한문학이 변화되어 가는 징조를 예각적으로 드러낸다고 지적되고 있는 만큼,[6] 홍석중의 소설은 북한문학사의 맥락에 두어야 하며, 정염의 작가로 알려진 전경린의 경우 여성주의와의 연관 속에서 그 연속과 변화를 고려해야 한다. 게다가 작가의 성차까지 고려해야 한다면, 두 작품을 비교하는 일은 난제가 아닐 수 없다.[7]

우리에게 황진이는 과거이고 그 과거는 돌이키거나 되물릴 수 없다. 그렇기 때문에, 작가나 독자는 그녀를 운명의 관점에서 보게 된다. 운명은 개인이 의지적으로 선택하거나 뜻대로 바꿀 수 있는 것이 아니다. 예컨대 우리가 한 구성원으로 태어나게 되는 가족이나 생래적인 능력은

---

5) 이태준의 소설은 유교적 가치관을 비판하고 여권신장을 드러낸 민족문학, 과거의 인물에 가탁하여 현대의 문제를 취급한 낭만적 역사소설로 이해되며 문헌자료의 허구화 과정도 연구된 바 있다. 강병구, 「이태준의 역사소설 연구」(충남대 교육대학원 석사논문, 1990), 이대영, 「상허의 장편소설연구」『어문연구』23집(충남대 어문연구회, 1992), 이명희, 「『황진이』·『호동왕자』의 역사소설적 의미」, 『이태준문학연구』(상허문학회, 깊은샘, 1993), 이건, 「이태준의 『황진이』연구」(상명여대 대학원 석사논문, 1995), 이병렬, 「역사적 인물의 소설적 형상화」, 『숭실어문』14호(숭실어문학회, 1998) 참조.

6) 최원식, 「남과 북의 새로운 역사감각들」(『창작과비평』, 2004년 여름호), pp. 60-61 참조.

7) 두 작품을 함께 살핀 글로 황도경, 「황진이, 꽃으로 피다」(『문학동네』, 2004년 겨울호), 김경연, 「황진이의 재발견, 그 탈마법화의 시도들」(『오늘의문예비평』, 2005년 여름호)을 참고할 수 있다.

개인의 의지 밖에 놓인다. 홍석중과 전경린의 소설에서 황진이 또한 16세기의 역사적 상황, 사회문화적 맥락으로부터 자유롭지 않다. 그런 상황과 맥락을 그녀 스스로 만든 것이 아니며, 그녀의 출생이나 가족, 빼어난 미모도 그녀 스스로 선택한 것은 아니다. 그럼에도 불구하고, 그녀의 삶을 규정한다는 의미에서, 그런 맥락과 상황은 바로 운명이라 하겠다.[8)]

그런데 이미 결정된 과거이고 완결된 사건이지만, 작중인물은 자신의 운명에 무지하다. 소설 속 황진이에게 삶은 불확실한 미래로 열려있으며, 그래서 그녀는 자유로운 듯 꿈꾸고 행동한다. 처음부터 자신의 운명을 알거나 운명에 복종하는 인물이라면 그녀는 소설의 주인공이 될 수 없을 것이다. 그러니까 돌이킬 수 없는 운명과 이 운명에 대해 맹목인 인물의 자유 사이에 극복하기 어려운 빈틈이 있다 하겠고, 운명과 자유의 간극이야말로 소설을 소설답게 만들고 이야기를 밀고나가는 근본적인 힘이라고 할 것이다. 운명과 자유의 모순을 다루는 방식에 두 작가의 황진이가 갈라서는 지점이 있을 법하다.

2. 자유와 운명의 긴장-홍석중의 『황진이』

1) 더불어 사는 삶과 세계 속의 행복

홍석중의 소설에서 황진사의 고명딸로 설정된 황진이는 세상을 향해

8) 작중인물에게 운명으로 작용하는 맥락과 상황은 사회경제적 역사적 맥락, 이야기 형식 자체의 맥락, 작중의 다른 인물 및 사건과의 상호연관 등이다. 작중인물은 자신의 의지와 무관한 상황에 의해 만들어지며 동시에 상황에 반응하는 존재라 할 것이다. M. Roemer, *Telling Stories*(Rowman & Littlefield, 1995), pp. 11-17 참조.

무모한 <호기심>과 순진한 희망을 품는다. 그녀는 <늘 욕구불만>에 몸부림치며, 호기심을 충족시키려는 무분별하고 <위험한 열정>을 소유한다(1:47). 그렇다면 그녀의 열정은 무엇을 지향하는가? 10년 전 불탄절의 나들이에서 그녀는 <담장 안에 갇힌 사대부집 처자의 슬픔과 자유롭게 나다니는 려염집 처자의 행복을 비교>(1:96)한 바 있다. <거리의 현란한 불빛>을 잊지 못하던 차에, 황진이는 남복차림으로 밤마실에 나서고 주막거리에서 <자유로운 귀신이 묶이운 신선보다 낫고 여윈 자유가 살진 종살이보다 낫다>(1:97)고 독백한다. 이렇게 보면, 예속의 굴레를 벗어난 삶을 꿈꾸는 것처럼 보인다.

자유로운 삶에 대한 열망이 없지 않지만, 황진이가 지속적으로 관심을 보인 것은 사랑이다. 사랑이 없다면 자연의 장엄하고 신비로운 아름다움도 소용없다는 것이다.

> 깨끗하고 아름다운 자연의 품속에서 눈을 뜬 사랑의 갈망, 행복의 갈망이 심장을 마구 쥐여뜯기 때문이리라. 그래, 그 말이 옳다. 하늘은 오로지 사랑만을 위하여 이 아름다운 자연을 사람들한테 만들어준 것이니까……(1:40)

사랑과 행복이 동일시되고 있는 것처럼, 윤승지댁 자제와의 혼인이 결정되었을 때, 황진이는 이제 낯선 세계의 문턱에 서 있다는 설렘과 함께 자신을 <안식처를 찾은 길손>(1:103)에 비긴다. 그리하여 김경조와 부인 양씨의 신비한 사랑이야기를 떠올리면서 그들은 <행복한 사람들>(1:120)이라 하고, 자신과 정혼자의 가슴에 함께 사랑이 타오르기를 소망한다.

물론 출생의 비밀이 드러나 파혼에 이르기는 하지만, 황진이가 전적으로 사랑만을 정당화하는, 곧 낭만적 사랑을 꿈꾸는 것은 아니다.[9] <사랑이 사랑의 전부가 아니라는>(2:246) 하인 놈이의 말처럼, 사랑은 과정이 아니라 <결과>가 있어야 한다고 믿기 때문이다. 사랑에 동반되어야 할 결과란 육체를 접하며 생사를 함께하는 것이다. 교전비 이금이와 괴똥이의 결연을 두고 말하듯, <사랑한다면 함께 사는 것이 행복의 첫 발자국>(2:22)이다. 그러니까 사랑은 육체의 교류를 통해 개체의 불연속성을 넘어서는 일이라고 할 수 있다.

그런데 황진이는 이것만으로도 충분하지 않다고 생각한다. 소악패의 우두머리인 괴똥이가 놈이의 화적패와 거래를 하고 있었기 때문에, 진이는 이금이의 <보금자리>에 불행이 덮칠 것을 염려한다.

> 진이는 이것이 마음에 걸렸다. 그가 이금이를 위해서 마련해주고 싶은 행복은 인정으로 바라거나 기대할 수 있는 이상의 완전한 것이여야 했다. 자신이 누리지 못한 행, 자신이 억울하게 빼앗긴 복, 자신이 잃어버린 아름다운 것과 소중한 것을 이금이에게 고루 갖추어 주고 지켜주고 싶은 것이 진이의 간절한 바람이요 이 세상과 겨루어보려는 제 나름의 승벽과 같은 것이였다. 이런 부조리한 세상에서 놈이나 화적패들을 나무라고 싶은 생각을 꼬물만큼도 없었지만 그들의 위험천만한 살판뛰기에 이금이의 보금자리가 부서지는 것을 그냥 방관할 수는 없었다.(2:90)

그래서 황진이는 괴똥이와 이금이뿐 아니라 그들 자식의 장래를 위하

---

9) 사랑을 위해 모든 것은 마땅히 희생되어야 한다는 것이 낭만적 사랑의 강박이다. 재크린 살스비, 『낭만적 사랑과 사회』(박찬길 역, 민음사, 1985), p. 32.

여 가재도구뿐 아니라 땅과 집을 장만한다. 현실에 뿌리를 내린 행복한 삶은 함께 살아갈 가족 및 집과 연관된다는 뜻이다. 말하자면 육체를 접하고 있는 인간관계의 핵심에 가족과 집이 있는 셈이다. 그래서 이금이의 잔소리와 절제 속에서 괴똥이는 <오히려 평온한 마음의 안정과 가정적인 행복감>(2:252) 맛보게 되리라는 것이다.

이렇게 볼 때, 세계를 향한 황진이의 호기심과 소망이 궁극적으로 지향점은 사랑의 가연을 통한 <행복>이라 하겠다. 그 행복은 더불어 사는 삶의 행복이다. <세상과 겨루어보려는 제 나름의 승벽>이라 하듯이, 행복을 빼앗겼다는 박탈감을 지닌 황진이에게 행복하게 사는 것이 이 부조리한 세상에 대한 복수라 하겠다.

따라서 황진이의 생애에서 혼사장애는 심각한 문제가 아닐 수 없다. 그런 장애가 없었더라면, 그녀는 행복하게 살았으리라는 가정이 성립되기 때문이다. 작품 전체에 걸쳐 정혼했던 선비를 <당신>이라고 불러내어 내밀하게 소통을 시도한 것도 같은 이유라 하겠다.

2) 수단으로서의 특수성과 사생아의 방법

교전비의 딸이라는 출생의 비밀이 드러나 파혼에 이른 황진이는 아버지의 상징적 질서가 은폐하고 있는 위선과 거짓을 깨닫는다. 이런 각성은 위선 거짓과 달리 진실은 숨겨져 있다는 인식을 드러낸다.

> 신비한 것이 시작되는 곳에서 진실이 끝나버린다. 절대적인 것이 선언되는 곳에서 진리는 죽어버린다. 위인이나 성현들이 보여준 아름다운 선행과 놀라운 덕행과 신비한 기적들, 사실은 그것들 모두가 아버지 황

진사의 현란한 '상두복색'처럼 위선과 거짓에 불과한 것이요 사당에 배향된 그들의 거룩한 모습도 실상 흙으로 빚어 만든 불상이나 다름없는 것이라고 생각하면 간단히 풀이되는 일인데…… 아, 자신은 얼마나 천진하고 어리석은 계집애였던가.(1:171)

절대시되던 가치의 허구성을 깨달을 때, 황진이는 가치에 대한 천진한 인식에서 벗어난다. 그렇다면 양반과 천기라는 신분 또한 절대적인 것이 아니라 제도적 계급적 산물이라고 이해할 것이다. 이와 같은 이해는 사회 역사의 변화를 가정할 뿐 아니라 자기 자신에 대한 인식의 변화를 포함한다. 그래서 그녀는 <그러니 이제부터 나는 누구란 말인가?>, <이제는 어떻게 하면 좋은가?>(1:171-172)라고 자기인식 혹은 자기형성에 관한 질문을 던진다.

이런 물음은 낡은 정체성의 허물을 벗고 새롭게 태어나기 위한 것이라 하겠는데, 황진이의 새로운 탄생은 세 가지의 과정을 거친다. 첫째는 정신적 지주로 여겨온 아버지의 족자를 불사른 일이다. 이로써 황진이는 자전적 맥락과 아버지로 표상된 지배계급의 질서를 벗어나 사회 현실의 다양한 타자와 관계하면서 경험적 존재가 된다. 상직할멈 효덕과 이금이와의 유대, 괴똥이와 놈이와의 연대가 그러하다. 둘째, 생모 현금의 묘소를 참배한다. 이는 교전비에서 색주가의 창기로 전락한 어머니 현금, <자신의 피줄 속에서 어머니의 비천한 피>를 기꺼이 받아들이는 <용감한 의식>(1:177-178)으로 여겨진다. 특히 <청교방 색주가에서 갖은 모멸 속에 눈을 감은 제 친어머니>를 강조하고 있는데, 어머니의 전락이 참담하면 할수록 <도고한 량반댁 애기씨로부터 하루아침 로류장화라는

천기로 굴러떨어진 제 비참한 운명>(1:271)이 부각될 수밖에 없다. 셋째, 황진이는 하인 놈이에게 처녀의 순결을 내어준다. 이는 <'죽음의 사약'>을 삼키는 일과 다를 바 없지만, <녀인의 정절>은 봉건도덕이 강제한 <착고>(1:199)인 까닭에, <그 누구에게도 속할 수 없>고 <그 어떤 사랑이나 인정에도 젖지 않는>(1:288) 기생 명월로 다시 태어나는 계기가 된다. 상사병으로 죽은 이웃 총각의 상여에 혼례옷을 덮어 줌으로써 목석 같은 여인이 되고 이것이야 말로 자신이 바라는 바(1:192)라고 하듯이, 황진이는 무소속 무감정으로 세계에 대응하는 것이다.

허물벗기의 과정은 자신이 누구이며 이제 무엇을 할 것인가라는 물음에 자명한 해법을 제공한다. 왜냐하면 황진이에게 들이닥친 운명은 인간 형식의 운명,[10] 곧 반상의 서열, 적서차별이라는 규범을 강제하는 외부의 악이기 때문이다. 봉건계급의 위선과 거짓, 봉건적인 제도와 낡은 인습이라는 선명한 표적이 존재하기 때문에, 황진이는 양반의 첩실이나 종노릇을 하기보다 색주가의 기생이 되고자 하는 것이다.

그렇다면 그녀는 신분적인 낙차, 즉 기생이 됨으로써 갖게 되는 신분적 특수성을 기민하게 알아차렸다고 할 수 있다. <손가락질 받는>(1:198) <계집들의 안채와는 인연이 없는 특수한 계집>(2:32)이라고 할 때, 기생의 특수성은 성적 특수성이라기보다 계급적 특수성에 가깝다. 물론 작가는 신씨 부인의 말을 빌려 여자로 태어난 <가련한 팔자><서

10) 느닷없이 들이닥친 운명은 불가피하고 불가사의하다. 자신의 도덕, 양심, 정의와 관계없이 예정되어 있는 운명은 인간에 대한 비인간의 개입, 즉 신성의 증거로 여길 수도 있고, 타인이라는 인간의 모습으로 이해되기도 한다. M.Roemer, 같은 책, pp. 61-63 참조.

글픈 운명>(1:169)을 언급하고 있지만, <량반의 피줄과 종의 피줄이 한데 뒤섞>(1:277)여 자신이 존재하게 되었다고 항변할 때, 진이는 자신의 신분적 특성을 더 주목한 것이라 하겠다. 그래서 친모 현금과 황진이의 비참한 전략은 계급적 차원에서 양반을 비판하고 지배계급을 조롱하는 근거가 된다. 그렇기 때문에, 현금의 초상이기도 한, 질탕한 음악과 현란한 옷차림으로 이루어진 색주가 여인의 줄무지장은 뒤집힘을 통한 <지꽃은 항거>, <날카로운 가시>를 내장한 <도전>(1:150)이라는 것이다.[11]

황진이가 기류에 몸을 담는 것은 인간 모습의 운명, 곧 지배계급에 대항하는 방법이라 할 수 있다. 기생이라는 신분적 특수성을 통해 아버지의 기존 질서를 부정하고 세계에 맞서 싸운다는 점에서, 그녀가 운명에 대응하는 방법은 사생아의 방법과 흡사하다.[12] 물론 때때로 그녀는 <복불복이라는 하늘의 무소부지한 섭리>(1:103)를 벗어날 수 없고, <만사

---

11) 허균의 기록에 따르면, 황진이는 자신의 사후에 곡하지 말 것이며 북치고 노래를 부르며 상여를 인도하라고 유언하였다고 한다. <줄무지장>은 이런 기록에 의존한 형상화로 보인다.

12) 로베르는 가족소설의 두 방법을 업둥이의 방법과 사생아의 방법으로 나눈 바 있다. 업둥이는 현재의 부모를 보잘것없는 평민으로 간주하고 진짜 부모는 귀족이라고 믿는다. 언젠가 부모를 찾으면 자신도 신분을 회복하리라고 공상하는 업둥이는 나르시스트라 할 수 있다. 지식이나 능력이 없기 때문에, 업둥이는 세계와의 싸움을 교묘하게 피하면서 다른 세계를 창조함으로써 기존현실의 진실에 저항한다. 사생아는 현재의 아버지를 부정하고 어머니를 자기편으로 만드는 사실주의자이다. 그는 세계를 정면 공격하면서 세계에 조력하게 되는 데, 이는 아버지를 공격하면서 아버지처럼 출세하고자 함으로써 아버지를 모방하고 숭배하는 결과에 이르는 이치와 같다. 마르트 로베르, 『기원의 소설, 소설의 기원』(김치수 · 이윤옥 역, 문학과지성사, 1999), pp. 39-57, 70-73 참조.

는 세옹지마>라는 말에 섭리를 윤회하는 이치가 있다고 생각한다. 삶이 초월적인 힘에 의해 좌우된다면 불확실한 미래에 희망을 걸어볼 수도 있기 때문이다. 그러나 이런 섭리와 이치를 그대로 받아들인다면 자신의 참담한 운명이나 세상의 부조리를 불평없이 용납할 수밖에 없다는 점에서, 그녀는 <그 리치의 보편성>(2:201)을 반박한다.

특히 그녀 자신이나 놈이가 직면하고 있는 불행이 반상의 차별이라는 인위적인 질서에 기인하기에, 복불복이나 만사 세옹지마와 같은 이치로 인간의 불행을 위안할 수 없다고 생각한다. 그래서 그녀는 지속적으로 운명의 불가피성에 저항하는 자세를 보인다.

> 이제는 모든 것이 끝났으니 괴로워말라고, 지나간 어제는 되돌아올 수 없고 다가올 래일은 피할 수 없는 것이니 그만 괴로워하라고. 그러나 숙명을 받아들이는 것으로 마음을 편안히 만들 수 없고 단념하는 것으로 괴로움을 멈추지 못하는 것이 바로 인간이다. 죽은 아기의 놀이감을 버리는 어미를 보았는가.(2:291-292)

운명에 대한 불응은 의지적이고 자유로운 행동이 가능하다는 믿음에 근거한다. 이런 믿음을 인간의 본질로 이해한다는 점에서, 홍석중의 소설은 봉건권력과 기층민중 사이의 대결적 관계를 견지한다고 하겠다.

3) 미적 권력과 자아의 이중화

이른바 성현 정인군자의 위선과 거짓을 폭로하는 황진이는 행복을 빼앗긴 <희생자의 의분>(1:321)으로 뜨겁게 달아오른다. 그녀의 마음 속에 <지옥의 기름가마>, <악의 도가니>가 펄펄 끓고 있다는 것이다. 기생이 되어 <등활지옥의 칼산길>, <고행의 길>(1:193-194)을 걸으면서 그녀는 자신의 미색을 이용하여 지배계급에게 복수한다. 그래서 노래와 춤과 웃음을 파는 예기일 뿐 아니라, 창기로서 손님을 맞을 때 그녀는 <악귀>가 된다.

> 대청마루에서나 이 방에서나 저의 이름은 진이가 아니라 명월입니다. 불리우는 이름은 같아도 대청마루에서의 명월이와 이 방에서의 명월이는 서로 판이하게 다른 계집입니다. 대청마루에 앉아 있을 때의 명월이는 사내들에게 노래와 춤과 웃음을 파는 한갓 기예가 뛰여난 기생일 뿐이지만 이 방에서 손님을 맞을 때의 명월이는 위선의 허울을 쓴 사내들의 불쌍한 넋을 희롱하는 지옥의 악귀입니다.(1:275)

남성의 넋을 희롱하는 악귀라 할 때, 기생 명월은 요부형 인물이라 할 수 있다. 이때 그녀의 육체는 남성의 인품을 시험하고 위선을 폭로하는 도구로 기능한다. 벽계수(1:205-269)와 원묵대사(2:15-66)를 극단적인 방법으로 조롱하고, 화담 서경덕(2:93-120)의 인물됨을 시험한 그녀는 권력화된 미의 전범이라고 할 수 있다.

분노에 찬 복수를 감행할 때, 황진이는 과거와 분리되면서 동시에 연결된 의식적 존재라 할 수 있다. 왜냐하면 기생 명월은 황진사의 고명딸 진이와 분리되지만, 악귀로서의 행위가 희생자의 의분으로 정당화되기 위해 신분의 낙차가 의식되어야 하고, 이런 의식은 과거로부터 연속되는 진이의 연속을 전제할 수밖에 없기 때문이다. 말하자면 허물벗기의 과정에서 옛날의 자아는 죽은 것이 아니라 내면에 잠복하고 있는 것이다. 바로 이런 맥락에서, 황진이는 자아의 분열을 드러낸다. 송도유수 김희열의 말에 따르면, 진이는 <악귀>이면서 <보살의 후신>(2:231)이라는 것이다.

<내가 스스로 정한 길>(1:193)이라 하여 양반계층으로부터의 자발적 이탈로 보이지만,[13] 지옥의 칼산길을 걷는 고행은 느닷없이 들이닥친 사태에 대한 반작용이다. 그것은 모든 복수가 상황에 대한 반응인 것과 같은 이치이다. 기생의 길은 강요된 선택이며, 그렇기 때문에 황진이는 노류장화로 전락한 자신의 비참으로부터 끊임없이 고통을 겪는다.

> 이 작지 않은 집 안에서 명월이가 아니라 진이가 사는 곳은 이 방 하나뿐입니다. 대청마루와 건너방에서 명월이는 늘 둥근 달처럼 밝게 웃습니다. 이 방에 들어서면 명월이가 아닌 진이가 눈물을 삼키며 소리 없이 웁니다.(1:278)

대청마루와 건너방이 기생 명월이의 페르조나, 즉 타자의 시선을 받게 되는 사회적 인격이 놓인 공적 영역이라면, 문방사우, 사서삼경, 주역을 갖춘 내실은 기생 아닌 진이의 내적 영역이다. 그 내적 영역은 타자의 시선에 노출된 창기 명월이 아니라 <행복의 불꽃>을 찾을 길 없는 <진이>의 소외와 고독을 표시한다.[14]

---

13) 최원식, 같은 글, p. 63.

14) 홍석중의 소설에서 황진이는 의혼이 되었던 당사자를 <당신>이라는 2인칭을 사용하여 계속 환기한다. 전언의 수신자를 2인칭 <당신>이라 호명하는 자는 항상 1인칭 <나>인 까닭에, 이들은 '나-너' 사이의 소통관계를 함축한다. 그러니까 개인의 내실이라는 소외된 장소에서 황진이는 <당신>과 사적 소통을 시도한다고 하겠다. 특히 <당신>과 소통하는 <나>는 다른 어떤 시점이나 인칭

기생 명월과 기생 아닌 진이라는 자아의 이중화는 작중인물을 보다 입체적인 존재로 형상화할 뿐 아니라, 적과 싸우는 황진이에게 전략적 의의를 갖는다고 할 수 있다. 역사적으로 변화하는 세계 속에서 주체의 자리는 적 혹은 타자의 위치에 의해 결정될 수밖에 없기 때문이다.15)

4) 낙관적 태도와 비극적 초월

계급이라는 운명에 저항하는 황진이가 지상적인 삶에 대해 취하는 근본적인 태도는 매우 긍정적이다. 그래서 생의 덧없음을 인정하지 않으며, <아침에는 노고지리의 노래가 있고 저녁에는 꾀꼴새의 노래가 있는 법>(1:149)이라고 말한다. 자연의 아름다움은 사랑을 위해 만들어졌다고 믿는 것처럼, 그녀는 박연폭포의 장엄한 아름다움을 보고 <이 삶을 사랑>한다고 말한다.

> 진이는 골 안을 울리는 폭포의 거대한 숨결에 귀를 기울였다. 이 거창하고 아름다운 삶의 환희로운 숨결에 온 넋이 사로잡혀 있었다. 그는 그 외의 모든 것을 잊어버리고 있었다.
>
> 진이는 갑작스럽게 두 팔을 엇결어 자기의 젖은 어깨를 껴안았다. 그러고는 날리는 물보라 쪽으로 얼굴을 쳐들었다. 마음껏 울고 웃고 소리지르고 싶었다. 삶의 온갖 아름다움이, 그 아름다움의 극치라고 해야 할

으로 대체될 수 없다. 따라서 <당신>의 현전을 통해 황진이는 자신의 내면적 자아를 강조한다고 할 수 있다.

15) 전경린의 황진이 '노자'에 몰두하는 것과 달리, 홍석중의 황진이는 '주역'을 가까이 두고 읽는다. 주역은 변화에 대한 책이라고 할 수 있다면, 그녀의 관심은 점복에 있다기보다 사회와 역사의 변화를 가정하고 그 변화에 부응하는 대처방안을 고려하는 데 있다고 할 수 있다.

장관의 박연폭포가, 폭포의 신비한 매력이 진이를 이름할 수 없는 격정으로 몰아넣었다. 그는 미친 것처럼 웃음을 터뜨렸다.

(아, 박연폭포야! 어쩌면 너는 이처럼 장쾌하고 아름다우냐?)(2:97)

삶에 대한 낙관적 태도 때문에, 진이는 놈이와 공유하는 유년의 <추억>에 기초하여 <과거와 현재>를 연결하고(2:238), 놈이의 장래와 앞날은 자신과 무관하지 않다고 생각한다. 그래서 놈이에 대한 사랑을 자각한 그녀는 놈이에게 자수를 권유하는데, 이 또한 운명의 공동성을 감득한 삶의 욕망이라고 할 수 있다.

과거와 분리되면서 동시에 연속되기 때문에 외부의 적에 맞설 수 있는 것처럼, 과거를 현재와 연결하려는, 삶을 향한 긍정적 태도로부터 지배계급과 기층민중 사이의 대립각이 형성된다. 그런 이분법적 구도는 지금 여기의 세계 속에서 살려는 욕망의 산물이라 할 수 있다. 왜냐하면, <죽은 사람의 불행을 다음에 돌아올 행운으로 위로해줄 수>(2:179) 없기 때문이다. 이런 삶의 욕망엔 죽으면 그뿐이라는 현세주의적 태도가 함축되어 있다. 말하자면 죽음을 인간의 한계로 이해하는, 죽음에 대한 공포가 잠재되어 있는 것이다.

그러나 삶의 의욕에도 불구하고, 황진이는 놈이의 운명을 구하지 못한다. 천애고아처럼 황진사의 하인방에서 잔뼈를 키운 놈이는 <불악귀>처럼 악지세고 비틀린 심지를 지녔으며, 상놈으로 태어난 이상 훌륭한 인물이 될 수 없는 <이 불공평한 세상에 원한을 품고 마음껏 분풀이>(1-299)했을 뿐이다. 그래서 현실의 감옥에 갇힌 놈이는 효수될 처지에 놓이게 된다. 놈이는 혁명가가 아니라 화적패일 뿐이며, 완고한 객관

세계라는 운명-필연에 구속된 존재이다. 이런 의미에서, 황진이 역시 운명과 자유의 사이에 끼어있는 존재라고 하겠다.

삶에 대한 욕망이 죽음에 대한 공포와 대척하고 있다면, 놈이의 삶은 양적인 것으로 측량되고 그의 때 이른 죽음은 여한을 남길 수밖에 없다. 그러나 선정삼매에 들어간 그의 평온한 표정을 보면서, 진이는 놈이가 자신보다 훨씬 <큰 사람>이며, 특별한 운명을 지닌 인간이라고 이해한다. 양반 식자층처럼 종이 위가 아니라 <인생길 우에다가 시를 남기는> <특이한 '시인'의 격렬한 고민과 세찬 격정>(2:218)을 이해할 때, 황진이에게 놈이의 죽음은 남다른 죽음이며, 다른 죽음으로 대체할 수 없는 비극적 죽음이 된다. 그래서 진이의 사랑을 확인한 놈이는 <행복한 사내의 웃음>으로 의연하게 죽음을 맞이하는 것이다.

> 진이는 말없이 놈이 앞에 서서 그윽한 눈길로 그를 내려다보았다. 진이의 영채 어린 눈에 비낀 것은 사랑하는 사내를 형장으로 보내는 슬픔도 아니요 설음도 아니요 괴로움도 아니였다. 벌써 그러한 고통은 삼문앞에서 정신 잃고 쓰러진 그날부터 나흘 동안 생사의 기로를 헤매던 어둠의 심연 속에서 흘러가버렸다. 그것은 오로지 넋이 넋을 사랑하고 넋이 넋을 리해하며 넋이 넋을 떠나보내는 서글픈 바래움이였으니 두 사람의 넋은 비록 영별을 눈앞에 두고 있으나 이미 죽음과 삶을 초월한 정화된 정신의 높이에 함께 올라섰기 때문이였다.(2:294-295)

<삶과 죽음을 초월>한 연인들의 내적 연관은 개체의 단명성, 즉 놈이의 죽음에도 불구하고 사랑은 영원하다는 감상을 드러낸다. 놈이뿐 아니라 그와 정신적인 연관 속에 놓이게 된 황진이 또한 객관현실의 필연을

형이상학적으로 초월한다고 할 수 있다.[16] 정화된 정신의 공유와 지금 여기에서 함께 살 수 없다는 사실의 괴리는 자유와 운명의 긴장을 드러낸 또 하나의 방식이라 하겠다.

3. 운명의 일체화와 자애-전경린의 『황진이』

1) 개별자의 삶과 세계 밖의 자유

전경린의 소설에서 황진은 경주 김씨 가문과 의혼이 되지만, 진작부터 그녀에겐 결혼에 대한 설레임이 부재한다. <여교>와 <내훈>의 내용을 알수록 <세상이 무서워>진다는(1:36) 동생 난의 말처럼, 칠거지악, 삼종지도, 종모법 등으로 여성의 삶을 규율하는 이 세계에 대해 진은 어떤 호기심이나 희망을 품지 않는다.

물론 사랑에 대한 열망을 품지 않는 것은 아니다. 그러나 유일하게 <함께 살아보고 싶>(2:57)다고 탐을 내었던 이사종과 6년에 걸쳐 계약 동거까지 하지만, 황진은 지상에 설계된 방에 자신의 욕망을 고정시키지 않는다. 이런 점에서, 황진에게 사랑은 결과가 아니라 과정이라고 할 수 있다. 과정만 있고 결과는 없는 것이 사랑이라 할 때, 사랑 관념은 결혼, 가정, 성을 모두 수렴하는 낭만적 사랑이라고 할 수 있다. 결과 없는 과정으로서의 낭만적 사랑은 사랑에 대한 전면적 정당화이며, 사랑이 결여된

16) 루카치에 의하면, 비극의 형이상학은 경험적 일상적 삶의 모든 근거를 뛰어넘어 정반대편의 어떤 삶에 이르는 데 있다. G.루카치, 『영혼과 형식』(반성완·심희섭 역, 심설당, 1988), pp. 268-269 참조.

인습적 결혼 제도를 비판한 것이라 이해된다.[17)]

물론 이런 비판에는 남성중심의 기득권에 기생(寄生)함으로써 주체적인 삶을 살지 못하는 여성 자신에 대한 비판도 포함된다. 첩실 자리를 권하는 큰고모와 작은어머니를 남성 편에 붙어 여자나 대려고 안달하는 <채홍준사>라 하거나 <이 나라에선 여자는 몸 팔아 자식 낳아가며 얹혀 사는 수밖엔 없>다고 할 때(1:157-158), 황진은 남성의 권력을 향한 여성 자신의 은밀한 조력과 방조를 비판하고 남성의존적인 결혼은 매춘과 다를 바 없다고 공격한 것이다.

언니로부터 규장전의 사랑 이야기를 듣고 <연리지 같은 사랑>을 동경한 난은 그런 연인은 신선 선녀처럼 이 세상의 사람 같지 않다고 말한다.

> 그렇지, 한갓 목숨 부지하고 사는 게 전부라고 생각하는 각박한 사람들이야 어찌 그런 사랑을 알겠니? 첩첩이 막힌 벽과 거미줄 같은 세상의 제도와 관습과 규율을 훌쩍 뛰어넘을 줄 아는 사람들이라야 가능하지.(1:35)

물론 처음부터 <내실을 지키는 아녀자의 본분>을 폐기한 것은 아니며 다만 <큰 세상>이 있다는 것을 알고 살겠다는 것이다. 그러나 출생의 비밀이 드러나지 않았다 해도, <큰 세상>의 존재를 이미 알아버린 그녀는 결코 현실에 안주할 수 없을 것이다. 그렇기 때문에, 유기 공장 아들 수근의 말처럼 가난하더라도 정인끼리 얼싸안고 짐승처럼 단순하

---

17) 낭만적 사랑은 전통적 유교적 부부관과 가부장제 사회의 남성중심 논리에 저항하며 상호주관적 부부관을 지향한다고 이해된다. 최미진, 「1960년대 대중소설의 서사전략연구」(부산대대학원 박사학위논문, 2003), pp. 51-52 참조.

게 살면 행복하겠지만, 진은 <그런 행복을 원하지 않았다.>(1:209) 그녀는 다른 삶의 가능성을 모색하고 있기 때문이다.

> 다른 생의 가능성은 정말 없을까. 이렇게 잘게 쪼개진 삼엄한 규율의 세계 속에서 한 사람 한 사람은 대체 어디에 있는 것인가. 전체가 아니라 한 사람의 삶은 어디에 있단 말인가. 한 사람의 신은 어디서 찾는단 말인가.(1:52)

단 한 사람만의 신민을 거느린 신(神)은 개인을 억압하는 전체적인 의지에 대한 부정의 표상이다. 전체적인 질서는 개별자의 특수한 경험과 가치를 억압한다는 뜻이다. 따라서 전체가 아니라 <한 사람 한 사람>의 삶이라 할 때, 개별자의 인생은 산술적으로 계량화할 수 없는 독특하고 유동적인 경험일 수밖에 없다. 말하자면 추상적 이념이나 관습화된 제도보다 개별자의 삶은 훨씬 풍부하다는 것이다.

> 어머니가 죽어간 그 자리에서 나는 거꾸로 살려고 하는 거예요. 그 자리가 저라는 씨앗을 떨어뜨린 자리이니, 그곳에서 꽃 피울 수밖에요. 진흙 연못의 연이 어디 다른 곳으로 가 꽃을 피우는가요? 세상 바깥에서 온몸을 더러운 물에 담그고 천하게 살겠지만 내 생은 길고 짧거나, 천하고 귀한 세상의 이치를 벗어나 자유로울 거예요.(1:191-192)

<누구에게도 의지하지 않는 색주가의 기생>(1:157)인 까닭에, 세속의 이치로부터 자유롭다는 것이다. 자신의 삶을 누구에게도 빚지고자 하지 않고 자신의 삶을 자결적으로 경영하기 위해 <스스로> 기생의 길을 선

택한다(2:32)는 의미에서, 그녀는 전체적인 질서에 맞서 싸우는 영웅처럼 보인다.[18] 이런 점에서, 황진은 세계 밖에서 절대자유를 탐구하는, 비범하고 우월한 정신의 표상이라 할 만하다.

그러므로 황진의 생애에서 신분으로 인한 혼사장애가 결정적인 문제라고 할 수 없다. 그녀에게 문제는 여성의 삶을 둘러싼 각종 제도와 관습의 억압과 규제인 까닭이다. 따라서 사랑의 결연으로 행복을 구하기보다 황진이는 억압적인 규범과 관계를 떠난 무소속의 삶, 자유로운 삶을 꿈꾼다고 하겠다.

2) 목적으로서의 특수성과 업둥이의 방식

맹인 퇴기의 딸이기 때문에 혼사가 이루지지 못함을 알게 된 황진은 <천지에 홀로 남>아 <돌아갈 집이 없다>(1:92)는 냉혹한 사실을 깨닫는다. <어디로 가라는 말이냐>(1:121)고 자문하지만, 생의 방향성 자체가 중요한 화두가 되는 것은 아니다. 그녀의 영혼은 이미 자유를 지향하고 있었기 때문이다. 진관 스님의 말처럼, <신분은 하늘이 만든 것이아>니고 <지배계급이 정한 것>이며, 그들 패거리의 탐욕으로부터 <현실을 규정하고 경계를 짓는 많은 법과 규범과 관습>(1:79)이 생겨났을 뿐이다.

> 친영을 하라느니, 출가외인이라느니, 칠거지악에 삼종지도라느니, 서얼 차별을 해 재가를 금하는 것이나, 남편을 따라 죽기를 권해 열녀비를 세우는 것, 여자로부터 상속권을 빼앗고 제사에서 배제시키는 것이며,

18) 마르트 로베르, 같은 책, p. 50.

모두 최근에 나라에서 정해 향약을 통해 가문마다 배포한 세목들입니다. 일거수일투족을 정해 일반 백성과 여자의 권리를 박탈하고 자유를 억압하니, 착취하는 쪽에서야 저절로 이익이 넘치겠지요.(2:121)

이로 볼 때, 황진은 자신에게 닥친 불운이 인간형식, 곧 인위적인 질서가 만들어낸 굴레임을 명확하게 인식한다고 하겠다. 하늘이 아니라 지배계급의 욕망에서 비롯된 세속의 잡사일 뿐이므로, 일상적 세계에 <옳고 그름을 측정할 수 있는 기준>(1:153)이 있을 수 없다. 따라서 황진은 특정한 가치나 신념에 대해 인식상으로 천진하거나 일방적으로 고착될 수 없다. 그녀는 인간의 산물인 특정 가치나 권력에 습관적으로 맹종하지 않을 뿐 아니라, 세계를 전면적으로 개편하려는 불온한 혁명가로 나서지도 않는다. 그러니까 홍석중의 황진이가 상대적인 세계인 까닭에 세계를 변화시킬 수도 있다고 믿는다면, 전경린의 황진이는 상대성의 세계에 얽매일 필요가 없으므로, 시비를 가리는 분별심 자체를 버리고 심지어 자신조차 초극해야 한다는 것이다.

사람이 자기를 버릴 때, 무엇을 버리는 것일까요? 가장 먼저 자기의 몸의 영욕을 버립니다. 둘째 집을 버리고 영원히 문밖을 걷습니다. 셋째 성을 준 아버지를 버리고 살을 준 어머니를 버려 혈혈단신 천애고아가 됩니다. 그리고 넷째는, 세상의 도덕과 규제와 관습을 버리고 오직 제 경험 속에서 윤리를 발견하며 제 뜻으로 지침을 삼습니다. 오늘 밤 머리를 올리고 기생이 되면 진이라는 이름과 함께 나를 키운 열여덟 해의 생이 재처럼 무너지겠지만, 세상이 내게 허용하지 않았던 것들에 대해 연연하지 않을 것입니다. 도리어 세상이 허용하지 않은 그 짐승의 등을 타고 돌보는 이 없는 성문 바깥으로 한 생을 달려 그것의 핏빛 정체를 극명하게 드러낼 것입니다. 천지신명은 세상에 굴하지 않는 영혼이 여기 있는 것을 보고 구경할 만하다 하실까요?(1:217)

천애고아가 되어 오로지 자신만의 척도를 생의 지침으로 삼으며 박탈된 것에 연연하지 않는다면, 운명에 대해 불평을 늘어놓거나 세상을 향해 한풀이를 할 이유가 없을 것이다. 그래서 신분상승을 통해 신분으로 인한 한을 이기려는 윤형원 대감의 첩 난정은 <한을 풀어내는 방법이 틀렸>(2:196)다 하고, <내 의지대로 선택했기에 세상에 책임을 전가하지 않>(2:155)는다고 말한다.

황진의 자기초극은 여성성 자체의 초극이기도 하다. 어느 날 노자 도덕경을 읽던 진은 <가죽 띠를 묶고 남자와 다름없는 배움>(2:218)을 화담에게 구한다. 『예기』에 이르기를 남자아이는 가죽띠를 묶고 여자아이는 실띠를 맨다고 하였다. 그런데 가죽띠를 매고 배움을 청한 것은 성차에 근거한 불평등을 부각한다기보다 남성과 여성이라는 구분 자체를 뛰어넘은 자유로운 시선을 드러낸다고 할 것이다.[19)]

그렇다면 스스로 선택했다고 말하는 그 운명이란 무엇인가? 기생 교육을 받던 교방에서 황진은 관상쟁이로부터 <천하에 고루 사랑을 나누어 주고 천하의 사랑을 모두 받으라. 그것이 그대의 운명>(1:198)이라고 듣는다. 그러니까 기생으로서의 일생이 황진의 특수한 운명이라는 것이다.

---

19) 유몽인의 『어우야담』에 의하면, 황진은 『대학』을 실띠로 묶고 배움을 청하는 척하며 화담의 인품을 시험하였다고 한다. 신뢰할 만한 기록은 아니지만, 전경린은 유몽인의 글에서 남성편향성(요부 명기)을 인식한 듯하다.

흔들이는 마음도 첩의 영화도 한철인 것을. 변함없이 남는 것은 삶을 뚫고 통과해가야 할 운명뿐이었다. (…) 진은 매번 삶의 잔인성에 놀라고 이별에 슬퍼하면서도, 운명의 길에서 벗어날 생각이 없었다. 한 발자국도 놓치지 않고 충실하게 밟아 운명과 일체가 되어야 했다. 그 자신이 바로 운명 자체가 되는 일생, 그것만이 자기 구원이었다.(2:146-147)

운명과 일체화되고 거기에 자신의 구원이 있다고 할 때, 황진은 기생이라는 특수성을 긍정적으로 이해한다고 할 수 있다. 홍석중의 황진이가 기생이라는 특수성을 부정적으로 수용하여 계급의 적을 공격하는 수단으로 이용한다면, 전경린의 황진은 그 특별한 운명을 목적으로 삼고 그것과 일체화됨으로써 자기구원에 이르고자 한 것이다. 이사종의 부인 정씨에게 <본래 기생>이며 <이 세상 무엇에도 속하지 않는 저의 본질>(2:139)이고, 옥섬의 말처럼 <마음을 매이지 않는 것에 목숨을 걸어야> 하는 것이 기생의 <법>(1:243)이라면, 허망한 세속의 이치나 인공의 질서에 얽매이지 않는 기생의 법이야말로 도(道) 혹은 자연의 경지라 할 만하다. 그러니 <기꺼이 자족하며 운명의 길>(1:180)을 갈 수 있고 운명과의 일체화가 구원일 수 있는 것이다. 억압적인 제도와 부조리한 권위, 모순된 세속에 매이지 않기 때문이다.

그러니까 전경린의 황진은 운명 자체가 되는 방식으로 운명에 대응한다고 하겠다. <다리 밑에서 주워 온 애기씨>(1:27)라고 놀림을 받았던 것처럼, 황진은 업둥이의 방식으로, 즉 세계와의 직접적인 대결을 회피하는 방식으로 세계의 질서를 부정하는 것이다. 황진이에게 이같은 방식은 화담의 말처럼 유약함으로 강함을 이기는 방법이기도 하다.[20] 그래서 황진은 다른 계급에 맞서 공동투쟁을 수행하는 계급주체일 수 없을 뿐 아니라, 개인 상호간의 경쟁자로서 적대적 관계를 맺는 사회적 존재로도 보이지 않는다.

3) 절대고독과 자애

세상 어디에도 속하지 않음을 자신의 본질로 삼고, 그런 본질이 기생이라는 운명의 특수성을 긍정하는 데 있기 때문에, 지옥의 칼산길을 걷는 홍석중의 주인공과 달리, 전경린의 주인공은 미색의 권력을 뽐내거나 자신의 육체를 타인을 지배하기 위한 도구로 삼지 않는다. 그래서 널리 구전되었을 것으로 추정되는 벽계수 농락 일화는 전혀 언급되지 않으며, 화담을 유혹하려는 어떤 시도도 보이지 않는다. 황진에게 육체는 버리고 비워야 할 그릇에 불과한 까닭이다.

> 제게 몸은 길과 같은 것이었습니다. 한 걸음 한 걸음 길을 밟으면서 길을 버리고 온 것처럼 저는 한 걸음 한 걸음 제 몸을 버리고 여기 이르렀습니다. 사내들이 제 몸을 지나 제 길로 갔듯이 저 역시 제 몸을 지나 나의 길로 끊임없이 왔습니다. 길이 그렇듯, 어느 누가 몸을 목적으로 삼고 누가 몸을 소유할 수 있으며 어찌 몸에 담을 치겠습니까? 길이 그렇듯, 몸 역시 우리 것이 아니지요. 단지 우리가 돌아가는 방법이지요.(2:276)

---

20) 전경린의 문맥에서 노자의 담론을 발견하는 것은 어려운 일이 아니다. 화담이 황진에게 말한 바 유약한 것이 강하고 억센 것을 이긴다[弱之勝强 柔之勝剛]는 것도 노자 78장 <任信>의 내용이다.

지상의 방을 소유하지 않겠다는 그녀에게 몸은 존재의 토대가 아니다. 그래서 자신과 문둥이 가족을 위해 <그토록 태연하게> 몸을 팔 수 있다. 왜냐하면 자신만의 경험을 생의 척도로 삼고 <세상에 굴하지 않는 영혼>의 목소리를 듣는 그녀에게 일상의 판단기준, 세속적인 도덕률이 스며들 수 없기 때문이다.

영혼의 명령을 따르는 황진에게 자기분열이 있을 수 없다. 그렇다면 세속의 윤리를 돌파하고 자신을 버림으로써 그녀가 도달하려는 경지는 무엇인가? 그것은 <자애>이다. <자애>는 황진의 생애를 장악하고 있는 키워드인데, 작품 내 다양한 문맥에서 사용되고 있어 그 뜻이 명확하지 않다. 여러 번 반복해서 지적되거니와, 그녀가 자신을 아낄 수 없었던 중요 계기는 상사로 인한 선비의 죽음이다. 선비의 상여에 속곳을 건 날 <나와 타인의 경계를 잃었고 스스로를 사랑할 자애심을 잃었>(1:210)다는 것이다.

> 선비가 상사로 죽은 뒤로 나와 세상 사이의 경계를 잃어버리고 살았다. 내 몸이 내 몸이었던 적이 없었고 내가 나이고 타인이 타인인 경계를 정하지 못하고 살아왔다.(2:250-251)

나와 타자 사이의 경계를 잃고 자신의 몸이 자신의 것이 아님은 세속의 잡사에 복잡하게 얽혀있기 때문이다. 진관의 말처럼 <이 세계 가운데 태어난 죄>(1:130)가 있다면, 서로 얽힘으로써 생겨나는 죄로부터 누구도 자유로울 수 없다. 그러니 비록 황진이 의도한 것은 아니지만, 그녀로 인해 선비가 죽었으니 자신에게도 죄가 있다는 것이다. 그러므로 천기

소생으로 판명되어 비참한 처지에 놓이더라도 세상을 원망할 수 없을 터이다.

그래서 황진은 <저는 저고 나는 나>라는 이생을 금강산 유람에 동반할 적임자로 꼽는다.

> 천하에 혼자인 듯 혼자인 것이 당연한 듯 굴며 세상 어디에도 속하지 않고, 인간과 인간 사이의 표면을 외롭게 떠도는 이생이 차라리 믿음직스러워.(2:260)

인간 사이의 표면을 떠돌며 세상의 규율에 얽매임 없다 함은 존재를 있는 그대로 직시한다는 뜻과 다르지 않다. 그래서 황진은 화담의 자유로운 시선으로부터 구원의 가능성을 감지한다. 시비 분별의 속박이 없는 화담의 맑은 눈은 <자애의 영감을 주는 눈>(2:152)이며, <어디에서 무엇을 하든 자애 속에 숨쉴 수 있도록> 지켜주었다(2:277)는 것이다.[21)]

그렇다면 황진이 추구한 자애는 얽힘의 악연을 벗어나 너와 나 사이의 확연한 경계, 즉 <나는 나>라는 독자적 실존에 이른 것이라 할 수 있다. 버리고 비우는 자기초극도 나만의 신을 찾고 도달하는 과정, 자애에 이르는 과정이다.

> '어떤 삶이 검은 창자를 벌리고 나를 기다릴지라도, 그곳이 산이든, 집이든, 풀숲이든, 길 가운데든, 중이 되어 걸식하든, 벌레가 되어 기든,

---

21) 그런데 화담은 <부디 더는 스스로 해치지 말고 바로 지금 여기서 너 자신을 사랑하거라.>(2:277)고 말하고 있어, 그동안의 생활이나 유랑 편력을 자애가 아니라 자학인 것처럼 말한다.

상것이 되어 손이 발이 되도록 상하며 살든, 나는 나다. 나는 언제나 진이다. 나는 홀로 나의 신 앞에 선다.'(1:129)

나는 나이고 언제나 홀로 <나의 신> 앞에 선다면, 그녀의 신은 그녀의 독특한 존재방식을 바라보는 유일한 관객이다. 화담이 <전 생애를 걸고 너 자신의 절대고독>을 지켰다고(2:225) 말한 것처럼, 홀로 자기만의 신의 면전에 선 황진은 고독하며 그렇기 때문에 절대 자유로운 혼이라 할 것이다.

4) 욕망의 죽음과 비비극적 회귀

황진은 자신의 몸을 비우고 버림으로써 자기만의 신 앞에 서고자 했고, 그것은 자기초극, 절대고독을 통해 절대자유, 자애에 이르는 모험이었다. 그 과정에 세속과 탈속, 세상의 안과 바깥이라는 이분법이 암묵적으로 작동하지만, 세속의 규율에 얽매인 억압이 없고, 시비를 분별하는 관념을 거부하기 때문에, 그녀는 세상을 향해 어떤 원한도 갖지 않는다.

글을 안다는 양반 식자층들이 결국 남의 나라 흉내낼 뿐 진짜 삶을 모른다는 수근의 말에 동감하고, <글을 몰라도 삶의 실체에 직면> <간단하고도 단호하게 진실>을 말하는 수근을 새롭게 보지만(1:106-107), 황진은 그 진실에 접근하지 않는다. 왜냐하면 진관 스님의 말처럼, 만유는 덧없기 때문이다. <눈으로 보는 것보다 더 큰 것>(1:130)을 보라는 진관의 권유는 삶의 구체적인 진실을 향한 욕망의 죽음과 다르지 않을 것이다. 세상의 삶에 대한 욕망을 포기할 때, <그 모든 산다는 것이 단지 삶을 연장하기 위한 수단일 뿐>이고 <생명이란 붙잡을 것도 없고 굳이

놓을 것도 없는 것>(1:88-89)이 아닐 수 없다.

박연폭포를 보고 물처럼 낮은 곳으로 한없이 흘러가기를 기도하는 것도 욕망의 죽음이라 할 것이다.

> 부디 나를 앞으로 앞으로 밀어내주세요. 지푸라기같이 하찮은 일신을 바람과 꽃과 달과 물에 맡기고 거침없이 흘러 지나갈 것입니다. 내 몫을 알게 되었으니, 무엇을 탐내겠습니까? 기꺼이 자족하며 운명의 길을 갈 것입니다. 슬퍼하지 않고 노하지 않고 남의 것을 기웃대지도 않을 것입니다. 바람처럼 살며, 구름처럼 살며 산 만큼을 그대로 가장 낮은 그 어느 자리에서 천지신명께 고스란히 돌려드리겠습니다. 부디 저의 길을 열어주십시오.(1:180)

박연폭포에서 진은 <과거를 버>렸고(1:256), 기적에 든 이후로 <옛날도 미래도 생각지 않>(2:32)는다. 과거를 버렸으니 과거와 현재의 낙차에서 오는 원한이 있을 법 하지 않다. 과거가 없으니 미래 또한 염두에 둘 필요가 없을 것이다. 과거도 미래도 없는 상황에서 기생이라는 자신의 특수성에 지극히 성실할 뿐이므로, 전경린의 황진은 다른 인물과 적대적인 긴장을 유지하거나 직접 대결할 이유가 없을 터이다.

그런데 황진이 드러낸 욕망의 죽음은 곧 죽음을 향한 열망과 다르지 않고, 죽음의 욕망은 그녀의 생애 전체를 장악하고 있는 것으로 보인다. 박연폭포에서 기도를 끝내고 숲을 걷다가 호랑이와 마주쳤을 때, 황진은 죽고 싶다는 욕망도 같은 맥락에 있다.

> 진은 숨이 멎을 듯 놀라면서도 그 초자연적인 빛 앞에서 공포보다 오

히려 신비와 위엄을 느꼈다. 빛은 편편하였다가 일렁이다가 둥글게 휘어지다가 기둥처럼 서기도 했다. 진은 그때야 알았다. 자신이 얼마나 죽고 싶어 하는가를.

그래 잡아먹으렴. 나를 갈기갈기 찢어서 먹으렴. 오늘 밤 너를 만나려고 이 길을 밟았는가 보다. 제발 흔적도 없이 삼켜버리렴…….(1:181)

한 남자의 품에서 아내로 살 수 없기에 뭇남자를 전생의 업으로 삼고, 천하를 주유하다 <나를 활활 불살라 재처럼 사라지고 싶>(1:209)다고 하는 것도 죽음충동이라 할 것이다. 이러한 죽음충동이 운명과의 일체화와 다르지 않다면, 삶과 죽음은 서로를 극복 대상으로 여길 이유가 없을 것이다. 그래서 황진은 끊임없이 죽음을 의식하며 산다. 계속 죽음을 의식하는 삶은 그 자체 죽음과 다르지 않겠지만, 죽음은 그녀의 희망이기도 하다.

나중 어느 때든 죽겠지요. 사람이 죽지 않고 평생 산다면, 제가 이 길을 감히 들어설 수 있었겠습니까? 제게 종교가 있다면 그것은 모두의 죽음인걸요. 죽음이야말로 저를 둘러싼 배경이며 밤이 오면 나를 원래 자리로 데리고 돌아갈 보호자인걸요. 끝이 없다면 어찌 제가 꽃들과 강과 밤하늘의 별을 보며 미소 지을 수 있을지요.(1:270)

황진은 죽음의 관점에서 삶을 보았다 하겠고, 그녀에게 삶은 죽음의 일부인 셈이다. 이 도저한 허무에 노장사상의 영향이 삼엄하게 드리워져 있음은 자명하다.[22] 삶 속에서 죽음을 종교처럼 섬기는 일은 자연으로

22) 전경린의 소설에서 성리학은 집요하게 비판되며, 노장 불교사상 및 장재의 기철

역행하려는 충동과 다르지 않다. 달리 말하면 만물의 이치에 복종하고 생로병사의 이치, 그 근원으로 돌아가려는 것이다. 이런 자연의 이치로 볼 때, 개인의 죽음은 자연의 <큰 이치와 흐름의 대의>(1:80)에 합류하는 것이다. 더 큰 전체에 포섭되기 때문에, 어떤 개인의 죽음도 다른 죽음보다 특별할 수 없다. 화담의 다음과 같은 말이 이를 입증한다.

> 슬퍼하지 말아라. 죽음은 도처에 있는 평범한 일인 것을.(2:278)

그래서 황진사, 옥섬, 이사종, 화담, 수근 등 여러 인물이 죽지만 황진은 어느 누구의 죽음에 대해서도 각별한 시선을 보내지 않는다. 그들의 죽음이 특별히 비극적인 것은 아니라는 뜻이다. 이들의 비비극적(非悲劇的)인 죽음을 목도하면서 우리는 모두 평등하다고 생각할 수 있다. 죽음은 강자도 약자도 편들지 않기 때문이다. 죽음 앞에서 성현의 몫과 퇴기의 몫이 다를 수 없다는 인간조건을 이해할 때, 우리는 모든 존재에 대해 따뜻한 애정을 품을 수도 있겠다. 우리는 모두 같은 운명인 까닭이다.

4. 계급주의와 여성주의의 역설

1) 왜곡된 기념비화와 계급주의의 역설

홍석중의 황진이가 꿈꾼 '함께 사는 행복'은 몸을 접하고 있는 타자에

학이 작품 전체를 장악하고 있다. 이 인용문도 자연상태 곧 본성으로 복귀하는 것이 영구불멸의 도리라는 『노자』 16장 <귀근>에 근거하고 있다.

대한 책임을 암시하고 세계 속의 공동체적 삶을 지향한다고 할 수 있다. 인간형식의 운명에 맞서 싸운 홍석중의 황진이는 자기만의 신을 추구하며 개인의 특수한 삶을 추구한 전경린의 황진과 명백하게 다르다.

작가 홍석중은 후기라고 할 부분에서 다음과 같이 말한다.

> 그러나 흔히 말하듯이 인간이 몇 해 살았는가가 중요한 것이 아니라 사람들의 추억 속에 얼마나 깊은 자욱을 남겼는가가 중요한 것이요, 그래서 죽음과 함께 비로소 삶이 시작된다는 의미심장한 말이 있는 것이다.(2:317)

한 인간에 대한 참된 기억은 그의 죽음 이후에 시작된다고 보면, 작가가 주목하고 있는 황진이의 삶의 <자욱>은 크게 봉건권력의 사회적 지배에 맞선 싸움과 기층민중에 대한 연민과 유대라고 할 수 있다.

그러나 첫째, 허구적 인물의 확장에도 불구하고, 영적 결합을 통한 놈이와 진이 사이의 항구적 사랑은 문제의 회피이고 기만이다. 표면적으로 놈이의 자수 동기는 괴똥이를 구하기 위한 데 있다. 그러나 유수에게 보낸 서찰에서 괴똥이를 방면하지 않으면 보복하겠다고 선언하고 있는 것처럼, 괴똥이의 구출이 자수의 궁극 이유일 수 없다. 진이와 놈이 간의 신분 차이는 계급적 장애지만, 그것이 사랑의 최종적인 장애물은 아니다. 그것보다 두 사람의 마음에 사랑이 함께 깃들지 않았을 뿐 아니라 황진이가 화적 괴수의 적막한 안방을 지킬 수 없으리라는 심리적 장애가 보다 결정적이다. 따라서 놈이가 자수한 내면적 동기는 이루어질 수 없는 사랑의 좌절에 있다.

> 그러니 유일하게 선택할 수 있는 남은 '결과'는 오직 하나, 제가 아씨를 산으로 모셔가는 것인데…… 아씨처럼 자색이 탁월하신 분이, 아씨처럼 지성과 기예가 남달리 뛰여난 분이, 아씨같이 총명준일한 녀중호걸이 사람들 속을 떠나 십중팔구는 새남터의 치욕이요 잘해야 산속의 고달픈 은둔 생활로 끝나버릴 화적 괴수의 적막한 안방을 즐겨 지켜주실 수 있겠습니까?(2:244)>

그런데 지성과 기예까지는 아니더라도, <자색>은 황진이의 타고난 자질이다. 연인의 생래적 자질 때문에 <어울릴 수 없는 짝>이라면, 놈이의 죽음은 당대의 역사적 경험적 현실로부터 유래한 것이라 할 수 없을 것이다. 그러니까 홍석중의 『황진이』에서 비천한 신분과 기층민중의 질곡이라는 현실 문제는 두 남녀의 불가능한 사랑이라는 낭만적 허구와 회통불가능한 상태로 분리되어 있는 셈이다. 따라서 놈이의 죽음은 그의 역사적 주변성을 객관적으로 드러낸 것이 아니라 이루어질 수 없는 사랑에 대한 서정적 저항일 뿐이다.

그럼에도 불구하고, 놈이를 정신의 높은 경지에 도달한 비극적 인물처럼 보이게 한 것은 사랑에 대한 허구적이고 왜곡된 기념비화[23]라 할 것이다. 소망한 장소에서 그들의 사랑은 성취되지 않고, 이루어졌을 때 그들은 더 이상 기대한 장소에 살지 않는다. 이들 연인의 사랑을 영혼의 내적 연관을 통해 완결하는 것은 작가가 독자의 감상적인 정서에 두 남녀의 상상적인 부활을 호소하는 것, 독자에 대한 립서비스에 불과하다.

둘째, 황진이가 추구한 삶의 행복은 남성이라는 제공자가 부재할 때

---

23) G. 루카치, 『역사소설론』(이영욱 역, 거름, 1987), p. 248.

직면하는 여성의 공포를 강화할 수 있다. 아비없는 후레자식 만들 수 없다는 이금이의 결의(2:91)뿐 아니라, 괴똥을 구실아치로 만들 수 있다는 진이의 기대 또한 그러한 공포와 무관하지 않다.

> 물론 진이는 괴똥이가 성실한 농군이 되리라고는 믿지 않았다. 그러나 그 전장은 타작으로 빌려주고 괴똥이를 관가에 넣어주면 그 총명한 머리에 한자까지 깨쳤겠다. 구실아치로는 훌륭하게 발천할 수 있을 듯싶었다. 집도 절도 없는 부중의 소악패 출신으로 기생방의 매질군 노릇을 하다가 그만큼이라도 되면 그야말로 개천에서 룡이 나는 셈이 아니겠는가. 한생을 량반댁 종년으로 천덕꾸러기 노릇을 하며 살다가 종의 씨나 남기고 죽을 번했던 이금이의 경우로는 복가마를 타는 셈이고.(2:157)

괴똥이를 구출하기 위해 진이는 송도유수 김희열에게 굴욕적으로 육체를 제공하지만, 이는 기존 질서 내에 이금이의 보금자리를 보존하기 위한 행동이다. 만약 이금이가 행복의 <복가마>를 탈 수 있다면, 그것은 봉건질서의 변화를 통해서가 아니라 질서 내의 안정과 남성의 능력에 의존한 결과일 것이다. <평생 초례상을 받아보지 못하는 한풀이 삼아> 이금이와 괴똥이에게 양반 호사를 시켜주지만, 그 호사가 기존 질서를 승인할 위험도 여기에 있다. 홍석중의 황진이는 남성의 부재와 죽음의 공포 앞에서 우둔해졌다고 하겠다. 놈이에게 자수를 권유하는 황진은 변화에 대한 열망을 포기함으로써 자기를 보존하려는 심리적 노력을 드러낸다고 할 수 있다.

셋째, 남성의존성이 내포된 것처럼, 홍석중의 작품은 남성주의 시각을 토대로 모성을 이상화한다. 이런 사정은 황진이의 생모 현금이에게서도 확인된다. 현금이는 교전비로 있다가 황진사의 야욕에 짓밟혀 딸을 낳고 색주가의 매음부로 전락한다. 이와 같은 전락은 생모의 비참한 운명을 동화하는 황진이가 지배계급의 위선을 공격하는 논리적 근거가 된다. 그런데 딸의 장래를 위해 그 곁을 떠날 수밖에 없었던 현금이를 두고, 놈이는 <자신의 모든 것을 희생하고 그 비참한 희생을 무상의 행복으로 아는 어머니>(1:302)라고 말한다. 그의 말처럼 이런 어머니가 있어 자식도 행복하다면, 모성애는 질서를 위협할 위험한 열망을 억압하거나 가족 구성원의 내적 갈등을 부정할 수 있다.[24] 혼례식에서 어머니의 자격으로 절을 받은 황진이가 괴똥이를 구하기 위해 굴욕을 견딘 것도 이런 맥락에서 이해될 수 있을 것이다.

> 괴똥이는 절에서 눈치밥을 먹던 어린 시절부터 가슴속에 절치부심의 결심을 한 가지 품고 있었으니 장차 자신이 장가를 들어 자식을 보게 되면 설사 굶어죽는 한이 있어도 자기 어머니처럼 제 새끼를 아무데나 집어 내던지는 몰인정한 부모가 절대로 되지 않겠다는 것이였다.(2:251-252)

정분이 나서 도망간 어미 때문에 천애고아가 되어 악지세고 비틀린 심지를 키운 놈이처럼, 버림받은 괴똥이 또한 세상을 원망하지 않겠는가. 따라서 혼인을 앞둔 괴똥이의 결심은 희생하는 어머니를 이상화한 것이며, 이는 여성의 욕망에 대한 억압이라고 할 수 있다.

---

24) 전통적 모성애 혹은 혈연적 공동체성이 구성원들의 화해를 이끌어 내지만, 그것은 구체적 역사성이 결여된 것이며 낭만적 가족이데올로기에 닿는다고 지적된다. 최유찬, 『리얼리즘의 이론과 실제 비평』(두리, 1992), pp. 214-219 참조.

넷째, 모성의 이상화는 기생에 대한 양가감정을 드러내고 팔리는 여성 육체에 대한 지배계급의 시선을 수용한다. 밤나들이에 나서 처음으로 청교방 거리에 들어선 진이는 화려한 그 세계에 매혹되면서 동시에 두려움을 느낀다.

> 그러나 진이는 청교방 큰길에 들어서자마자 자신의 무모한 호기심을 후회하기 시작했다. 이 거리의 풍경에는 무엇인가 류다른 것이 있었다. 빛깔은 색스럽고 냄새가 어쩐지 섬찍한 것이였다. 마치 독버섯이나 독뱀의 아름다운 채색 무늬가 소름이 끼치도록 무서운 느낌을 불러일으키는 것과 비슷하다고 할가.(1:98)

색주가 풍경의 아름다움과 두려움, 끌림과 밀침이라는 양가감정은 육체의 저급성에 대한 사회규범의 관성이 남아있음을 보여준다. 이는 <명월이의 기생방>과 이금이와 괴똥이의 사랑이 익어가는 <순결하고 깨끗하고 아름다운 넋의 성스러운 보금자리>(2:73)로 대비하는 데서도 나타난다. 두 연인의 보금자리가 아름다운 성소라면, 기생방은 추악한 장소라는 것이다.

바로 여기에 기생이라는 특수성을 부정의 수단으로 활용한 역설적 결과가 나타난다. 황진은 자신의 미색을 이용하여 양반 사대부의 위선을 폭로하였지만, 이는 수단과 목적이 전도된, <옳은 일을 위한 정당한 도리>(2:72)가 아니라고 생각한다. 그러나 이런 생각은 남성의 욕망을 희롱하는 진이에 대한 선입관, 즉 요부 악귀이미지를 기정사실화하는 것과 다르지 않다. 그렇기 때문에, 화담의 인간됨을 시험한 진이는 <정욕의 본능과 처절한

싸움>에 감복하고, 화담은 욕망을 이겨낸 <용감한 인간>(2:118)로 추앙된다. 여성에게 초연한 인간은 성인이고 성숙한 인간이라는 뜻이며, 여성의 미색은 위험하다고 암시하는 것과 다르지 않다. 진이의 글을 걸어두고 자랑삼는 소세양을 가볍게 조롱하는 것도 여성의 미색에 현혹된 남성을 못난 인물로 간주하는 남성중심적 시각을 드러낸다.

황진이의 관능적 육체로 식자층의 허위를 조롱하면서도 그 육체를 폄하하는 이율배반은 작가가 황진이 관련 설화를 수용하는 태도와 연관이 있는 듯하다. 홍석중은 문헌에 기록된 내용을 대체로 수용한 것처럼 보인다. 문헌설화는 구전설화를 수용하되 양반 식자층의 기호에 부합하는 것을 선택했을 것이므로, 선택 과정에서 사대부라는 저자의 신분적 위치 때문에 왜곡이 있을 수 있다. 이런 계급적 왜곡을 극복하려는 작가의 주관적 욕망 때문에, 홍석중의 『황진이』는 민중지향적인 허구를 확장시켰을 것이다. 양반 식자층을 농락하고 위선을 폭로하는 이야기가 상당한 부분을 차지하는 이유도 여기에 있을 것이다. 지배계급의 거짓을 폭로하는 이야기는 기층민중의 욕망을 반영한 것이라 할 수 있다.[25] 이는 계약동거로 미루어 상당한 애정관계를 유지했을 것으로 추정되는 이사종과의 염문이 작품 속에 거의 드러나지 않는다는 점과 극명하게 대비된다. 그러나 계급적 왜곡을 피하려는 의도가 여성의 육체에 대한 성적 왜곡을 허용한 것은 역설이 아닐 수 없다. 황진이가 남성의 인격을 박탈한 요부형 인물로 그려

25) 예를 들어, 벽계수 일화는 <금계필담>에만 수록되어 있다. 전경린이 그 일화에 대해 전혀 언급하지 않는 것과 달리, 홍석중은 상당한 지면을 할애하고 있다. 천한 기생이 종실의 인물을 농락한다는 이야기는 특히 구전설화의 향유층인 기층민중의 욕구를 반영한 것이라 이해된다. 이동준, 같은 글, p. 446, 462-463 참조.

진 것은 남성시각에 의한 해석을 수용한 결과일 것이다.

2) 자아의 미학화와 여성주의의 역설

전경린의 황진은 '다른 생의 자유'를 추구하면서 관습과 제도 밖의 오연한 개별자로 존립하고자 한다. 운명과의 일체화를 통한 절대자유와 자애의 경지는 그녀가 목숨을 걸고 도달하려 한 자기구원의 목표이다. <작가의 말>에서 <진의 신분은 곧 생을 재단하는 운명>이라 하고 있으나, 전경린의 소설에서 작중인물이 직면하는 것은 중세사회의 계급적 적대라기보다 남성중심적 사회가 강요하는 심적 예속이다. 남성에게 황진은 매혹적인 <아니마>이고, 여성에게 그녀는 <존재론적 자유혼의 표상>이라는 데 작가의 주요 관심이 있는 듯하다. 그래서 황진은 <우리 남성과 여성이 동시에 상상해낸 동경의 인물>이라는 것이다. 말하자면 허구적으로 적층되어온 설화의 인물처럼, 황진은 우리의 집단무의식적 열망을 반영한다는 뜻이다.

그러나 첫째, 전경린의 황진은 급진적이긴 하나 사회역사적 진공 속에 존재하는 이상화된 인물에 가깝다. <나는 나>라는 자기몰두, 이에 부응하는 자기분열의 부재는 그 증거일 것이다. 따라서 황진은 페르조나, 즉 사회적 가면을 쓴 인격(personality)이라기보다 아니마, 곧 인간 심리의 원형으로 확대되는 개성(individuality)이라 할 수 있다. 달리 말하면, 그녀는 소설의 주인공이 아니라 로만스의 주인공처럼 취급된다고 하겠다.[26] 즉

26) 노드롭 프라이에 따르면, 성격묘사에서 소설과 로만스는 구분된다. 소설이 페르조나, 즉 사회적 가면을 쓴 인격을 취급한다면, 로만스는 실재 인간보다 양식화된 인물, 즉 인간 심리의 원형으로 확대되는 개성을 창조한다는 것이다. 여주인

음을 종교로 삼는 자가 일상에 몰두할 수 없듯이, 그녀가 낯설고 적대적인 환경을 대면한다고 보기 어렵다. 절대자유 혹은 자애에 이르는 구도의 과정에서 존망의 갈림길에 선 인간의 불안이나 주저가 드러나지 않는 것도 이런 사정과 무관하지 않을 것이다. 그리하여 <내부의 무>가 가늠할 수 없을 정도로 넓어져 <자기 속에 우주가 들어>온 듯한 느낌(2:213-214)에 도달할 때, 그녀는 타자의 시선이 도달할 수 없는, 현실의 피안에 놓이게 된다.

현실의 장력을 돌파한 실존의 양상은 자신의 삶에 대한 인물의 비상한 통제력을 드러내지만, 그 통제력 때문에 소설에서 인물이 조우해야 할 사회적 필연 혹은 운명은 주변화될 수밖에 없다. 이는 작가가 자신의 주관적 열망, 곧 황진을 자결적인 생애를 살고 간 자유혼의 표상으로 해석하려는 열망에 사로잡힌 결과일 것이다.

이런 맥락에서 볼 때, 절대고독을 통한 자유와 자애는 인간의 타자의존성을 부정하는 것, 타자성을 개인 주체의 자율에 대한 위협으로 간주하는 태도라 할 수 있다. 규범과 관계에 얽매인 범인들에게 무소속의 자유를 향유하는 삶은 <큰 경지>(1:256)이겠지만, <큰 세상>, <큰 태허>, <큰 이치>는 <목숨 부지하고 사는 게 전부>라 여기고 생로병사에 고통을 겪는 <세속 사람들>의 삶이 갖는 중요성을 과소평가하기 쉽다. 구체적인 인간이 성현의 사례를 따르기 어려울 뿐만 아니라, 객관세계를

공에게 반영된 아니마는 그런 원형의 하나이다. 기생이라는 처지에도 불구하고, 사회적 구속과 제약을 수직적으로 초월한 상태에 있기 때문에 황진은 로만스의 인물처럼 진공 속에 존재하는 셈이다. N, 프라이, 『비평의 해부』(임철규 역, 한길사, 1988), p. 432.

직접 초월하려는 시도는 종(種)의 연속을 정지하려는 욕망과 다르지 않기 때문이다.[27)]

둘째, 사회적 자아가 놓인 제도, 관습, 공동체라는 매개물이 개입하지 않기 때문에, 황진이 도달하고자 애쓴 <절대자유>, <자애>는 자아의 미학화와 다르지 않다. <작가의 말>에서 전경린은 <'자애'는 자신을 버리고, 다른 것과 바꾼 사람이 얻는 삶의 궁극적 조건>이라 한 뒤, 황진의 유언을 읽고 그녀가 역설적으로 큰 자애에 이른 것을 알 수 있었다고 적었다. 말하자면, 자신을 버리고 비움으로써, 무아의 빈 그릇이 됨으로써 자애에 도달할 수 있었다는 뜻이다.

전경린의 소설에서 황진의 유언으로 볼 수 있는 것은 다음과 같은 구절이다.

> 죽은 시신을 시다림 숲에 버려 독수리 떼의 먹이가 되게 하는 장례라고 해요. 저도 끝에는 그렇게 되고 싶어요. 이 강변에 버려져 밝은 햇볕 속에 평화롭게 누웠다가 밤이 되면 곤충과 새와 짐승들에게 한 점씩 나누어 먹혔으면 해요.(1:271)

여기서 작가는 황진의 유언에 대한 문헌설화 가운데 특히 김택영의 <숭양기구전>을 주목한 것으로 보인다.[28)] 김택영의 문헌에서 세상의

---

27) 후손에 대한 부정, 즉 무자식 상태로 죽으려는 은밀한 욕망은 세계를 정지시키려는 욕망, 역사를 정지시키려는 욕망이다. 죽음으로써 세계와의 모든 연관을 끊는다. 이런 맥락에서, 죽음은 완결이며 끝이다. A.Welsh, <opening & closing>(Nineteenth-century Fiction,1978, June, Vol.33), pp. 21-23.

28) "저는 천하 남자를 위하여 자신을 사랑할 수 없다가 이 지경에 이르게 되었습니다. 만일 제가 죽거든 금수(衾襚)도 관도 쓰지 말고, 옛 동문 밖 물가 모래밭에

뭇남성들로 인해 스스로를 아끼지 못하고 이 지경에 이르렀다[我爲天下男子, 不能自愛, 以至於此]는 기록은 여러 뜻으로 새길 수 있어 흥미롭다. 남자들 때문에 이 지경에 이르렀다고 해석한다면, 남성들은 황진을 쾌락의 대상으로 여겼고, 이로 인해 황진도 자중자애하지 못했으니 자신의 방탕한 일생을 여성들에 대한 경계로 삼으라는 뜻이다.[29)]

그런데 전경린의 소설에서 사정은 뒤집어진다. 즉 인간의 기준으로 가늠할 수 없는 황진의 미색으로 인해 남성들이 자애하지 못했다는 것이다. 황진을 처음 본 관상쟁이가 <두렵다. 그대 앞에서는 누구도 자신을 사랑할 수 없으니.>(1:198)라거나 처음 본 황진이 앞에서 비굴한 표정을 짓다 상사로 목숨을 잃은 선비의 일화도 이런 맥락에 있다. 그럼에도 불구하고 자신의 시신을 뭇짐승들이 먹도록 내버리라고 하였으니, 이는 목숨을 건 자로서의 특별한 중요성에 근거한 일종의 자만일 것이다. 이를 역설적 자애라 하지 않을 수 없다.

그렇다면, 황진의 파격적인 행보는 스스로 잘났기 때문일 것이다.[30)]

시신을 내버려서 개미와 땅강아지, 여우와 삵괭이가 내 살을 뜯어 먹어, 세상 여자들로 하여금 저를 경계삼도록 해주세요."[我爲天下男子, 不能自愛, 以至於此. 卽我死, 勿衾棺, 擧暴屍於古東門外沙水交, 螻・蟻・狐・狸, 得食我肉, 令天下女子以眞爲戒], 김택영, 『송도인물지』(김승룡 편역주, 현대실학사, 2000), pp. 204,354.

29) 황진은 자신을 <我>로 쓰다가 <眞>으로 바꾸는데, 이같은 문맥의 비일관성은 교훈적 암시를 주기 위해 문헌의 저자 김택영이 덧붙인 것으로, 황진이의 삶을 폄하하는 근거가 되었다고 이해된다. 이동준, 같은 글, p. 449 참조. 그러나 예로부터 자신을 겸손하게 표현하기 위해 3인칭을 사용하기도 했으므로, <眞>은 1인칭 겸사로 이해할 수도 있다. 이럴 경우, 황진은 자신의 삶을 매우 부정적으로 평가한 것이라 하겠다.

30) 기생은 현실 권력의 밖에 있기 때문에, 뇌관이 제거된 황진이의 기행은 남성권

말을 바꾸면 남다르게 특별하므로 시속의 규칙이 자신에게 적용될 수 없다고 믿은 것이다. 그렇기 때문에, 그녀는 세상의 어떤 것에도 속하지 않는 자신의 본질을 지키는 데 목숨을 걸 수밖에 없다. 그것은 자신의 특수한 지위를 얻기 위해 목숨을 담보함으로써 목숨을 구하는 예술가의 태도와 다르지 않다. 자신의 경험에만 충실하고 타자와의 공동성을 부정함으로써 예술가는 우리가 접근할 수 없는 실존의 양상을 표현한다면,[31] 모든 권위에 대한 의존을 배격하는 황진의 자애는 전적으로 새로운 존재로 만들기, 곧 자아의 미학화라고 할 것이다.[32]

셋째, 미적 자아의 절대자유는 지배계급의 시선을 수용하는 역설에 이른다. 전경린의 소설에서 황진은 퇴기 맹녀 현학금의 딸로 설정되어 있는데, 그녀 자신이 천자종모법을 비판하고 있거니와, 기생의 딸이라면 황진은 종모법에 따라 기생이 될 수밖에 없었을 것이다. 따라서 기류에 들 객관적 조건으로 볼 때, 자발적으로 기적에 올랐다는 야담은 있을 수 없는 일이다.[33] 그럼에도 불구하고, 자발적 선택을 강조함은 요부 명기로서의 자질보다 예술가와 구도자로서의 특성을 부각하기 위한 것이라 할 수 있다. 생모 현학금이 시원 혹은 역사이전의 것이라 할 <천상의 음률>을

력에 의해 용인되었다고 이해할 수 있다. 김경연, 같은 글, pp. 57-58 참조.

31) M. Roemer, 같은 책, pp. 136-138 참조.

32) 과격한 자율성을 주장함으로써 사회법칙이나 질서를 위협하는 초인이나 예술가에게 삶은 끊임없는 자기실험의 원천이다. 그들은 이런 실험을 통해 사회적 토대 없이 새로운 미적 존재가 되고자 한다. 미학은 자기목적적이고 반효용적인 것이기 때문이다. 이를 미학에 대한 윤리의 굴복이라 할 수 있다. 그런데 이런 토대없는 존재와 삶이란 자본주의 사회의 일상적 진실에 불과하다고 이해되기도 한다. T. Eagleton, The Ideology of Aesthetic(Basil Blackwell, 1990), pp. 243-259 참조.

33) 박영완, 「황진이연구」, 『관대논문집』13호(관동대학교, 1985), p. 87쪽.

연주하는 예술가로 극단적 신비화를 겪는 것도 같은 맥락에 있을 것이다.

전경린은 문헌기록을 살피면서 사대부 남성의 사회적 가면이 개입할 가능성을 우려한 듯하다. 예를 들어 화담과 관련된 설화에 따르면, 황진은 화담을 유혹하려다 실패한 후 그 학덕을 사모하며 교유했다는 내용이 중심을 이룬다. 이런 중심 내용은 서경덕의 인품, 학문을 높이고 기생 황진의 관능을 폄하할 수밖에 없는데, 이는 남성 식자층의 설화 향유 방식과 관련된다.[34] 이에 남성중심의 시각에 의해 황진은 미색을 지닌 요부 명기로 왜곡되어 왔다고 보고, 화담 스스로 <명월이도 화담의 일원>(2:226)이라 말하게 함으로써 작가는 황진을 요부가 아니라 탁월한 예술가이자 도저한 학문의 깊이를 지닌 구도자로 끌어올렸다고 하겠다. 그런데 황진의 관능을 제거하는 이같은 재구성은 화담의 인품과 학문을 중심으로 설화를 향유한 양반식자층, 즉 지배계급의 방식과 다르지 않다. 이것이 전경린 소설의 여성주의가 도달하는 역설이다.

이와 같은 여성주의의 역설은 작중 배경의 사회역사적 본질을 무시하고 작중인물의 심리를 현대화한 결과일 수 있다. 자결적 삶을 추구하는 황진의 심리와 행동은 사회역사적 토대 위에서 유기적으로 성장한 것이라 말하기 어렵다. 객관적 실재성이 박탈된 일종의 가상생활(진공) 속에 있기 때문이다. 그래서 낭만적 역사소설처럼, 그녀의 행동과 심리는 주관적으로 현대화된 것이며, 작가가 현대의 여성문제를 해결하기 위한 고안한 상상의 산물이라 하겠다.[35] 이런 고안이 무의미한 것은 아닐 것이다. 그러나 역사적 재창조는 진공이 아니라 구체적인 현실에 살고 있는 독자

34) 이동준, 같은 글, pp. 447-448 참조.

35) G.루카치, 『역사소설론』, pp. 246-251 참조.

의 한계에 접근하지 못한다면, 옛 시절의 편견과 무지에 대한 비판은 독자에게 아첨하는 값싼 통찰에 불과할 것이다.

5. 마무리

지금까지 본고는 운명에 대응하는 방식의 차이를 염두에 두고 홍석중의 『황진이』와 전경린의 『황진이』가 갈라서는 지점을 살펴왔다. 남북한의 소설을, 그것도 작가의 성차가 작동하는 작품을 객관적으로 비교할 도구는 넉넉하지 않기 때문에, 작중인물이 직면하는 인간형식의 운명을 주목할 수밖에 없었다. 또 과거의 인물을 재창조하는 과정에서 작가가 그 인물에 관한 선행 해석을 어떻게 수용하고 변조하는가도 본 연구의 관심사였다. 그 결과를 요약하면 다음과 같다.

1. 홍석중의 황진이는 타자와 더불어 살아가는 삶 속에서 행복을 구하고자 한다. 그렇기 때문에 혼사장애는 그녀의 생애에서 심각한 문제이다. 출생의 비밀이 드러나 파혼에 이른 황진이는 지배계급의 허위와 위선을 깨닫고 기생으로 새롭게 탄생한다. 그녀가 기적에 입문하는 것은 기생이라는 특수성을 이용하여 아버지의 질서, 곧 지배계급에 대항하기 위한 것이다. 색주가의 창부로 죽은 생모를 동화하면서 황진이는 사생아의 방법으로 운명의 불가피성에 저항한다. 그 저항과정에서 그녀의 특별한 미색, 곧 육체는 사대부의 인품을 시험하고 위선을 폭로하는 미적 권력으로 기능한다. 그렇기 때문에, 황진이는 타자의 시선에 노출된 공적 육체와

내면에 숨겨진 내적 자아라는 자아분열을 드러낸다. 계급이라는 운명에 저항하는 황진이는 삶에 대해 낙관적 긍정적 태도를 취한다. 그러나 하인 놈이의 운명을 구하지 못하자 영혼의 내적 연관을 통한 사랑으로 초월을 시도한다. 이는 자유와 운명의 긴장을 드러낸 것이라 이해된다.

2. 전경린의 황진은 전체가 아닌 개별자로서 세계 밖에서의 자유를 추구한다. 제도와 관습의 억압을 의식하기 때문에, 혼사장애는 그녀에게 결정적인 문제가 아니다. 파혼과 선비의 상사를 겪은 황진은 스스로 기생의 길을 선택한다. 기류에 들되, 그녀는 기생이라는 특수한 운명을 긍정하고 그 운명과 일체가 되고자 한다. 운명과의 일체화는 업둥이의 방식으로, 즉 세계와의 직접 대결을 회피함으로써 세계의 인위적인 질서를 부정하는 것이라 할 수 있다. 세계를 원망하지 않기 때문에, 황진은 자신의 육체를 미적 수단으로 삼지 않으며, 버리고 비우는 자기초극을 추구한다. 자기초극과 절대고독을 통해 황진은 자기만의 신(神), 자애에 도달하고자 한다. 자기를 버림으로써 자애에 도달하려는 황진은 구체적인 삶에 대해 욕망을 품지 않는다. 욕망의 죽음은 죽음에 대한 욕망이라 할 것이며, 죽음을 종교로 삼는 데 허무주의의 기운이 삼엄하게 펼쳐져 있다고 하겠다.

3. 두 작가의 작품을 비판적으로 읽어 보면, 홍석중의 경우 왜곡된 기념비화와 남성중심주의의 역설을 드러낸다고 할 수 있다. 그것은 계급적 현실 경험과 불가능한 사랑의 낭만적 허구가 분리된 결과이며, 남성 부재의 공포를 강조하고 희생적인 모성애를 이상화하며 여성의 육체에 대한 이율배반적 태도를 취하기 때문이다. 전경린의 경우, 자아의 미학화와 여성주의 시각의 역설을 보인다. 이는 작중인물을 로만스처럼 진공 속에

설정한 결과이다. 자애에 이르기 위한 파격적인 행보는 황진 자신이 남다르게 특별하다고 믿기 때문이다. 황진을 요부 명기가 아니라 학문의 깊이를 지닌 구도자로 설정하였음에도 불구하고, 작가의 시선이 황진이 설화에 대한 지배계급의 시각과 다르지 않다는 점에서 역설적이다. 이런 역설은 작중인물의 심리와 행동을 현대화한 결과이다.

참고문헌

강병구, 「이태준의 역사소설 연구」, 충남대 교육대학원 석사논문, 1990.

김경연, 「황진이의 재발견, 그 탈마법화의 시도들」, 『오늘의 문예비평』 여름호, 2005.

김택영, 『송도인물지』, 김승룡 편역주, 현대실학사, 2000.

박영완, 「황진이연구」, 『관대논문집』 13호, 관동대학교, 1985.

이 건, 「이태준의 『황진이』연구」, 상명여대 대학원 석사논문, 1995.

이대영, 「상허의 장편소설연구」, 『어문연구』 23집, 충남대 어문연구회, 1992.

이동준, 「황진이 설화의 문학적 연구」, 『어문학』 60집, 한국어문학회, 1997.

이명희, 「『황진이』, 『호동왕자』의 역사소설적 의미」, 『이태준문학연구』, 상허문학회, 깊은샘, 1993.

이병렬, 「역사적 인물의 소설적 형상화」, 『숭실어문』 14호, 숭실어문학회, 1998.

재크린 살스비, 박찬길 역, 『낭만적 사랑과 사회』, 민음사, 1985.

전경린, 『황진이』, 이룸, 2004.

최미진, 「1960년대 대중소설의 서사전략연구」, 부산대 대학원 박사학위논문, 2003.

최원식, 「남과 북의 새로운 역사감각들」, 『창작과 비평』 여름호, 2004.

최유찬, 『리얼리즘의 이론과 실제 비평』, 두리, 1992.

홍석중, 『황진이』, 도서출판 대훈닷컴, 2004.

황도경, 「황진이, 꽃으로 피다」, 『문학동네』 겨울호, 2004.

A. Welsh, 「opening & closing.」 *Nineteenth-century Fiction,* Vol.33. June, 1978.

G. Lukăcs, *The Historical Novel,* 이영욱 역, 『역사소설론』, 거름, 1987.

G. Lukăcs, *Die Seele und die Formen*, 반성완 · 심희섭 역, 『영혼과 형식』, 심설당, 1988.

M. Robert, *Roman des origines et origines du roman,* 김치수 · 이윤옥 역, 『기원의 소설, 소설의 기원』, 문학과 지성사, 1999.

M. Roemer, *Telling Stories,* Rowman & Littlefield, 1995.

N. Frye, *Anatomy of Criticism*, 임철규 역, 『비평의 해부』, 한길사, 1998.

T. Eagleton, *The Ideology of Aesthetic,* Basil Blackwell, 1990.

조선시대의 민중상

『張吉山』과 『높새바람』

정 호 웅

1. 머리말

역사소설은 남북한 문학사 모두에서 매우 큰 줄기에 해당한다. 남한의 경우, 역사물과 현대물을 하나씩 싣는다는, 이미 1930년대에 확립되어 오랫동안 유지되어왔던 신문 연재소설의 관행에서 알 수 있듯이 역사소설에 대한 독서 대중의 요구는 대단히 높았다. 당연하게도 헤아릴 수 없을 정도로 많은 역사소설이 문학사의 한쪽에 큰 산처럼 쌓여 높이 솟아 있다. 북한의 경우는 조금 다르다. 김일성이 이끈 항일무장투쟁의 역사를 재구하는 '불멸의 역사' 총서 작업이 김정일의 직접 지도 아래 국가적 사업으로 추진, 완성되는 데서 알 수 있듯이 문학을 통한 과거 복원과 그 과거로부터 의미를 길어내는 일에 정책적 차원의 관심을 기울여왔다.

북한 문학사의 한쪽에 역사소설이 산더미처럼 쌓이게 된 것은 당연하다 하겠다.

남북한 역사소설은 크게 다르다. 깊이 따져 읽지 않아도, 서로가 확연히 다르다는 사실은 쉽게 느껴 알 수 있다. 그러나 느낌에서 나아가 그 다른 점을 구체적으로 밝혀내는 일은 쉽지 않다. 남북한 역사소설의 다른 점을 밝히는 작업의 하나로 생각해볼 수 있는 것은 작품과 작품의 비교이다. 인물, 소재, 주제, 창작방법 등에서 비슷한 작품들이 비교 대상으로 선택될 수 있을 것이다. 이 같은 작업이 계속되어 그 성과가 축적되면 우리는 남북한 역사소설의 상이점에 대해 좀 더 본질적인 차원에서 말할 수 있게 될 것이다.

나는 이 글에서 홍석중의 『높새바람』(1983, 1990)[1]과 황석영의 『장길산』(1984, 1995)[2]을 비교하고자 한다. 두 작품을 택한 것은, 조선 중기가 시대배경이며, 계몽과 자기각성을 통해 당대 현실의 핵심 모순과 정면으로 대결하는 싸움의 최전선에 나아가는 민중영웅의 행로가 서사의 중심이고, 남녀 간 사랑이 그 행로와 나란히 전개되고 있으며, 민중언어의 의식적인 살려쓰기를 통해 겨레어의 풍성한 향연을 펼쳐 보이고 있다는 점 등 두 작품의 공통점이 매우 많기 때문이다. 이것만이 아니다. 두 작품은 창작방법의 측면에서도 같은 점을 지니고 있는데 역사 기록이 미치지 않는 어둠 속 과거 곧 이면사의 상상적 재구이다. 삼포왜란(1510) 전후를

1) 2부작인데 1부는 1983년, 2부는 1990년에 평양 소재 문예출판사에서 간행되었다. 남한에서는 연구사에서 4권으로 나누어 1993년에 출판하였다.

2) 1974년 7월 11일부터 1984년 7월 5일까지 『한국일보』에 2,092회에 걸쳐 연재되었으며 1984년 현암사에서 전 10권으로 완간되었다. 이후 출판사를 옮겨 1995년 창작과비평사에서 재간행 되었는데 이 때 결말 부분을 크게 수정하였다.

배경으로 한 『높새바람』은 '높새바람'에 관련된 전설에서 취재, 역사 기록에 빠져 있는 그 전설 속 이면사[3]를 재구한 것이다. 실록과 장계 등 역사 기록들에 대한 비판적 해석을 통해 그 전설의 빈곳을 채우고자 한 점이 소설 곳곳에 직접 언급되어 있다. 그보다 약 150년 뒤 숙종조를 배경으로 한 『장길산』은 『숙종실록』과 『추안급국안』, 『성호사설』 등에 단편적으로 언급되어 있는 장길산의 행적을 역사학계의 연구물을 길 안내 삼고 실록과 야사 등의 기록을 참고하여 소설적으로 재구한 것이다. 하나는 전설 속 인물이고 하나는 사서에 등장하는 인물이지만, 사서에 기록되어 있는 장길산의 행적이 워낙 단편적인 데 그치고 있어 이것으로는 그의 정체 파악이 거의 가능하지 않으니 그 또한 캄캄 어둠 속의 인물이라는 점에서 놉쇠와 마찬가지이다. 두 작품 모두 역사 기록이 미치지 않는 어둠 속 과거를 되살리고자 한 것이다.[4]

---

3) 예컨대 서술자의 이런 진술. "우리들은 흔히 지나간 력사를 돌이켜보며 가치 있다고 인정되는 사변들만을 징검다리로 짚고 몇 백 년의 긴 세월을 단 서너 번에 건너뛰곤 한다. 그런데 징검다리에서 징검다리로 넘어뛰는 한번의 발자국 안에 수십 년, 때로는 백여 년의 짧지 않은 세월이 비약되고 그 세월이 간직하고 있는 수많은 사건들과 사실들이 력사에서 그대로 잊혀져버리는 것이다.(중략) 그러한 작은 사건들, 하치않아 보이는 인과관계들, 기록에 오르지 못한 리면사들이야말로 징검다리가 되여 물우에 우뚝 솟은 커다란 력사적 사변들의 기초이자 뿌리로 되기 때문이다."(『높새바람』 하, 문예출판사, 1990, 253쪽-북한 원전 인용의 경우, 원전 표기를 그대로 따르되 띄어쓰기는 한글맞춤법에 따라 바꿈)

4) 임옥규의 『북한역사소설연구』(홍익대 박사학위, 2005)는 『높새바람』을 김정일이 제안한 '숨은 영웅의 모범 따라 배우기 운동'과 직접 관련된 것이라 하였는데 그렇다고 단정 짓기엔 아직은 정보가 충분하지 않다. 김정일은 1980년 10월 6차 전당대회에서 공산주의적 인간의 전형을 '숨은 영웅'으로 규정하고 '숨은 영웅의 모범 따라 배우기 운동'을 제안하였다. 이 경우의 숨은 영웅이란 '극히 평범하고 조용한 일상생활의 현장'에서 '내면의 성실성, 진지함'을 지키려 노력하는 인물

『張吉山』과 『높새바람』 두 작품의 비교 작업이 남북한 역사소설의 특성 규명에 한 발판이 되기를 기대한다.

2. 투쟁의 여로, 그 안팎

『장길산』을 이끄는 것은 장길산을 중심으로 한 광대들의 길이다. 팔천(八賤)의 하나로 엄혹한 신분질서의 맨 아래쪽에 놓여 철저히 소외된 처지이니 비록 가족을 거느리고 마을을 이루어 모여 산다 하지만 그들 존재의 본질은 그들이 자신들의 재주를 팔기 위해 걷는 그 길 위를 떠도는 뿌리 뽑힌 유민이다. "길이란 광대들이 태어나는 곳이자 살아가는 동안의 대부분을 보내는 곳이며, 죽는 곳이며 묻히는 곳"이라는 말의 밑에 숨은 의미는 이것이다. 그 같은 철저한 소외에서 원한이 생겨 쌓이는 것은 당연한데, 원한의 더미 내부에 본래적으로 내재해 있는 해소의 지향성과 현실체험에서 자연스레 이루어지는 모순에 대한 인식, 그리고 계몽자의 계몽에 의한 충격과 각성 등이 합하여져 마침내 그 길은 그 같은 모순

을 가리킨다. 그 숨은 영웅은 그 이전 북한소설의 중심에 우뚝 서 있던 비범한 능력을 지닌 영웅적 인물이 아니라 보통사람이며, 그가 선 자리는 역사적인 대사건의 한복판이 아니라 평범한 일상생활의 현장이다. 이 같은 숨은 영웅의 등장으로 인해 북한소설은 크게 변화하게 된다.(김재용, 「80년대 북한 소설문학의 특징과 문제점」, 『창작과 비평』, 1992, 12; 홍기삼, 「북한소설의 이해」, 『한국문화연구』 5, 경희대학교 민속학연구소, 2002 참조). 이렇게 살피면, '물우에 우뚯 솟은 커다른 력사적 사변'이 아니라 '기록에 오르지 못한 리면사' '비약되는 세월과 함께 홀시될 수 있는 작은 사건들'(『높새바람』 하, 문예출판사, 1990, 253쪽)의 의미를 주목하는 『높새바람』의 작가의식과 '숨은 영웅'론은 맞통하지만, 조금 다른 것이라고 보는 것이 온당하겠다.

을 타파하고자 하는 실천적인 투쟁의 길로 변모한다. 그들과 마찬가지로 봉건 질서에서 소외된 불쌍한 무리들이 그 길에 합류하여 함께 나아가니, 이들 집단의 여로는 저마다의 사연을 담아 싣고 당대 현실의 한복판을 가로지르며 무수한 관계의 고리를 엮어내고, 그리하여 방대한 소설공간을 구축하게 되는 것이다. 이처럼 반봉건운동의 실천적 투쟁의 길로 변모한 이 길을 이끄는 힘은 여러 가지인데, 무엇보다도 주인공인 장길산을 정점으로 모인 무리들을 결속시키는 절대의 의리와, 장길산 · 이갑송 등 주요인물들의 공통된 특성인 절대의 순직성, 그리고 장길산 · 묘옥 · 이경순 등의 삶에 큰 영향을 미치는 지극히 순수한 사랑 등이다. 이처럼 고귀한 덕목들을 좇아, 지극한 어려움 속에서도 끝끝내 이를 지키고 실현하면서 그들은 나아가 마침내는 유토피아 건설의 실천적 투쟁 그 앞자리에 서는 것이다. 그러나 그들이 꿈꾸었던 유토피아 건설은 실현되지 못한다. 아름다운 전설만을 남기고 그들은 사라져갔다.

『높새바람』을 이끄는 것은 놉쇠를 중심으로 한 하층민들의 길이다. 뱃군, 백정 등 최하층민인 그들은 봉건지배층의 착취와 일본의 침탈 현실에 맞서 싸우는데 그 싸움의 길은 과녁을 향해 곧바로 날아가는 불화살의 일직선 행로이다. 이들의 여로를 이끄는 힘은 『장길산』의 경우와 마찬가지로 절대의 의리, 절대의 순직성, 순수한 사랑 등이다. 그 싸움의 길에서 그들은 혹은 죽고 혹은 살아남지만 그들의 꿈은 전설 속에 살아 오래도록 기억된다.

이처럼 그 경개만을 살필 때 두 작품의 성격이 거의 같은 것으로 보인다. 그러나 그 안쪽을 들여다보면 그렇지 않다. 먼저, 투쟁의 성격.

『높새바람』은 일본의 침탈에 맞서는 반외세투쟁을 봉건성 타파의 투쟁보다 더 강조한 작품이다. 봉건지배층의 타락성에 대한 강한 부정의식이 서사 전개에 큰 역할을 하고 있는 것은 분명하지만, 초점이 봉건성 고유의 타락성보다는 외세관련적인 타락성에 놓여 있음은 이 때문이다.

> 우증이와 놉쇠는 며찔째 고된 밤을 밝혔다. 그러나 그들은 힘든 줄을 몰랐다. 몇 발자국 남지 않은 앞을 내다보며 오히려 고되고 힘든 그 속에서 거의 횡포하다고까지 할 수 있는 배가된 열정을 느끼는 것이었다.
>
> 그것은 놉쇠의 경우에 더 뚜렷하게 눈에 띄웠다. 그의 말과 행동은 더욱 과묵해졌다. 그러나 온몸에서는 뜨거운 열기가 확확 풍겼다. 며칠 사이에 훨씬 더 여윈 듯한 얼굴은 환히 빛났고 부리부리한 눈에는 밝은 정기가 넘쳐흘렀다. 그 뜨거운 열기와 밝은 정기를 눈여겨 보느라면 마치 밤하늘에 충천하는 불길을 볼 때와 같이 무서운 생각이 불쑥 일어나는 것이었다.
>
> 사실 지금 놉쇠의 가슴 속에서 타번지고 있는 것은 걷잡을 수 없이 용솟음쳐 오르는 불길과 같은 것이였다. 바야흐로 왜놈들의 살멱을 마음껏 끄잡아당길 수 있는 통쾌한 순간에 의로운 결전을 눈앞에 둔 그의 심신은 무서운 화재와 같은 것이라고 할 수 있었다.[5)]

지배 권력의 묵인 아래 침탈을 일삼는 '왜놈'에 대한 적의가 저처럼 불길로 타올라 평소와는 전혀 다른 사람으로 바꾸었다. 왜적에 대한 적의는 "그것은 마치 한순간에 타오른 눈부신 불빛이 눈앞의 모든 것을 하얗게 지워버리는 경우와 비슷"하게, 지금까지 "마음을 사로잡고 괴롭히던 모든 것들"을 "삽시간에 보잘것없고 무의미한 것들"[6)]로 바꿔버리는 절

5) 『높새바람』 상(문예출판사, 1983), 383쪽.
6) 『높새바람』 하, 418쪽.

대의 힘을 지닌 것이다. 다른 모든 것을 무화시키는 이 절대의 적의는 주인공인 놉쇠를 비롯하여 이우증, 희영녀 등 중심인물들만의 것이 아니다. 심지어는 화적들까지도 이 같은 절대의 적의로 무장하고 온몸으로 맞선다.

쇠득이가 말을 끌고 다가왔다. 보기에는 덜렁거려도 우증이한테는 젖어미처럼 늘 다심한 하인이였다. 그는 지금도 무작정 안장 우에 오르려는 우증이를 어린애처럼 붙잡아 세워놓고 융복 뒤에 달라붙은 검불을 뜯어냈다. 한편 너부죽한 입아귀는 쉴줄을 몰랐다.

"화개골대장이 괴짧죠?"

"무얼?"

"그 외꾸눈이 말씀이오이다."

우증이는 화닥닥 놀라서 돌아섰다. 급히 물러서려는 쇠득이의 옷깃을 거머쥐고 앞으로 잡아당겼다.

"애꾸눈이가 누구라구?"

"아, 누구긴 누구여요? 그 사람이 바루 날치군이라구 그 유명짜한 화개골 대장입죠."

그제야 비로소 우증은 깨도가 되었다. 반정 전 어느 날 병장기 문제로 계양산 화적패에 찾아갔다가 얼핏 그 애꾸눈이를 본 일이 있었다.

우증은 어이없는 눈길로 먼 산을 쳐다보았다. 웃자니 울음이 앞서고 울자니 웃음이 앞선다. 얼마나 잘 버무려진 깍뚜기판이냐? 화적들까지 왜놈잡이에 나섰는데 변경을 지키는 장수들은 팔짱을 지르고.[7]

화적들까지 포괄하는 조선 민중들의 왜적에 대한 분노가 『높새바람』

7) 『높새바람』 하, 170쪽.

을 일이관지 하나로 엮으며 서사 전개를 압도적으로 지배하고 있다. 외세의 침탈에 대한 비판의식이 이처럼 부각된 것은 임진왜란을 앞두고 점차 노골화되고 있던 일본의 조선 침탈 현실을 증언하는 가장 대표적인 사건인 '삼포왜란'을 다루었다는 소재와 관련된 것임은 물론이다. 그러나 이 같은 반외세 투쟁의식이 이 작품만의 특성이 아니라 북한 역사소설 일반의 기본 특성 가운데 하나라는 사실을 염두에 둔다면 단순한 소재 차원의 이해로는 충분하지 않음을 알 수 있다. 그렇다면 무엇인가? 북한의 기본 문예정책이 답이다.

> 조선인민은 예로부터 침략자들이 쳐들어올 때마다 조국을 보위하는 성스러운 싸움에 한 사람같이 일어나서 외래침략자들을 물리쳤으며 조국을 영웅적으로 방위하면서 반만년의 슬기로운 력사를 창조하였습니다.[8)]

우뚝 서서 북한 문예정책과 문예 창작, 문예 교육을 지배하는 김일성의 교시이다. 반외세투쟁을 무엇보다 앞세우는 『높새바람』, 나아가서는 북한 문학예술의 이 같은 특성은 북한 사회가 해방과 함께 시작된 사회주의 건설 사업을 통해 이미 충분한 수준의 봉건성 척결에 이르렀으며, 당면의 역사 과제는 미국을 비롯한 외세의 침탈에 맞서 자주성을 지키는 일이라는 역사인식의 산물일 것이다.

이와는 달리 '미완의 근대화'를 내세우며 한국 사회 내부의 봉건성 척결을 우선 과제로 인식했던 남한 진본진영의 역사인식을 반영한 것이 『장길산』이다. 두 작품의 선 자리는 이처럼 달랐다.

---

8) 『김일성저작집』 1권, 228쪽.

두 작품의 주동인물들이 지닌 투쟁 대상에 대한 적의의 정도도 크게 다르다. 이 점은 두 소설의 바탕 미학의 차이와도 관련된 것이니 자세히 검토해볼 필요가 있다.

『높새바람』의 인물들이 지닌 왜적에 대한 적의는 앞에서 말한 것처럼 절대적 성격의 것이다. 모든 것을 무화시킬 정도의 위력을 지닌 그 절대의 적의는 "왜놈이라는 씨다구니를 모주리 배를 가르구 뼈를 갉구 싶은"[9] 정도의 것이다. 그 적의는 작품 속 일본인들이 보여주는 성품의 비열성, 비인간적인 잔인성[10] 등으로 인해 더욱 뚜렷하게 부각된다.

『장길산』의 인물들이 투쟁 대상인 봉건 지배층에 대해 품고 있는 적의는 물론 크지만 저처럼 대상의 절멸을 겨누는 절대적인 성격의 것은 아니다. 『높새바람』이 품고 있는 이 같은 성격의 적의는 우리 역사소설에서는 찾기 어렵다. 신소설의 일부에서 산견되는 식인주의[11], 송기숙의 『녹두장군』 가운데서 찾을 수 있는 절대의 살의 등을 들 수 있는 정도이다. 『녹두장군』의 경우를 보자.

『녹두장군』은 동학혁명의 전체상을 혁명성을 뼈대로 하여 구축하고자 한 작품으로 높은 성취를 이룬 수작이지만, 작가가 이 같은 절대의 살의에 인물들과 함께 갇힘으로써 그 성과가 제약 당했다.

---

9) 『높새바람』 상, 41쪽.

10) 일본인의 그 같은 점을 드러내 보이는 문장은 무수히 많다. 하나만 들어보겠다. "저런 살진 모가지를 내려치면 피줄기가 서너 길은 조히 올려뻗칠 게다. 대가리는 썩은 수박처럼 나딩굴게고. 통나무같이 나자빠진 몸뚱이를 발로 밟으면 걸축한 것이 도랑물처럼 쏟아져나올 텐데, 사몽고로는 침을 꿀떡 삼켰다."(『높새바람』 하, 122쪽)

11) 이재선, 『한국현대소설사』(홍성사, 1978) 참고.

"이놈들아, 거그 빠져갖고는 안 죽는다."

농민군들은 깔깔 웃었다.

"에라, 개 같은 놈들 논에서 한판 붙자."

젊은이들은 바짓가랑이를 걷어올렸다. 대창과 몽둥이를 들고 논으로 뛰어들어갔다. 조딱부리 패도 도끼를 을러메고 뛰어들어갔다. 저쪽에서 만득이도 손작두를 들고 뛰어들었다. 밖에 서 있는 농민군들은 언제 풍물을 챙겨왔는지 요란스럽게 두들겨대며 기세를 올렸다. 감영군들은 한 군데로 송사리떼 몰리듯 오물오물 몰렸다. 농민군들은 대창과 몽둥이를 으르며 다가갔다.

"쑤셔라, 쑤셔. 옹골진 재미는 느그들이 본다."

밖에 있는 농민군들은 소리를 지르고 풍물이 요란법석을 떨었다. 대창이 나가고 몽둥이가 올라갔다. 감영군과 농민군이 한데 뒤엉켜 난장판이 벌어졌다. 조딱부리 패는 쓰러진 놈 대가리만 골라 도끼를 내리찍었다. 만득이 손작두도 정신없이 춤을 췄다. 무논에서는 대창과 몽둥이가 타작마당에 도리깻열 번득이듯 했다. 두령들도 한쪽에서 구경을 하고 있었다. 농민군들은 좀만에 대창과 몽둥이를 내리고 서성거리기만 했다.

"다 죽었다."

농민군들이 소리를 질렀다. 대창과 몽둥이를 치켜올리며 만세를 불렀다.

"몰살이다, 몰살."

밖에 있는 농민군들도 함성을 지르고 꽹과리 소리는 땅덩어리를 뒤엎어버릴 것 같았다. 논에 들어갔던 농민군들이 소리를 지르며 밖으로 나왔다. 모두 옷이 쫄딱 젖고 온몸이 흙감태기였으나 좋아서 어쩔 줄을 몰랐다. 농민군들이 나온 무논에는 감영군 시체가 죽은 오리떼처럼 둥둥 떠 있고 논물이 벌갰다.[12)]

---

12) 송기숙, 『녹두장군』 9(창작과 비평사, 1994), 82-3쪽.

농민군과 감영군의 전투 장면 묘사인데 처참하다. 궁지에 몰린 감영군을 도끼와 손작두로 살육하는 농민군의 몸짓에는 풍년 도리깨질의 신명이 넘쳐흐르고, 감영군들을 죽음의 막다른 곳으로 몰아가는 그들의 환호성에는 터질 듯한 기쁨이 부풀대로 부풀어 있다. 이 신나는 한판 살육의 잔치 아래에 놓여 있는 것은 절대의 적대감이고 분노이며 파괴적 열망이다. 처참한 살육의 장면을 그리는 작가의 붓길에도 이 신명은 넘실거리는데 작가 또한 이 잔치판의 한 사람으로 동참하고 있음을 말해주는 것이라 하겠다. 작가는 이 살육의 장면 묘사를 이어 "동쪽에서 아침해가 벙긋 솟아올랐다. 보리가 패고 산에 녹음이 우거진 산과 들이 아침 햇살에 환하게 빛이 났다. 어제 왔던 비로 하늘과 들판이 한결 정갈하고 환했다. 온 천지가 농민군들 함성에 덩달아 소리라도 지르며 활짝 웃는 것 같았다."[13]라고 하여 그들의 살육을 맑고 환하게 트인 초여름의 아름다운 자연 풍광을 빌어 예찬함으로써 이를 더욱 분명하게 드러내었다.

대상의 절멸을 겨누는 이 같은 절대의 적의는 실재할 수도 있는 것으로 어떤 인물이 처한 상황과 그의 의식의 요체를 담아내는 데 대단히 효과적인 매개물일 수도 있다. 그러나 이 같은 적의는 그 절대성을 따라 필연적으로 생겨나는 폐쇄성, 규정성 등의 요인 때문에 다른 요소들을 철저하게 배제하니 문제이다. 인물 성격과 상황의 단순화가 초래되는 것이다. 여기서 그치지 않는다. 이처럼 폐쇄적이고 규정적인 관념의 지배로 인해 서사 과정에서 다른 요소들이 부차적인 것으로 떠밀리거나 아예 배제되고 만다는 더 큰 문제점이 생겨난다. 그리하여 우리 편/적의 이분법을 따라 의리/반의리,

13) 『녹두장군』 9권, 83쪽.

민/관, 지배층/피지배층 등 무수한 윤리적 이분법의 대립항이 만들어져 서사를 이분법의 단순 구조로 정형화하고 만다. 『높새바람』은 이 같은 문제점이 특히 두드러진 작품이다. 『장길산』에 비해 훨씬 선명하지만 보다 단순한 세계에 머문 가장 큰 원인은 이것이다.

남한에서 생산된 역사소설의 일반적 특성 가운데 하나 또한 윤리적 이분법이라는 사실은 이미 밝혀진 바 있다.[14] 그러나 이것은 『높새바람』을 비롯한 북한 역사소설 일반에서 확인되는 윤리적 이분법에 비해 인물 성격과 상황, 나아가서는 서사 전개에 미치는 힘이 약하다. 이 차이는 남북한 역사소설의 바탕 미학의 차이이다. 두 작품을 이끄는 공통된 이념 가운데 하나는 의리인데 그 안쪽을 살피면 서로 다른 성격의 것임을 알 수 있다. 『장길산』의 경우 그 의리는 개개인이 지켜야 할 덕목이라는 점에서 개인적 차원이 것이면서, 결의형제 사이 반드시 지켜야 할 근본 도덕률이라는 점에서 집단적인 차원의 것이기도 하다. 『장길산』에서의 의리는 인간 사회 어디서나 바람직한 품성의 한 요건으로 강조되는 것이라는 차원을 넘어, 계층적 수탈 구조 위에 선 봉건 현실을 타파하고자 모인 무리들의 조직을 세우고 유지하는 데 필요한 기본 원리로서 요구되었던 것이다. 또한 그 의리는 장길산 무리의 지도부인 결의형제 사이에서는 반드시 지켜야 할 절대의 규범으로 요구되지만 졸개들과의 사이에서는 그렇지 않다. 또 하나 특징적인 것은 이 의리와 함께 결의형제 사이의 관계를 지배하는 질서의 원리는 힘의 우월성 여부라는 사실이다. 장길산이 구월산 화적당의 우두머리로 군림할 수 있었던 가장 큰 요인은 그가

14) 정호웅, 「한국 역사소설의 미학적 특성」, 『문학교육연구』 3집 참조.

가장 뛰어난 싸움 능력의 소유자라는 점이다.

이런 여러 가지 점에서 『장길산』의 의리는 『임꺽정』의 그것과 비슷하다. 『임꺽정』의 경우를 자세히 들여다보기로 하자. 사방에서 몰려든 무리들이 모여 이룬 공동체인 청석골을 지탱하는 동력은 무엇인가. 작가나 작중 인물의 입을 통해 제시되는 당대의 정치 · 사회 · 경제적 혼란과 그로 인한 농민층의 광범한 유리라는 황폐한 시대상이 그들을 내몰아 도적의 무리로 뭉치게 했을 터이다. 그러나 그 같은 사정은 작품 속에서 세목의 구체적 형상화를 통해 그려지지 않고 있으니, 그것이 청석골 공동체를 지탱하는 동력이라 말할 수 없다. 그렇다면 무엇인가. 힘에 대한 숭배이며 여기에 근거한 엄격한 상하 질서, 그리고 의리가 근본 동력인데, `불기의 정신'과 함께 작품 『임꺽정』을 떠받드는 것들이다.

이봉학, 박유복과 함께 결의형제를 맺은 이래 임꺽정이 무리들로부터 절대의 숭배를 받게 되는 것은 오로지 그의 탁월한 힘 때문이다. 문자도 모르고 “불쾌할 것도 없는데 불쾌스럽게 말하는”[15] 괴이한 성질을 가졌으며, 그러하기에 두령으로서의 금도를 갖추었다 하기 어려운 존재가 임꺽정이다. 그의 이런 면모를 다음 인용이 잘 보여준다.

대체 꺽정이가 처지가 천한 것은 그의 선생 양주팔이나 그의 친구 서기(徐起)나 비슷 서로 같으나 양주팔이와 같은 도덕도 없고 서기와 같은 학문도 없는 까닭에 남의 천대와 멸시를 웃어버리지도 못하고 안심하고 받지도 못하여 성질만 부지중 괴상하여져서 서로 뒤쪽되는 성질이 많았

15) 홍명희, 『임꺽정』(사계절, 1987) 8권, 10쪽.

다. 사람의 머리 버히기를 무밑동 도리듯 하면서 거미줄에 걸린 나비를 차마 그대로 보지 못하고 논밭에선 예사로 곡식을 짓밟으면서 수채에 나가는 밥풀 한 낱을 아끼고 반죽이 녹을 때는 홍제원 인절미 같기도 하고 조급증이 날 때는 가랑잎에 불붙은 것 같기도 하였다.16)

이런 임꺽정이 절대의 숭배 대상으로 군림할 수 있었던 근본 까닭은 힘 때문이었다. 타고난 힘, 완력이란 도적 무리의 두령이 갖추어야 할 기본 자질로서 중요한 것이지만, 그러나 이에 그친다면 그 무리의 성격은 협소한 테두리 안에 폐쇄될 수밖에 없다. 임꺽정 등이 지닌 `불기의 정신'이 신분제 타파를 향하긴 했으나 충분한 의미망을 형성할 수 없었던 원인의 하나는 이것이다.

힘에 대한 숭배에 근거하여 엄격한 상하 질서가 수립되어 청석골 공동체를 지탱한다. 청석골 두령의 하나인 배돌석(사위)과 졸개인 김억석(장인) 사이의 옹서관계조차 무시될 만큼 그 질서는 엄격하다.

"황송합니다"

하고 말한 다음에 배돌석이 옆으로 가까이 와서

"지금 보은리루 가신다니 그게 될 말씀이요? 여러분 방으루들 들어가시게 하우. 곧 저녁 진지를 내오두룩 하리다."

넌지시 청하듯 말하는 것을

"우리가 빌어먹는 거진가. 대궁밥 술을 얻어먹구 있게."

배돌석이가 매몰차게 핀퉁이 주었다.

16) 『임꺽정』 7 권, 25쪽.

"대궁밥이라니 웬 말씀이요?"

"다들 밥을 처먹구 우리만 안 주니 우리를 대궁밥 먹이려는 게지 무어야!"17)

임꺽정을 머리에 둔 철저한 상하 질서는 청석골의 도회청 자리 배치와 조회모임의 절차가 봉건 왕실의 그것과 방불한 데서 상징적으로 드러난다. 임꺽정은 봉건 군주와 같은 절대 권력의 소유자로 군림, 철저한 상하 질서를 규율하고 있는 것이다. 걸핏하면 군율을 내세워 부하를 죽이려 하나, 자신의 잘못은 전혀 반성하지 않는 임꺽정의 폭력성은 이에서 비롯한다. 여성 등장인물이나 작가의 입을 통해 남녀평등의 사상이 피력되곤 하지만 이같은 상하 질서 속에서는 별다른 의미를 띨 수가 없다. 작품 『임꺽정』은 조선조의 엄격한 상하 신분질서에 도전하는 무리들을 그리고자 했으나 대항세력 또한 동일한 상하 질서 속에 폐쇄되는 결과를 드러내었다. '불기 정신' 위에 선 임꺽정만이 이로부터 자유롭지만, 타고난 힘에 의해서만 뒷받침받는 것이기에 그것은 무방향성적인 것으로 충동적 · 감정적 자기방사로 쉽게 전화할 가능성을 크게 지닌 자유이며, 그러므로 자신을 구속한 온갖 족쇄들을 풀어낼 수 있는 힘을 애당초 지니지 못한 성격의 것이다.

청석골 무리들을 결속시키고 공동체를 지탱시켜 나가는 동력의 하나는 의리, 곧 임꺽정 등 일곱 명이 안성 칠장사 병해대사 불상 앞에서 결의형제할 때 함께 맹세했던 '상생동고(死生同苦)'의 정신이다. 그들이 괴이하고 단순한 성격 때문에 두령으로서의 금도와 통솔력을 지녔다 하기

17) 『임꺽정』 8권, 23쪽.

어려운 임꺽정을 쫓아 마지막까지 생사를 함께 했던 것은 의리 때문이다. 그런데 그들이 죽음으로 지키고자 했던 의리란 단지 정적(情的)인 성격만을 지니는 것이다. 그들의 결사(結社) 자체가 공통된 이념을 중심으로 이루어지지 않았고 그들 모두가 전혀 비이념적인 인물들이기에 당연한 현상이라 하겠는데, 청석골 집단의 단순성과 폐쇄성의 한 원인을 여기서도 확인할 수 있다.

흥미로운 것은 그들의 의리 지키기가 결의형제한 일곱 두령 사이에서는 철저한데 졸개들과의 관계에서는 그렇지 못하다는 사실이다. 양자간에는 엄격한 상하 구분이 있어 의리 정신의 개입이 애당초 차단되고 있는 것인데, 종사관으로서 청석골 운영에 중요한 역할을 맡고 있는 서림조차 예외가 아닐 정도로 그것은 철저하다. 이같은 사실은 청석골 집단이 이타성(利他性)을 결여한 집단임을 단적으로 드러낸다. 크게 보면 같은 처지인 다른 도적들과는 동류라는 의식을 거의 가지고 있지 않다. 함께 소외되어 고난받는 무리들에 대한 애정과 동류라는 의식의 결여는 그들의 의리가 일곱 두령과 그 가족에게 국한되는 대단히 폐쇄된, 이기적인 성격의 것임을 뜻한다. 이타성의 결여는 또 한편 일곱 두령의 활약상만이 두드러질 뿐 나머지 무리들은 익명으로 물러서는 현상을 낳는 원인이 되었다. 대하장편임에도 당대 민중들의 고난에 찬 삶의 총체성을 담아내지 못하고 몇몇 영웅적 인물들의 비범한 활약상만을 그리는 매우 좁은 소설 공간을 창출하는 데 그치고 만 것이다.

『높새바람』에서의 의리는 『임꺽정』, 『장길산』에서의 이 같은 성격의 의리와는 상당히 다르다. 먼저, 『높새바람』에서의 의리는 현저히 개인적 차원에 치우친 성격의 것이다. 이는 타도해야 할 적으로 설정된 일본과 봉건 지배층에 맞서는 싸움이 '조직된 집단' 차원이 아니라 개인 차원에서 수행되기 때문에 생겨난 것으로 보인다. 『높새바람』 속의 의리가 『장길산』 속의 그것과 결정적으로 다른 것은, 의리가 주동인물들의 선성(善性)을 결정짓는 핵심 요인이며, 이것이 작품의 주제를 규정하는 핵심 요소라는 사실이다. 『높새바람』의 주동인물들은 '목숨보다 더 중한 의리'[18], 그것을 위해서는 죽어도 좋다라고 서슴없이 말한다. 그들은 "의를 위해서는 제 손으로 제 목을 자를 만큼 대바르고 결패 있는 개불이"[19] 같은 인물을 무엇보다 높이 평가하는 가치관의 소유자들이다. 의리가 주동인물들의 선성(善性)을 결정짓는 핵심 요인인 것이다. 한편 그들이 목숨을 바쳐서라도 지키고자 하는 그 의리는 사람과 사람 사이의 작은 의리에 그치는 것이 아니다. 그것은 다음 인용에서 분명한 큰 의리로까지 확대됨으로써 작품의 주제인 반외세사상과 동일한 의미를 지니는 것으로 나아간다.

> 멍텅구리 같은 것. 왜놈을 쳐죽였으면 천만 번 잘한 일이구 어떻게든 살아서 또 쳐죽여야지 겨우 한 놈 죽이구 자수라는 건 도대체 무언구.(중략) 남자 같은 반편은 모가지 없는 귀신이 되여두 당연하단 말야. 무얼? 살고 싶은 생각이 없다? 어랍쇼, 이 사람이 정말멍텅구리가 아니야? 죽긴 왜 죽어 살아야지. 살아서 그 악귀 같은 왜놈들을 씨가 안 남두록 모주리 쳐죽여야지.[20]

---

18) 『높새바람』 상, 89쪽.
19) 『높새바람』 하, 252쪽.
20) 『높새바람』 상, 181쪽.

『높새바람』에는 많은 인물이 등장하지만, 소수의 중심 인물들만 성격을 부여받을 뿐 대부분은 익명의 무성격자에 머문다. 그 소수의 중심 인물들은 선/악의 이분법에 철저하게 갇혀 있는데, 선인들은 하나같이 비범한 능력의 소유자로서 대의를 위해 헌신하는 영웅적 인물이다. 그러니까 『높새바람』은 드넓은 민중의 바다를 구성하는 저마다 개성적인 민중의 구체가 아니라 영웅적 소수의 영웅적 성격을 그리는 데 집중하고 있는 것이다.

『높새바람』의 영웅적 소수 가운데서도 주인공이 가장 영웅적인 인물로 그려진 것은 이로 보면 자연스럽다. 그는 어디 한 군데 약점을 찾을 수 없는 완벽한 인간으로서, 그런 인간이 걸어야 마땅한 길을 일로매진 옆도 뒤도 보지 않고 걷는다. 다른 사람들은 그 뒤를 다만 따르기만 할 뿐이다. 철저한 영웅주의, 주인공 중심주의이다. 작품에 등장하는 많은 악인들은 악의 정체를 보여주기 위한 설정이라기보다 오히려 주인공의 영웅적인 면모를 부각시키기 위한 대비적 설정이라고 할 수 있을 정도이다.

이 작품의 중심 서사가 주인공 놉쇠의 자각 및 몇 단계에 걸치는 결단의 과정을 중심으로 구성되어 있는 것도 이와 관련된 것이다. 이런저런 인물들과의 만남과 직접 체험을 통해 현실을 깊고 넓게 이해하면서 부정적인 대상과 맞싸우는 투쟁 일로의 삶만이 가치 있는 것이라는 것을 자각하고, 몇 번의 결단을 통해 그 같은 투쟁의 길로 짓쳐 나아가는 놉쇠의 행로를 중심에 둠으로써 이 작품은 명백히, 영웅적 개인의 성장 과정을 그리고자 한 것이다.

ㄱ) 사 년 전, 장안이와 사부로를 죽인 <살인죄인>으로 물섬에 숨어 있을 때 부닥뜨린 생사의 기로가 바로 <첫번째의 가림길>이라고 할 수 있었다. 삶과 죽음의 어느 하나를 선택해야 할 그 순간에 망설이고 모대긴 것만은 사실이지만 일단 의리를 위해 필요하다고 생각하자 서슴없이 죽음을 향해 발을 내짚었었다.[21]

ㄴ) 반정날, 그는 뜻밖에 류순정이를 비롯한 반정 주모자들이 왜놈들과 은밀한 거래를 하고 있었다는 사실을 알게 되였다. 우증이가 심어준 <어진 임금>에 대한 믿음과 신념이 한순간에 산산이 부서져 버렸다.
(중략)
그때 그는 또 다시 중대한 운명의 갈림길에 나섰었다. 이미 부서져버린 신념을 허수아비처럼 내들고 그냥 서울에 남아 벼슬살이를 하느냐, 아니면 부서진 신념과 함께 벼슬자리를 내던지고 고향으로 내려가 일생을 배군의 천역으로 보내느냐.
(중략) 그래도 놉쇠는 주저하고 망설이던 끝에 종시 고향으로 내려오고 말았다.[22]

ㄷ) 사년 후, 이제 놉쇠는 세번째로 또 다시 생사의 두 길 중에서 하나를 골라잡아야 할 중대한 기로에 나서게 되였다.
(중략)그때 그는 또 다시 중대한 운명의 갈림길에 나섰었다. (중략) 만약 자기들이 끝내 관가의 령을 거역하고 맞서 싸운다면 궁극에 차례질 결과는 무엇일가. 이것은 일종의 불안이며 조바심이었다. (중략)
조만간에 팽팽히 조여진 긴장의 금선은 끊어질 것이요 그렇게 되면 무엇이든 결판이 나리라. 그 결과가 동네사람들을 역적죄나 모반죄의 칼날 밑에 몰아놓게 된다면…. 아니다, 그런 참혹한 변을 당하느니 차라

---

21) 『높새바람』 하, 55쪽.

22) 『높새바람』 하, 55-56쪽.

리 관가의 령대로 동네를 옮기는 것이 좋다.

(중략)

놉쇠는 그 소리에 귀를 기울이며 또 다시 같은 물음을 되뇌여본다. (어떻게 할 것인가?)[23]

주인공 놉쇠는 이처럼 중대한 세 번의 갈림길에서 어느 한 길을 선택하는 결단을 내려야만 했다. 그 결단은 친구와의 의리를 목숨과 맞바꾸는 것이며, 배를 부리는 천한 신분으로서는 상상할 수도 없었던 벼슬길에 나아가는 것을 포기하고 왜적과 손잡은 지배권력과 결별하는 것이며, 목숨을 걸고 왜적 및 왜적을 비호하는 지배권력과 단호히 맞서는 것이다. 이런저런 유혹을 단호히 밀어내며 나아가는 그의 행로는 곧 성장의 과정인데, 그 성장의 행로는 곧 이 작품의 주제인 반외세의 사상을 실천하는 것이다. 거듭되는 결단을 통해 성장하는 주인공의 이 같은 행로가 곧 서사 전개의 중심선으로서 작품의 주제를 실현한다. 『높새바람』은 철저히 주인공 중심주의에 의해 지배되는 소설인 것이다.

자세히 읽으면 놉쇠의 영웅적 개인으로의 성장이 놉쇠의 태생적 비범성에 의해 애당초 결정되어 있음을 알 수 있다. 그는 "불쌍한 사람을 보면 그냥 돌아서지 못했고 의리를 지키는 일이라면 시뻘겋게 단 불화로 우에라도 서슴없이 올라"서는 인정과 의리의 인물이며, 남다른 지도력을 지녀 '배군들의 우두머리격'으로 서서 뱃사람들을 앞서 이끄는 지도자이고, 자신을 희생해 널리 타인들을 위하는 헌신적이고 이타적인 품성의 소유자이다. 보통 사람들과 그를 구별짓는 이 남다름을 구성하는 것은

23) 『높새바람』 하, 56-60쪽.

이 작품을 지배하는 긍정적인 가치들이니 그의 남다름은 영웅서사의 주인공을 낳아 기르는 태생의 비범성에 대응한다. 놉쇠는 그 태생의 비범성에 걸맞게 어릴 때부터 남다른 면모를 내보이며 영웅서사의 주인공이 걷는 공식 행로를 그대로 걸어 나아간다. 그 요체는 '불의를 의로 결연히 맞'[24]서는 대의를 육화한, 대의 그 자체인 존재로서 거침없는 자기실현의 길을 걷는다는 점이다. 이 작품 세계 속 가장 높은 가치인 대의 그 자체인 존재이기에 그 앞에는 주저도 방황도 있을 수 없다. 거침없는 나아감만이 있을 뿐이다. 그와 나란히 영웅서사의 앞길을 열어 나아가는, 그와 동질적인 인물인 희영녀에 대한 다음 진술을 통해 이를 좀더 분명히 확인할 수 있다.

> 희영녀는 지극히 단순하고 명백하며 한순간이라도 심장에서 불이 꺼져버리면 그것으로써 모든 것이 끝나버리는 불덩어리와 같은 처녀였다.
> (중략)
> 희영녀와 같이 모든 감정에서 명명백백한 처녀는 정신적 방황이라는 것을 모른다. 맺고 끊는 데서는 오히려 놉쇠보다 더 야멸찼다. 방금 전까지는 맑고 깨끗한 수정이라고 믿었던 것일지라도 일단 진실이라는 무자비한 망치에 맞아 부서지면 그것으로 전부였다.[25]

회의를 들이지 않는 강한 자기 확신의 존재가 열어가는 자기 실현의 행로. 이렇게 살피면 『높새바람』은 민중서사가 아닌 영웅서사라고 하는 것이 온당할 것이다. 이 영웅서사의 형식은 수령 개념이 최고의 지배력으로

24) 『높새바람』 상, 58쪽.

25) 『높새바람』 하, 480-1쪽.

군림하고 있는 북한 사회의 성격을 가장 깊이 반영하는 것인지도 모른다.

주인공 중심주의가 지배하는 영웅서사라는 점에서 『높새바람』은 『장길산』과 결정적으로 구별된다. 『장길산』의 주인공 장길산은 천민인 광대의 비천한 처지에서 몸과 뜻을 일으며 봉건질서 타도의 큰 길에 나아간 인물이니 그의 그 같은 행로는 곧 영웅의 행로이다. 그러나 그는 비범한 핏줄을 이어받은 인물이 아니며, 그의 행로가 이 큰 작품의 서사 전개를 지배하지도 않는다. 그는 뜻을 함께 하는 많은 무리 중의 하나로서 상대적으로 더 많은 조명을 받고 있을 따름이다.

두 작품의 이 같은 차이는 영웅적 존재의 지도력을 무엇보다 강조하는 북한 사회의 지배적인 이념과, 민중의 역사창조력을 강조하는 남한 진보진영의 이념 차이에서 비롯된 것일 터이다.

작품을 통해 강조해 드러내고자 하는 이념과 완전히 일치하는 주인공의 행로가 압도적으로 지배함으로써 다른 인물들을 익명의, 또는 무성격의 배경으로 물러나게 하는 『높새바람』의 이 같은 서사적 특성은 인물 성격의 단순성에 대응한다. 주인공을 비롯한 인물들을 이루는 다양한 요소들 가운데 작품의 이념과 일치하지 않는 것은 애당초 관심의 대상조차 되지 못한다. 작가의 눈길은 인간 내부에 들끓고 있는 이런저런 욕망에 전혀 미치지 않는다. 당연하게도 작중 인물들의 욕망은 작품의 이념과 그 실제로서 탐구되고 그려지는 것이 아니라 작품의 이념과 관련된 경우에만 제한적으로 작품 속으로 이끌려 들어온다. 우리는 앞에서 주인공 놉쇠의 세 번에 걸친 결단에 대해 살펴본 바 있는데, 초점은 고뇌의 실제가 아니라 결단을 통해 열어나가는 주인공의 행로가 지향하는 가치이다. 욕망과 가치 사이에서 고뇌하는 인간의 진실이 아니라 가치와 그것에 의해 규정된 욕망만이 앙상한 추상의 관념이 북한 역사소설을 지배하고 있는 것이다.

『높새바람』의 이 같은 특성은 이 작품을 채우고 있는 언어가 철저하게 문화어에 한정되어 있다는 사실과 대응한다. 중심 무대가 경상남도 지역임에도 불구하고 방언은 전혀 등장하지 않으며, 신분의 차이에 따르는 당연한 언어 차이도 찾아볼 수 없다. 이 같은 언어의 통일성은 인물의 성격, 서사 전개 등 모든 측면에서 모순과 착종, 일탈을 용납하지 않는 『높새바람』의 서사적 특성과 대응하는 것이다.

인물의 신분이며 고향, 성격에 따라 저마다 개성적인 언어를 지니는, 그럼으로써 다양한 언어로 이루어진 언어 구조물을 구축하고 있는 『장길산』과는 전혀 상반되는 것이다.

3. 낭만적 사랑, 그 안팎

앞에서 보았듯 『높새바람』의 한복판에는 불길이 타오르고 있어 모든 것을 무화시킨다. 그 불길은 때로는 중심인물들의 단순성, 직절성, 순수성을 상징하는 것이기도 하고, 때로는 선/악이 이미 명료한 현실 속 바른 삶의 길이 무엇인지를 가리키는 것이기도 하다.

> 그것은 마치 한순간에 타오른 눈부신 불빛이 눈앞의 모든 것을 하얗게 지워버리는 경우와 비슷했다.(중략) 그 눈부신 불빛이 지금껏 그의 눈앞을 어지럽히던 모든 것을 가리워렸다.[26]

악은 전적으로 악이며, 선은 전적으로 선인 인식체계 속에서 대상 탐구의 노력은 불필요하다. 악임을 확인하는 일, 선임을 확인하는 작업만이 필요할 뿐 선/악의 추상적 개념으로 붙잡을 수 없는 실체의 추구는 의미 없는 낭비일 뿐이다. 이 소설의 공간에서 전적으로 악인 악은 절대 용납할 수 없는 절대의 악이고, 전적으로 선인 선은 절대 포기할 수 없는 절대의 선이다. 절대의 악/절대의 선이라는 이분법이 이에 성립하는데, 이 절대의 이분법이 절대의 악에 맞서 절대의 선을 실현해야 한다는 바른 삶의 길을 명료하게 지시한다. 북한소설 일반이 그러하듯 그 바른 길의 끝에는 절대 악을 물리친 절대 선의 환호가 터져나온다. 절대 악과 절대 선의 대립, 그리고 절대 선의 필연적 승리라는 도식인데, 그 과정에 자신을 송두리째 내던지는 인물의 내부를 저처럼 모든 것을 무화시키는 불빛이 가득 채우는 것이다.

『높새바람』의 그 강렬한 불꽃을 만들어내는 것 가운데 하나는 남녀간 사랑이다. 주인공인 놉쇠와 희영녀의 사랑, 이우증과 국아의 사랑 두 개의 뜨겁고 순수한 사랑인데 물론 중심은 놉쇠와 희영녀의 사랑이다.

> ㄱ) 희영녀는 비로소 모든 것을 깨달았다. 룡갑이라는 위선의 우상이 아무것도 순식간에 부서져버렸다. 사랑을 빼앗김으로 해서 빛을 잃은 암흑 속에 증오의 불길이 맹렬하게 타오르기 시작했다.
>
> 희영녀는 표서방을 등에 엎고 일어섰다. 아무것도 들리지 않았고 아무것도 보이지 않았다. 오로지 처녀의 눈앞에서 그의 령혼을 이끄는 것은 놉쇠 대신 원한을 갚아야 하리라는 경경일념의 명멸하는 불꽃이었다.

---

26) 『높새바람』 하, 418쪽.

바로 그 불꽃이 처녀로 하여금 그 저주로운 룡갑이의 집으로 다시 들어가도록 만들었으며 바로 그 불꽃이 그로 하여금 운신하지 못하는 표서방과 함께 서슴없이 왜놈들 속에 남아 있도록 만들었던 것이였다.

(중략)

희영녀는 한대 자신이 자기의 사랑을 위하여 기나긴 사 년 세월을 굴함이 없었던 것처럼 왜놈들 속에서의 이 지겨운 보름 동안을 오로지 원한을 갚으려는 하나의 생각만으로 모질게 살아왔다. 처녀는 흡사 활줄을 떠난 화살과 같아서 설사 힘이 진해 과녁에 못 미치는 경우는 있을지라도 결코 과녁으로 날아가는 길에서 휘여들거나 구부려들 줄을 몰랐다.[27)]

ㄴ) 그러자 불현듯 놉쇠는 마음이 날아날 듯 가벼워졌다. 머리속이 갑자기 밝아졌다. 지금까지 가슴 속에 미진한 것으로 남아서 자기의 발목을 잡아당기던 모든 불가해한 문제들이 한순간 불앞에 나선 듯 명료해지는 것이였다.

자신이 지금껏 모대기던 대의명분의 참뜻이란 별것이 아니였다. 그것은 그 어떤 론리나 한정된 답으로 규정할 수 없는 거대한 것이였으니 그 속에는 공첨지가 그토록 두고 떠나려 하지 않던 이 땅, 이 바다, 이 하늘이며 개불이가 마지막 길을 떠나면서 념려하는 자식들의 운명이 모두 함께 담겨져 있고 그것 없이는 누구나 한순간도 존재할 수 없는 하나의 공통된 넋과 같은 것이였다.[28)]

ㄷ) 망루의 불길은 아직도 숙어들지 않았다. 놉쇠와 희영녀는 서로 붙안은 태 그 불 밑에 서 있었다. 이제 그들에게는 드디여 자기들이 사랑하는 사람의 품 속에 안겼다는 그 사실 이외의 다른 것은 아무런 뜻도 가지지 못하는 것으로 되였으니 그지없이 행복한 이 순간 속에 그들이 그토

27) 『높새바람』 하, 482쪽.

28) 『높새바람』 하, 491쪽.

록 바라고 소원하던 모든 것, 영원이라고 이름할 수 있는 크나큰 의미의 모든 것이 전부 담겨져 있기 때문이였다.[29]

놉쇠와 희영녀의 사랑은 그것 없이는 존재 자체가 의미를 잃게 되니 절대의 사랑이다. 당연하게도 그 사랑은 오랜 이별과 극심한 고난의 세월에도 전혀 변하지 않는다. 그 사랑은 그들이 실현하고자 하는 '대의명분'과 따로 떨어져 존재하는 것이 아니다. 그들의 사랑과 그 대의명분은 분리될 수 없는 일체이다. 일체이지만 평상시에는 일체라는 사실이 드러나지도 인식되지도 않는다. 그들의 사랑과 그 대의명분이 일체라는 사실이 드러나고 명료하게 인식되는 순간이 있다. ㄷ)이 바로 그 순간이다. 이 순간 그들의 사랑은 가장 뜨겁고 가장 아름다운 불꽃을 내뿜으며 완성된다. 시간도 멈추는 순간이니, 인용문의 '그지없이 행복한 이 순간' '영원' 등의 말이 담고 있는 의미는 바로 이것이다.

다만 한 상대를 향해서만 타오르는 무조건적이고 절대적인 사랑임에 여기에는 세상사 이런저런 우여곡절도 준엄한 현실법칙도 인간 내부를 채우고 있는 이기적이고 삿된 욕망들도 끼어들지 못한다. 오로지 스스로를 태워 맑게 빛나는 사랑이니 그 사랑은 겉으로는 그것들 속에 있지만 동시에 그것들 밖에 놓이는 것이기도 하다. 인간 존재를 구속하는 현실법칙을 넘어 아름다운 그 사랑은 이른바 낭만적 사랑이다.

『높새바람』의 두 중심인물이 소중히 품어 마침내 완성에 이르는 이 같은 사랑을 우리는 작가 홍석중의 또 다른 역사소설인 『황진이』(2002)에서도 만난다. 황진이와 놈이의 사랑이 그것인데 그들의 사랑은 죽음의 순간에 확인되고 완성되는, 그래서 그 완성의 순간 현실 공간을 벗어나

---

29) 『높새바람』 하, 499쪽.

기억의 차원으로 전이되고 말 비극적인 성격의 것이다. 이같은 극성으로 인해 그들의 사랑은 가장 순수하고 강렬한 낭만성을 지니게 된다.

> 아씨, 고맙습니다. 저에게는 유한이 없습니다. 저는 더 바랄 게 없습니다. 아씨가 저에게 주신 그 사랑만으로도 행복합니다. 인연이 짧다구요? 분하구 아쉽죠. 하지만 꼭지가 무른 감이 가지에서 떨어지는 것이야 정한 리치가 아닌가요? 자신이 마구 되여 먹은 탓이 든 이 세상이 못돼먹은 탓이든 아씨와 저는 요행 사랑하고 사랑을 받을 수는 있으되 그 이상은 어울릴 수 없는 짝입니다. 자기한테 차례지는 분복의 알맞춤한 정도를 스스루 알구 만족할 줄 알아얍죠, 사랑의 합환과 고별의 슬픔이 담긴 잔이라. 정말 좋은 말씀입니다.[30)]

그들의 사랑은 그들이 폭로하여 무찌르는 봉건지배층의 허위와 위선의 그물망에 의해 방해받지만 동시에 그것에 의해 더욱 강해지고 성숙해 간다. 봉건 지배층에 대한 비판의식, 봉건 질서를 허물고 자유로워지고자 하는 해체와 해방의 지향성이 그들의 사랑과 함께 흐르며 그 사랑을 완성시켜 나아가는 것이다. 『높새바람』의 반외세사상이 반봉건사상으로 바뀌었을 뿐, 이념과 하나 된 사랑이라는 점에서는 동질적이라 하겠다.

서사전개 전 과정을 따라 주인공 남녀의 사랑이 흐르고 있다는 점에서 『장길산』도 『높새바람』과 같은 성격의 작품이다. 이들 작품 속 사랑이 시간의 파괴력, 인간의 이기성, 준엄한 현실법칙 등 일반적으로 사랑을 더럽히고 상처입히는 그 어떤 폭력도 훼손시키지 못하는 절대 순수의 사랑이라는 점에서도 두 작품은 닮았다.

30) 홍석중, 『황진이』(문학예술출판사, 2002), 512쪽.

『장길산』에는 여러 개의 사랑이 흐르고 있는데 물론 중심은 길산과 묘옥의 사랑이다. 묘옥에 대한 장길산의 사랑은 『높새바람』의 중심 사랑과 동질적이다. 그는 그들 인연의 마지막 어느 지점에서 혈육의 구체성, 같이 살이의 공동 체험이 만들어내는 현실의 삶에 대비하여 평생을 품어온 묘옥을 향한 사랑이 한갓 헛것에 지나지 않는다는 인식에 도달한다. 그 사랑의 추상적 관념성에 대한 인식인데, 이 통찰은 거꾸로 이 소설을 서사 전개 중심에 들어 있는, 묘옥과 관계된 그들 사랑의 성격이 어떠한 것인지 잘 드러내 보여주는 것이다. 그것은 그의 삶을 이끄는 유토피아 사상과 대응되어 있다.

어느 틈에 깨어난 우대용의 굵다란 목소리가 등뒤에서 들려왔고, 길산은 흠칫 몸서리를 쳤다. 길산은 창살을 잡고 앉아서 아무 생각도 없이 바깥을 내다보았다. 그에게는 놓여난다는 것이 실감이 나질 않았다. 얼마나 그리던 바깥 세상인가마는 그의 가슴속에는 곁에서 소리없이 죽어간 수많은 죄수들의 넋건이해 주던 자신의 창소리가 꽉 들어차 있는 듯하였다.

"나는 무거운 짐을 짊어졌고나!"

라고 그는 스스로에게 속삭였다.

"온 세상의 옥을 모두 깨치리라. 아니면 나가지 않느니만 못하다."[31]

온 세상의 옥을 모두 깨치면 불합리한 가둠의 폭력도 억울한 갇힘의 원통함도 없는 세상, 유토피아가 열릴 것이다. 그 유토피아는 가운데 선 길산을 벼리로 엮인 이들 뜻을 함께 하는 사람들이 온 생명을 불태워

31) 『장길산』 2권, 257쪽.

짓고자 하는 황홀경의 세상이다. 그 세상의 성격은 어떠한지, 왜 그런 세상을 지어야 하는지, 주체는 누구이며 방법은 무엇인지 등을 체계적인 논리 속에 담아낸 유토피아 사상이 그들을 이끈다.

그 사상은 그에게 절대의 의미를 가진 것으로 수용된다. 전적으로 옳으며, 어떤 희생을 치르더라도 가 닿아야 할 유일한 지표. 그러므로 그것의 진리타당성, 정당성, 실현가능성에 대한 회의 그리고 그것에 대한 비판적 사고는 아예 들어설 자리가 없다. 유토피아 사상은 무조건적 믿음의 대상으로 우뚝 솟아 그들의 의식과 삶을 지배한다. 이처럼 전적으로 옳고 정당한 그 사상을 담아내는 언어는 확신의 언어가 그러하듯 단정적이고 명료하다. 조금의 머뭇거림도 모호함도 들이지 않는 단정과 명료의 언어가 『장길산』을 서사 전개 중심에 서 있다. 그러나 장길산에 대한 묘옥의 사랑은 다르다.

어화둥둥 온 세상을 지극한 환희로 가득 채우는 청춘의 뜨거운 사랑에서 시작되었지만 운명은 가혹하여 천길 어둠 속으로 곤두박질하니, 난데없이 닥쳐온 갑작스러운 이별과 긴 기다림, 우연한 만남 그리고 영원한 이별로 이어지는 그들의 사랑길은 서로를 향해 타오르는 절대의 사랑과 애끓는 그리움을 싣고 『장길산』의 장강대하를 따라 모질고 험한 세월을 굽이쳐 흐른다. 소설 속에서 그 사랑 이야기는 묘옥을 중심으로 펼쳐지고 있으니 여기에만 국한한다면 주인공은 묘옥이다.

묘옥에게 길산은 운명의 남성이다. 더럽고 천한 창기(娼妓)의 몸과 구천에 가 닿은 한으로 가득 차 차갑게 얼어붙은 마음을 온 몸 온 마음을 활짝 열어 안아준 사내, 길상을 향한 묘옥의 사랑은 다른 무엇을 얻기 위한 것이 아니니 무조건적인 사랑이며, 이별 이후 그녀가 걷게 되는 우여곡절의 인생 험로 내내 조금도 변하지 않으며 그녀의 온 삶을 지배하게 되니 절대적인 사랑이다. 그녀가 재주와 사당들의 몸을 팔아 살아가는 사당패에 들었으면서도 몸 팔기를 거부하였는데 그것이 사당패에 의해 받아들여졌다는 다소 억지스러운 설정은 그녀의 길상을 향한 그 같은 사랑을 부각시키고자 하는 작가의 의도 때문일 것이다.

다만 한 사내를 향해서만 타오르는 무조건적이고 절대적인 사랑임에 여기에는 세상사 이런저런 우여곡절도 준엄한 현실법칙도 인간 내부를 채우고 있는 이기적이고 삿된 욕망들도 끼여들지 못한다. 오로지 스스로를 태워 맑게 빛나는 사랑이니 그 사랑은 겉으로는 그것들 속에 있지만 동시에 그것들 밖에 놓이는 것이기도 하다. 인간 존재를 구속하는 현실법칙을 넘어 아름다운 그 사랑은 이른바 낭만적 사랑이다.

이 같은 사랑의 관념에 이끌려, 이 같은 사랑의 표상으로 이미 규정되어 조금의 변화도 없는 묘옥이 험한 세월을 건너간다. 그녀가 걷는 길은 연속되는 도산검림의 위기상황을 간신히 헤쳐 여는 길인데 그 위기상황은 모두가 무조건적이고 절대적인 사랑의 표상인 그녀의 존재성을 부각시키는 대비항으로 기능한다. 그러니까 위기상황의 구체적 실체는 그 자체 독자적인 의미를 갖지 않는다. 앞에서 말한 바 그녀가 표상하는 낭만적 사랑의 관념이 겉으로는 현실 속에 놓여 있지만 동시에 현실 밖에 자리한다는 사실과 이는 동일한 뜻을 지닌다.

낭만적 사랑의 관념에 갇혀 있는 존재인 묘옥은 그러므로 추상적인 존재이다. 낭만적 사랑의 관념을 표상하는 존재로 추상화된 인물이라는 사실과 그녀가 아름답고 선하며 진실된 정신의 소유자로서 그런 가치를 추구하는 인물로 그려져 있다는 점은 깊이 관련되어 있다. 소설에 그려진 묘옥은 그녀가 살아온 삶의 남루함과 비천함 불안정성 등을 생각하면 비현실적인 느낌조차 줄 정도로 그런 남루하고 비천하고 불안정한 삶의 현실에 물들지 않은 존재로 읽힌다. 그녀는 늙은 광대 손돌의 자비로운 손에 의해 버려진 창기의 처지에서 구원받아 안정을 찾은 이후 소설이 끝날 때까지 내내 단아한 품격을 지닌 인물로 그려져 있다.

그녀의 사랑은 또한 금욕적이다. 이제는 관념이 되어버린 기억 속의 사랑에 갇혀 살의 욕망도 새로운 인간관계와 삶의 상황이 만들어내는 새로운 욕망도 가차없이 끊어내는 묘옥의 금욕적인 사랑은, 모든 것을 내버리고 오로지 그녀만을 향하는 이경순의 마음 앞에 한순간 흔들릴 뿐 끝내 요지부동이다.

> 묘옥은 이기지 못하여 다시 경순의 등에 업혔다. 묘옥은 경순에게 업혀 가면서 제 마음을 자기도 모르겠다고 생각하였다. 그녀가 이경순을 자꾸 거부하고 있는 것은 자신의 굳은 결심 때문이지만, 저도 모르는 사이에 점점 경순의 사내답고 부드러운 사람됨에 기울어지고 있는 것을 느꼈던 것이다. 그런 마음이 들수록 겉으로는 자꾸만 도사려지게 되는 것이었다. 저를 찾아서 안성까지 백리 길을 마다 않고 달려온 사람, 또한 양인으로서 천민 패거리인 사당패에 끼여 갖은 욕을 보면서 당진가지 동행한 사람, 목숨을 걸고 대가에 난입하여 자기를 구출한 사람, 이러한 이경순이가 묘옥에게는 더욱더 두려운 사람이었던 것이다. 왜냐하면 저 말바위의 벼랑 끝에서 어두운 바다를 향하여 울부짖으면서 한 젊은 광대의 넋을 다하여 사랑하고 간직하겠다던 마음이 일시에 무너져버릴 것만 같았기 때문이다. 경순의 뒷덜미에서 땀이 흘러 등판을 적시고 있었으니, 아마도 허기를 이기느라고 몹시 힘이 드는 모양이었다.[32)]

길산에 대한 사랑을 가슴에 품고 금욕의 삶을 살아온 여옥의 마음을 그녀의 사랑을 얻기 위해 모든 것을 건 사내 경순의 '사내답고 부드러운 사람됨'이 흔들었다. 한 사내를 향하는 무조건적이고 절대적인 사랑의 관념에 금이 가면서 그 관념으로 완전히 가둘 수 없었던 인간 묘옥의 욕망이 한순간 그 틈 사이로 고개를 내민 순간이다. 아마도 이 대하소설을 종단하는 중심인물 묘옥의 긴 여로에서 그 같은 관념을 벗어난 욕망이 드러난 경우는 이것뿐이 아닌가 싶다. 그러나 이 경우에도 묘옥의 몸이 느꼈을 살기운이며 땀냄새와 같은 육체적 감각에 대한 언급은 찾아볼 수 없으며, 이경순을 받아들였을 경우 묘옥이 누릴 수 있게 될 안락한 생활에 대한 기대며 그것에의 이끌림 등 누구나 가질 법한 마음 움직임에 대한 추구도 없다. 따지고 보면 '사내답고 부드러운 사람됨'이란 얼마나 모호하며 추상적인가. 금욕적인 성 페르소나로서의 묘옥에 대한 작가의 무의식적 집착이 묘옥의 흔들리는 마음을 그리는 이 경우에서조차 작용하여 이처럼 모호하며 추상적인 차원 이상으로 나아가지 못하였던 것임에 틀림없다.

어떻든 육체를 가진 산 인간인 묘옥의 저 같은 욕망이 드러난 것은 짧은 시간에 그칠 뿐 오래 지속되지 않는다. "저 말바위의 벼랑 끝에서 어두운 바다를 향하여 울부짖으면서 한 젊은 광대의 넋을 다하여 사랑하고 간직하겠다던 마음"이 개입하여 그 틈을 봉쇄하니 그녀는 다시 무조건적이고 절대적이며 금욕적인 사랑의 관념 속으로 추상화되고 만다.

이처럼 낭만적인 사랑의 관념 속에 갇혀 있는 추상성의 존재인 여옥의

---

32) 황석영, 『장길산』 3(창작과 비평사, 1995), 94쪽.

금욕적인 성 페르소나는 차갑다. 그 차가움은 추상적 관념의 명료함에서 생겨나는 것이기도 하며, 그 관념에 갇힌 여옥의 변화 없음에서 생겨나는 것이기도 하고 그런 여옥이 육체의 욕망과는 무관한 자리에 서 있는 데서 생겨나는 것이기도 하다.

묘옥의 사랑은 그것이 전부인 절대의 것이다. 『장길산』을 이끄는 이런 저런 관념들과 그것은 전적으로 무관하다. 이와는 달리 『높새바람』 속 희영녀와 놉쇠의 사랑은 작품을 이끄는 더 상위의 관념인 반외세주의와 반봉건주의에 종속되어 있다. 그들의 사랑은 그들이 그 같은 관념 실현의 길을 충실히 걷고 있을 때에만 유지 가능하다. 작품 곳곳에 울려퍼지는 희영녀의 아름다운 노랫소리와 함께 싹 트고 꽃 피워난 그들의 아름다운 사랑은, 적어도 이 작품 공간에서는 그 자체만으로는 무의미하다.

다만 그 자체로 절대의 의미를 지니는 묘옥의 사랑과 그렇지 않은 희영녀의 사랑은 다르다. 앞에서 우리는 두 사랑을 다 같이 낭만적 사랑이라 하여 같은 성격의 것이라 했지만, 이렇게 살피면 조금 다르다는 것을 알 수 있다. 이 차이는 북한 문학 위에 군림하고 있는 정치적 관념의 지배력을 증거하는 것으로 볼 수 있을 것이다.

『장길산』 속의 사랑과 『높새바람』 속의 사랑을 가르는 결정적인 것은 『장길산』 곳곳에 뜨거운 육정의 사랑이다.

> "아무 데서두……살 수 없어요. 용서해주셔요. 나두 모르게, 아마 팔자에 액이 든 모양이어요. 당신은 나허구 살면 안돼요. 또 죄를 저지를 거예요."
>
> 도화는 고개를 들고 갑송이의 무뚝뚝한 얼굴을 바라보았다. 온 얼굴

에 눈물이 번져서 어지러이 흘러내리고 있었다. 도화의 어조에는 이상스런 열기가 있었다.

"해만 지면 미치겠어요. 마음은 공연히 떠돌고 세상 만사가 미워져요. 당신은 바위 같은 내 남편인데, 나중에는 당신까지 미워져요."[33)]

아이, 무서워라.

비장댁은 아랫배를 더욱더 천수에게로 찰싹 붙여왔고 천수는 끄응하면서 계집의 허리를 죄어 안았다.

쥐가 그 사타리 사이루 들어간 모양일세.

에그……난 몰라.

천수의 농지거리를 받으면서 비장댁이 다리를 꼬아 천수를 죄면서 앙탈을 하였다. 천수가 계집의 치마를 걷어올리고 속곳을 푸는데 일변 끄르고 손으로는 가슴을 주무르니 벌써 비장댁은 열이 올라 인사불성이었다. 계집이 천수의 목을 끌어안으며 중얼거렸다.

어서……잡아줘요.[34)]

앞의 인용문은 갑송의 아내 도화가 외간남자와 놀아난 것이 들통나 갑송의 손에 죽기 직전 한 말이다. 도화살의 운명을 벗어날 수 없다는 인식이 도화로 하여금 목숨 구걸조차 포기하도록 이끌었다. 나도향의 『물레방아』 속 여성주인공과 동형의 인물형이라 하겠는데, 낭만적 사랑의 관념에 갇힌 추상의 비주체적 인물들이 주도하는 세계 속에서 그 생존욕조차 넘어서는 주체적 개성은 크게 돋보인다.

뒤의 인용문은 평양 감사 따라 집을 비운 어비장의 아내와 칠패를 주

---

33) 『장길산』 5권, 48쪽.

34) 『장길산』 4권, 212-3쪽.

름잡는 왈짜 홍천수가 놀아나는 장면이다. 거침없는 상소리와 육정의 노골은 저 엄숙하고 차가운 낭만적 사랑의 관념 세계에 대비되어 더욱 뜨겁고 생생하다.

몸의 욕망에 솔직하고 충실한 도화와 어비장댁 이들 두 성 페르소나가 이끄는 살냄새 물씬한 사랑의 세계는 홍천수를 비롯한 저자바닥의 왈짜 무뢰배들이 엮어내는, 민중 생활의 구체적 실상과 그 속에서 생성되어 그 세계를 생동하게 하는 온갖 욕망들의 뒤얽힘 그리고 이것들을 실어나르는 민중언어가 만들어내는 구체적 생활의 세계, 시정의 세계와 연결되어 있다. 특히 사당패들이 즐겨 사용하는 '곁말'을 비롯한 다양하고 풍성한 민중언어의 반영과 창조는 우리 소설사상 이 작품을 넘어서는 경우를 달리 찾을 수 없는 차원을 확보하였으니 크게 강조되어 마땅하다.

낭만적 사랑의 관념에 갇히지 않은 성 페르소나의 또 다른 예로 원향을 들 수 있다. 그녀는 태어날 때부터 죽을 때까지 하늘의 저주와도 같은 참혹한 고통의 길을 걷는 존재이다. 그 고통과 그것에서 생겨난 한을 감당 못해 정신을 놓치는 지경에까지 이르렀다가 구월산 산신을 몸주로 모시는 무당이 됨으로써 새로운 생명을 얻게 된다. 신과 인간의 중개자로서 그 자신의 한을 비롯해 세계의 폭력에 상처입은 이들의 가슴속에 깃들인 한을 푸는 자리에 나아가는 것이다.

신과 인간의 사이에 자리해 신의 말을 전달하는 원향은 중성적인 존재이다. 그녀가 여환과 결혼하면서 동정부부 되기를 맹세하는 것은 이와 관련돼 있다. 동정녀로서 신의 뜻을 좇아 그녀는 체제 전복의 길을 걸어 나아간다. 가물어 산천초목이 모두 죽는 죽음의 땅에 생명의 싹을 틔우기 위해 "이루어지지 않더라도 비가 되어 떨어지는"[35]

존재가 되리라 다짐하며 바로 눈앞에 죽음이 예비되어 있는 그 길을 걷는 그녀는 혁명 사상을 체현하고 있는 관념 기호이니 또한 중성적인 존재이다.

그러나 그녀는 생의 마지막 순간에 이르러 신의 뜻과 혁명 사상을 전달하고 실천하는 중성에서 벗어나, 그 중성으로 억눌렸던 여성으로서의 존재성을 스스로 되찾는다. 이로써 원향은 양성적 존재가 되는데 이 순간 후생을 기약하며 현재의 욕망을 거부하는 그들의 혁명 사상은 문득 깊어졌다. 이 소설이 또한 깊어지게 되었음은 물론이다.

> "우리 합환목(合歡木)이 되어요. 그러면 마른 바람도 그치고 원추리꽃 핀 들이 될 거예요."
> 원향이 여환의 목을 손가락으로 매만지며 말하였다.
> "후생을 기약하자더니……"
> "싫어요. 축생도에 떨어질지라도 내 살로 빚어 사람이 된 것처럼……지금은 사람으로 겪고 나서 이다음에 또 달리 되겠어요. 벌레도 자웅과 음양이 있으니 여기는 아직 이승인 까닭이지요. 사음계(邪淫戒)는 없어요."
> (중략)
> 여환은 떨리는 가슴을 진정하면서 원향의 옷을 벗겼다. 두 사람은 누워서도 서로 어찌할 바를 모르고 끌어안고 있었으며, 원향이가 느낌으로 알아 몸을 열고 여환을 끌어들였다. 그들의 등뒤에 갑자기 후생(後生)의 적막하고 가엾은 길이 사라졌고 다만 대지가 생생생하게 두 사람의 육신을 둘러싸는 것이었다.[36](9권, 414-5쪽)

---

35) 『장길산』 9권, 336쪽. 행위의 보상을 바라 나아가는 것이 아니라 부수어 무너뜨려야 할 부정적인 대상이 앞에 있기에 그것의 파괴와 새로운 건설을 향해 나아가는 진정한 혁명의 사상이다.

이 작품의 한 구석에 고즈넉이 빛나는 개성적인 또 하나의 성 페르소나가 있다. 묘옥을 사랑하는 늙은 광대 손돌이다.

> 늙은 광대의 마지막 연희는 그 장삼소매를 휘젓는 품이며 돌아 나가는 동작이며가 능숙하고 힘차서 아름다웠다. 도도리장단에서 굿거리곡으로, 다시 타령곡으로 춤의 동작이 바뀌다가 잦은타령조로 되었다. 학이 날아가듯 소매를 양쪽으로 너울거리기도 하고, 마당가녘으로 빙빙 돌기도 하다가, 제 몸이 불꽃이나 되었는지 솟구쳐 꿈틀대며 위로 치솟는 것이었다. 여다지와 곱사위춤에서는 좌우로 흩뿌려지며모이는 한삼 자락이 마치 바람에 나부끼는 꽃잎인 듯하더니, 솟구쳐지자 동작은 거칠고 열기가 있어 보였다. 온 집에 불이 붙어 활활하는 불바람 소리가 들렸고 초가지붕 위로 불꽃이 널름대며 퍼져갔다. 춤이 고조되어 몇 번인가의 도약(跳躍)이 거듭되더니 마치 퇴장할 때이듯,
>
> "잘 놀구나 가오……"
>
> 긴 말가닥과 한삼 자락을 한결같이 뒤로 끌면서 손돌 노인은 재빨리 불 속에 몸을 감추었다.[37)]

딸로 여기며 데리고 살았지만 손돌의 가슴에는 자신도 모르게 묘옥을 사랑하는 마음이 싹터 자라고 있었다. 그 마음은 그러나 발설될 수도 실현될 수도 없는 것, 헌걸찬 장부 길산이 그녀의 마음을 낚아채었고 그는 깊은 패배감, 상실감에 빠져들었다. 집과 육신을 함께 불태움으로써 그는 완벽한 소멸을 기도하는데, 그 패배감과 상실감의 충충하여 바닥모를 깊이를 알게 한다.

---

36) 『장길산』 9권, 414-쪽.

37) 『장길산』 2권, 59-60쪽.

황순원의 단편 「독 짓는 영감」의 주인공[38)]을 닮은 이 개성적인 인물로 해서 이 소설은 또한 문득 깊어지고 넓어졌다.

『높새바람』은 물론이고 북한 역사소설에서는 만나기 어려운 육정의 노골과 그것을 실어나르는 민중어의 생동, 다양한 사랑의 존재 방식에 대한 탐구[39)]는 남한 역사소설과 북한 역사소설이 얼마나 다른 자리에서 있는가를 보여준다. 엄숙한 정신주의에 갇혀 육체의 욕망을 돌아보지 않으며 남녀간 사랑의 다양성에 대한 이해가 결여되어 있는 북한 역사소설의 세계와, 마찬가지로 엄숙한 정신주의가 지배적이지만 그 사이사이 그것을 해체하는 요소들을 품고 안팎으로 열려 있는 남한 역사소설의 세계는 크게 다른 것이다.

---

38) 손돌은 「독 짓는 영감」의 주인공과 동형의 인물이다. 밑에 두고 부리던 조수에게 젊은 아내를 앗긴 영감은 그 패배감, 상실감을 못 이겨 독 굽는 가마 속으로 들어가 죽는다.

39) 2002년작인 『황진이』는 조금 다르다. 예컨대 하층민들의 이야기판을 후끈 달아오르게 만드는 다음과 같은 육담은 이전의 북한 역사소설에서는 만날 수 없었던 파격이다. "날알이 제 아무리 돌아쳐두 매돌 안에서 논다네. 기집이야 그저 기집이지 금테를 둘렀을 텐가, 은테를 둘렀을 텐가. 절색이든 박색이든 아래몸뚱이는 무비일색이구 기집으루 생겨서 제 집 울타리에 개구멍을 넓히지 않는 년이 도대체 몇이나 될고? 그런 걸 가리켜 주책없는 소문은 모두 절색이라지. 안 그런가?"(19쪽) 그러나 이 같은 파격은 작품 전체로 보면 잠깐 나타났다 사라지는 풍문과도 같은 것에 지나지 않는다. 「황진이」으 서사를 주도하는 것은 봉건지배층의 허위과 위선에 맞서 더욱 아름다운 것으로 부각되는 낭만적 사랑의 순수성이다.

4. 마무리

두루 알듯이 『장길산』의 앞에는 홍명희의 『임꺽정』이 전범이자 영향원으로 우뚝 서 있다. 이렇게 말할 수 있는 근거의 하나는 둘 다 실록을 비롯한 역사 기록이며 야담 등 이런저런 문학 작품을 통해 당대 민중 현실을 복원하려는 노력을 크게 기울였다는 점이다. 『높새바람』 또한 그러한 것은 틀림없지만, 당대 민중 현실의 구체적 복원 노력의 측면에서는 상대적으로 크게 미치지 못한다. 과거가 아니라 현재를, 다른 무엇보다도 새로운 미래를 열기 위한 정치적 관념을 강조하는 북한문학의 특성 때문일 것이다. 북한 역사소설이 남한 역사소설에 비해 시대착오성이 상대적으로 높은 것도 이와 관련된 것일 터이다.

참고문헌

권영률, 「력사소설의 맛이 나는 언어형상-력사소설 『높새바람』을 읽고)」, 『문화어학습』, 1993.

김대행, 「북한의 문학사 연구, 어디까지 왔는가」, 『문학과 비평』, 1990년 가을.

김윤식, 『한국 현대 현실주의 소설 연구』, 문학과 지성사, 1990.

김윤식, 『북한문학사론』, 새미, 1996.

김윤식 · 정호웅, 『한국소설사』, 문학동네, 2001.

김종회 편, 『북한문학의 이해』, 청동거울, 1999.

김정일, 『주체문학론』, 조선로동당출판부, 1992.

류 만 외, 『조선현대문학작품해설』, 과학백과사전출판사, 1987.

박종원 외, 『조선문학개관』 2, 인동, 1998.

방연승, 「장편력사소설 『높새바람』(상)의 사상예술적 성과에 대하여」, 『조선문학』, 1985. 2.

백낙청, 「통일시대의 한국문학」, 『한국현대문학 50년』, 민음사, 1995.

이형기 외, 『북한의 현대문학』, 고려원, 1990.

이혜숙, 「역사소설과 민중적 상상력」, 『창작과 비평』, 1993년 여름.

임옥규, 「북한 역사소설 연구」, 홍익대 박사학위 논문, 2005.

최동호, 『남북한 현대문학사』, 나남, 1995.

한중모 · 정성우, 『주체의 문예이론 연구』, 사회과학출판사, 1983.

홍기삼, 『북한의 문예이론』, 평민사, 1981.

홍기삼, 「북한소설의 이해」, 『한국문화연구』 5집(경희대 민속학연구소), 2002.

홍경래와 평안도 농민전쟁의 형상화 방법

민 현 기

1. 머리말

문학과 역사의 관계는 배타적이 아니라 서로 공통적인 기반을 가지고 있는 상보적 관계이다. 물론 역사적 사실의 기술과 문학적 형상화의 방법에는 많은 차이가 있을 수 있다. 역사는 이미 있었던 사실만을 추구해야 하지만 문학은 작품 내적 진실을 확보하기 위한 방법으로 보다 융통성 있고 자유로운 허구라는 무기를 사용할 수가 있기 때문이다. 그러나 사실이든 허구든 인간의 삶을 재구성하고 거기에 어떤 의미를 부여한다는 점, 그리고 현재적 조건을 바탕으로 하여 과거의 사실을 다루려고 한다는 점에서 문학과 역사는 공통의 과제를 수행한다고 볼 수 있다. 작가나 역사가나, 예술의 영역이나, 과학의 영역이나 중요한 것은 인간의 삶에 대한 의미 있는 해석과 성찰이며, 바로 그런 작업을 통해 획득되는 보편적 진실이 무엇보다도 중요하다. 따라서 역사소설가는 역사적 사실의 문학적 형상화를 통해 메마른 과거 사실에 생명력을 불어넣어 주고, 역사가는 과거와 현재의 근본적인 상황적 차이가 무엇이며 역사를 움직이는 동력이 어떤 것인지를 밝혀줌으로써 문학적 진실과 역사적 진실의 궁극적 합치점을 찾아내는 데 도움을 준다.

역사소설에 대한 연구는 '오늘'의 불구화되고 모순된 현실을 '과거'라는 거울을 통해 면밀히 살펴보고, 지나간 세월을 '현재'의 시선으로 재인식하려는 적극적인 태도를 통해서 그 긍정적인 성과를 거둘 수 있다. 물론 역사학계의 새로운 연구경향 및 그 풍성한 연구 성과를 활용할 필요도 있다. 우리나라의 경우 특히 오늘의 민족모순을 잉태한 불행한 과거 역사에 대한 적극적인 접근과 올바른 이해의 필요성이 어느 때보다 절실히 요청되고 있다. 이것은 오랫동안 우리 문학의 과학적 인식에 장애가 되어 왔던 냉전이데올로기의 억압으로부터 과감하게 벗어나야 함을 뜻하는 것이기도 하며, 분단극복을 위한 민족적 우선과제가 무엇인지를 좀더 냉철하고 진지하게 성찰해보는 학문적 기반을 마련해야 함을 뜻하기도 한다.

우리 문학사를 살펴보면, '홍경래'에 대한 관심이 오래 전부터 지속되어 왔음을 확인할 수 있다. 우선 해방 전에 나온 작품으로, 관변측(官邊側) 실기(實記)라는 인상이 짙은 『신미록』(경판본, 국문, 작자 미상, 신유 2월)과 홍경래를 비상한 인물로 그린 『홍경래 실기』(신활자본, 국문, 남악주인 찬, 1917년 7월 10일 신문관 간, 상하2권), 앞의 두 작품에 비해 주제의식이 뚜렷하고 소설적으로 잘 짜여진 한문소설 『홍경래전』(필사본, 작자 · 발표연대 미상), 이것을 국한문 혼용으로 옮겨 놓은 현상윤의 『홍경래전』(1931) 등을 꼽을 수 있다. 그러나 홍경래와 평안도 농민전쟁에 대한 본격적인 역사소설은 해방직후에 발표된 이명선의 『홍경래전』(1947)과 박종화의 『홍경래』(1948)라고 할 수 있다.

이명선의 『홍경래전』은 무엇보다 혁명성과 진보성에 초점을 맞추어 역사를 해석하고 있다. 이러한 작가의 의도는 특히 민중주의적 농민혁명을 가장 확실하게 실천하고 있는 선봉장 홍총각의 투쟁 모습을 통해서 잘 나타나고 있다. 작품에는 홍총각을 제외한 다른 인물들에 대한 신랄한 비판이 많다. 지식층과 상인층의 기회주의적인 속성을 비판하고, 진정한 농민 해방의 목표 대신 개인의 이익을 앞세우는 집단을 '반역자'로 매도하고 있다.

이에 비해서 박종화의 『홍경래』는 작가 특유의 낭만적인 필치를 십분 발휘하고 있는 작품이다. 때문에 전체적으로 리얼리티가 훼손되고 있으며 홍경래를 비롯한 주동인물들이 구체적인 역사적 현실에 근거한 치열한 투쟁의식을 갖기보다는 시간이 흐를수록 이상화된 영웅의식에 사로잡혀 있다는 느낌을 준다.[1]

필자가 조사한 바로는 분단 이후 현재까지 남북한에서 발표된 '홍경래' 소재의 역사소설은 모두 4편이다. 이종환(李鍾桓)[2]의 『홍경래』(어문각, 1967), 최학[3]의 『서북풍』(행림출판사, 1981)은 남한에서 발표되었고,

---

1) 민현기, 「해방직후 역사소설 연구」, 『어문학』 70집, 2000. pp. 158~165.

2) 해방 전 만주에서 생활하며 <만선일보>에 「낙엽의 노래」 등을 발표하였으며, 귀국 후에는 줄곧 잡지사 편집장으로 근무했다. 1962년부터 '한국문인협회' 상임이사로 있으면서 작품집 발간 등의 실무책임을 맡았다. 주요작품으로 장편소설 『인간보』, 『청춘광야』, 『에덴의 후원』과 단편소설 「고향」, 「만가」, 「사도행전」, 「제15병동」 등이 있다.

남궁만의 『홍경래』(평양시 국립출판사, 1955), 리유근의 『홍경래』(문예출판사, 1992)은 북한에서 발표되었다.[4)]

이 글은 홍경래가 주동세력인 '평안도 농민전쟁'[5)]을 형상화한 4편의

3) 1973년 경향신문 신춘문예에 단편 「폐광」이 당선되었으며, 대표작으로 『서북풍』 외에 장편소설 『비를 적시는 바다』, 『겨울 소나기』, 『안개울림』과 창작집 『잠시 머무는 땅』 등이 있다.

4) 이종환의 작품은 『한국 인물소설 전집』 중 하나로 다른 작가의 역사소설과 함께 출판되었고, 최학의 작품은 1979년도 <한국일보> 1천만원 공모소설 당선작이다. 북한작가인 남궁만은 일제시대에 평양 고무공장에서 노동자 생활을 하면서 작품활동을 하다가 1945년 북조선문학예술총동맹 선전부장을 역임한 작가이며, 리유근은 주체사상에 충실한 북한의 젊은 작가로 『홍경래』 한 편으로 문명(文名)을 떨친 작가로 평가된다.

5) 1811년 12월 18일 평안도 가산(嘉山) 다복동에서 거병하여 1812년 4월 19일 관군에 의해 정주성이 함락될 때까지 4개월 동안 계속된 '평안도 농민전쟁'은 봉건체제의 위기가 심화된 가운데 기존 정치권력에서 배제된 몰락양반들과 새롭게 성장한 신흥 상공업세력이 연합한 무력항쟁으로, 홍경래를 중심으로 한 우군칙·이희저·김창시 등의 정치적 지도부와 김사용·홍총각·이제초 등 군사적 지도부가 합세한 봉건정부 타도운동이었다. 홍경래 등 지도부가 이끄는 1천여 명의 농민군은 남진군과 북진군으로 나뉘어 평안도 여러 지역을 공격하였는데, 불과 10일만에 청천강 이북의 거의 모든 지역을 관군의 저항 없이 무혈점령하였다. 이것은 관군의 준비부족 때문이기도 했지만, 전략적으로 각 지역에 미리 조직되어 있었던 내응세력의 적극적인 활약 때문이었다. 뒤늦게 체제정비에 들어간 관군은 박천 송림리에서 농민군과 최초의 전투를 벌였는데, 이 전투에서 패한 남진군은 정주성으로 퇴각하였다. 한편 북진군은 정주 이북지역을 석권하기 위해서 용천을 점령하고 의주를 공격할 태세를 갖추었으나 회천군 전투에서 관군에게 패하여 북진의 길이 막혀버렸다. 그러자 남진하여 곽산 사송야(四松野)에 주둔하였는데 그곳에서 다시 관군과 대규모 전투를 벌였지만 결국 패배하여 정주성으로 퇴각하였다. 단독항전이나 다름없는 정주성에서의 항전은 거의 1백여 일에 걸쳐 계속되었다. 정주성에서 전투를 한 병력은 대부분 관군의 초토전술로 인해 성안으로 쫓겨들어온 그 지역의 농민들로서 이들은 반봉건투쟁의지를 앞세워 목숨을 걸고 끈질기게 관군에 대항함으로써 장기간의 항전을 가능케 했다. 게다가 농민군은 정주성에 미처 입성하지 못한 주위의 다른 농민들로부터 정보제공과 군량

남·북한 역사소설을 상호 비교하여 각 작품의 특성과 문학적 의의를 밝히고 작품에 나타난 작가의 역사의식 및 형상화 방법이 어떻게 다른가를 구체적으로 검토함으로써 궁극적으로는 남·북한 역사소설의 동질성과 이질성을 규명하고 그 원인을 체계적으로 분석하는 것을 목적으로 한다. 지금까지 남·북한 문학의 비교 연구는 주로 그 정치적 배경이나 이데올로기적인 측면에서 피상적으로 이루어졌을 뿐 구체적인 작품을 선택하여 그것을 일정한 기준으로 분석하고 평가하는 과정을 통해 남·북한 문학의 핵심적 실체를 과학적으로 객관화하여 상호 비교한 연구는 거의 이루어지지 못하였다. 그 이유는 무엇보다 상호 비교할 수 있는 작품의 선택이 용이하지 않았기 때문이다.

2. 민중혁명의 주동세력-남궁만의 『홍경래』

남궁만은 소설 『홍경래』를 쓰기 전 이미 희곡 『홍경래』(문화전선사, 1947)를 발표한 바 있다. 4막 6장으로 구성된 희곡 『홍경래』는 '우군측'

미 조달 등의 적극적인 후원을 받고 있었기 때문에 관군은 여러 차례의 대규모 공격에도 불구하고 성을 쉽게 함락시키지 못하였다. 그러나 농민군의 형편은 점차 악화되어갔고, 특히 군량미의 절대 부족으로 심지어는 군마(軍馬)까지 잡아먹는 열악한 상황이 계속되었다. 관군은 정면공격으로는 성을 함락시킬 수 없다고 판단하여 성 밑에 굴을 파고 폭약을 장치하여 성벽을 파괴하는 전술을 구사했다. 드디어 정주성은 함락되어 관군에 사로잡힌 2983명의 농민군과 정주성의 주민들은 아이들을 제외하고 모두 처형당했다. 홍경래는 전투중에 죽었고, 우군칙·이희저는 난군에 섞여 도주하였고, 홍총각은 체포당해서 처형되었다.
강만길 외 편, 『한국사』 10권, 한길사, 1995, pp. 61~103 참조.

과 홍경래가 의기투합하여 민중봉기를 일으키는 과정과, 정주성까지 점령했지만 끝내 웅대한 혁명의 결실을 맺지 못하고 장렬하게 전사하는 홍경래의 영웅적인 모습을 그리고 있다. 그런데 이 작품이 해방 직후에 발표되었다는 점을 특히 주목할 필요가 있다. 해방 직후의 북한문학은 어두운 시대를 마감하고 민중의 새로운 삶을 선도할 '영웅'의 모습을 칭송하는 작품들이 양산되었다. 여기서의 영웅이란 물론 '태양'처럼 떠오른 인민의 영도자 김일성 장군을 지칭한다. 희곡『홍경래』역시 이런 시대적·문단적 분위기 속에서 의도적으로 창작된 것이라 볼 수 있다.

그렇다면 그 후 8년이나 지난 시점에서 남궁만은 왜 다시 소설『홍경래』를 써야만 했을까? '홍경래'라는 동일한 영웅 이야기를 새삼 장르를 바꾸어 재창작한 이유는 과연 무엇일까? 이것 또한 6.25전쟁 직후의 북한문학의 전반적 경향과 관계가 깊다. 50년대 북한문학사는 대부분 전쟁 영웅들에 대한 찬사와 숭배로 미화된 작품들이 주류를 이루고 있다. 이러한 영웅상은 해방 후 민주주의의 건설 과정에서 나타났던 영웅들의 모습과 공통점이 많다. 다만 앞 시기의 영웅이 새로운 제도를 세우는 데 앞장서는 건설의 영웅이거나 새 제도로 거듭난 신인간이었다면, 뒷 시기의 영웅은 외적을 물리치는 데 헌신하는 영웅들이었다.[6] 그러니까 남궁만의 소설『홍경래』역시 의로운 일을 위해 싸우다가 희생된 전쟁 영웅들의 값진 삶과 그들의 투쟁의지를 '홍경래'라는 과거 영웅의 혁명적 일생으로 내면화한 역사적 우의(寓意)로 읽힐 수 있다. 그래서 앞의 희곡에서는 표현하지 못했던 홍경래의 어린 시절로부터 이야기를 시작하여 그가 어

6) 신형기·오성호,『북한문학사』, 평민사, 2000, p. 132.

떤 과정을 거쳐서 영웅으로 성장하는가를 구체적으로 보여준다. 불의의 세상에 대한 계급적 적개심과 투쟁의지를 키웠던 청소년기의 예시를 통해서 근면하고 착한 백성들을 탄압하고 착취하는 '악'의 세력인 양반 관리들의 폭거와 전횡에 맞서 목숨을 걸고 싸울 수밖에 없었던 합당한 역사적 근거들을 제시하고 있다.

남궁만의 소설에서 가장 특이한 것은 홍경래의 신분을 '상놈의 자식'으로 설정하고 있다는 점이다. 이는 홍경래를 소재로 한 다른 작품들과 매우 상이한 내용이며, 홍경래를 남양 홍씨의 후손인 양반 계층으로 보는 역사학계의 일반적인 주장과도 크게 어긋난다. 작품에서 홍경래의 소년기는 거의 양반 계급에 대한 적개심·복수심으로 충일된다. 그는 "상놈의 자식은 그저 소처럼 일이나 하면 지당한 것"(p. 13)이라는 통념을 강하게 거부하고, 불합리한 신분제도에 대한 비판의식을 첨예화한다.

> 썩어빠진 정사를 무너뜨려야 한다. 향락과 음욕에 빠진 왕족과 량반의 무리들을 내어쫓고, 백성이 더불어 단란하게 살 수 있는 륭성한 나라를 이루어야 한다.(p. 29)

이처럼 남궁만의 소설은 홍경래가 주도하는 민중혁명의 목표가 '왕조전복'에 있음을 강조한다. 왕족과 양반 계층을 모두 추방하고 그 동안 학대받아온 상민·천민의 나라를 만들겠다는 것이다. 이것 역시 사실(史實)과는 다른 내용이다. 조선왕조를 전복시킬 목적으로 홍경래의 민중봉기가 일어난 것은 아니기 때문이다. "썩어진 봉건왕조를 뒤집어엎기 위하여서는 무장투쟁을 일으키지 않아서는 안 된다."(p. 45)는 홍경래의 외

침은 곧 작가가 내세우는 이념적 지향, 극도로 타락한 양반 계급을 타파하고 농민 · 노동자 · 노비 등이 주인 노릇을 하는 새 세상을 만들겠다는 계급투쟁의 관점이 투영된 것이다.[7)]

작가는 백성들의 자발적이고 집단적인 '투쟁'을 민중혁명의 가장 중요한 조건으로 형상화하고 있다. 홍경래가 농민군을 이끌고 평안도 여러 지역을 공격할 당시, "량반놈들 벼슬아치들에게 갖은 구박과 학대를 받아 오던 백성들은 원한에 떨리는 주먹을 부르쥐며"(p. 67) 일어서서 모두 혁명군에 참여했음을 강조하고, 더 나아가 "백성들은 관군놈들의 복색만 보아도 돌을 던져서라도 관군놈들에게 박살을 내리는 것이었다."(p. 68)라고 마치 전체 백성들이 모두 나서서 관군에 대항했던 것처럼 허구화하고 있다.

백성들의 이러한 적극적인 역할은 군수 '정시'를 처단하는 장면에서 그 절정을 이룬다. 홍이팔이 정시를 죽이려고 하자 홍경래가 저지하면서 "군수놈은 백성들의 처단에 맡기시요!"(p. 71)라는 명령을 내린다. 그러자 홍이팔은 발버둥치는 군수를 끌고 밖으로 나갔고, 군수를 보자 분노한 백성들은 사방에서 몰려들어 돌을 던지고 몽둥이로 내리쳐 죽여버린다. 이 장면은 지주를 처단하는 농민들의 '인민재판'과 흡사한데, 이처럼 작가는 과거 사건을 북한 정치의 현실 여건과 결부시켜 서술하고 있다.

이 작품은 홍경래를 제외한 우군칙, 김창시, 이희저, 김사용 등 여타 인물들에 대한 내용은 매우 소략하다. 모든 사건이 오로지 홍경래를 중심

---

7) 이 소설에는 노비에 대한 내용이 많이 나온다. '혁명군'의 활동에도 노비들이 대거 참여하고 있다. 이것은 계급 문제를 부각시키려는 의도 때문이다.

으로 전개된다. 때문에 역사가들이 홍경래 봉기의 실패 원인으로 지적하는 '지도부의 갈등'이나 '작전의 실패' 같은 내용은 아예 나타나지 않는다. '안주 공격' 문제로 인해 빚어진 '홍경래 암살 사건'도 단순한 '부상'으로 간단하게 처리되고 있다. 작품은 홍경래의 일방적인 승리만을 계속 보여준다.

> 총탄은 빗발치듯 맹렬하고 관군은 어떻게 해서든지 성벽을 기어오르려고 발악을 하였다. 성을 깨뜨리려고 갖은 야단을 다 부렸다. 그러나 혁명군의 기세는 높아만 갔다. 싸움마다 관군은 진멸되었다. 날이 갈수록 관군의 진영은 어지러워 갔다. 이젠 때가 다달았다. 관군이 피곤하고 혼란에 빠진 틈을 타서 혁명군은 관군의 진지를 뚫고 북으로 갈 수가 있을 것이다.(pp. 100~101)

여기서 '북'이란 백두산을 의미한다. 관군에게 포위된 정주성을 벗어나서 "북방 깊이 백두산 일대"로 가서 "군사를 수습하고 정예를 길러 권토중래"(p. 93)를 꾀하자는 것이 바로 홍경래의 전략이다. 홍경래가 총탄을 맞고 홍이팔에게 자신을 대신하여 군사를 거느리고 북방으로 가라는 유언을 남기는 것은 홍경래의 '뜻'이 언젠가 꼭 이루어질 것임을 암시하는 내용이다. 과거에 이루지 못한 혁명의 위대한 꿈이 후대에는 반드시 성취될 것이라는 의지가 반영되어 있다.

그러나 이 작품은 전체적으로 구성이 산만하고 사건의 앞뒤가 유기적이지 못하다. 더구나 대부분의 내용이 묘사보다는 서술에 의존하고 있기 때문에 장면의 생동감이나 사건의 현실성이 떨어지고 인물의 성격 또한 과도한 관념화로 기울고 있다.

3. 젊은 세대에 대한 기대와 신뢰–이종환의 『홍경래』

이종환의 『홍경래』(어문각, 1967)는 해방 직후에 발표된 박종화의 『홍경래』(1948. 10. 1～1949. 8. 24. <동아일보>연재)와 인물 설정 방식이나 서사구조가 매우 비슷하다. 실제로 이종환은 박종화의 작품에서 많은 영향을 받았다는 사실을 시인하고 있으며, 이것은 "월탄(月灘) 선생께서 귀중한 자료를 빌려주시고 여러 가지 참고 말씀을 들려주신 데"(p. 410) 대해 깊은 감사를 드리는 '작품 후기'를 통해서도 확인할 수 있다.

때문에 홍경래의 성격이 박종화의 그것과 유사하다. 특히 작품 처음부터 등장하는 홍경래의 낭만적인 사랑 이야기와, 독자의 흥미를 유발시킬 목적으로 설정한 남녀의 애욕 문제도 전체 내용의 중요한 요소를 이루고 있다. 그러나 홍경래의 '거사'를 정당화하고 있음에도 불구하고 한편으론 농민군을 진압하는 관군의 모습을 지지하는 '이중적' 태도를 보였던 박종화와는 다르게 이종환은 철저하게 홍경래 편에 서서 그의 영웅적인 모습과 반봉건적인 '거사'의 의미를 강조하고 있다. 따라서 이 작품은 모든 인물과 사건들이 오로지 홍경래 한 사람의 시야를 통해서 독자에게 일관되게 전달된다.

이종환의 『홍경래』에서 가장 뚜렷하게 드러나는 것은 기성세대에 대한 철저한 불신이다. 작품에서 기성세대는 현실의 모순을 해결할 능력을 모두 상실한 운명론자들로 묘사된다. 예컨대 경래는 글방 친구들과 부조리한 현실을 신랄하게 비판하면서 이렇게 말한다.

그런데 문제는, 어른들에게서 무엇을 기대할 수 있을 건가 하는 거야.

> 가령 학식이 풍부한 분들에게서는 그 학식을 배울 따름이지 그 어른들에게서 그 밖의 다른 아무것도 바랄 수는 없는 노릇이란 말이야. 다시 말하자면 그분네들은 이미 기력도 없고 의기도 사라지셨어. 모든 것을 숙명이거니 체념하고 개나 돼지처럼 살고 있는 거야!(p. 46)

작가는 현실에 순응하는 기성세대와 철저하게 대립하는 인물로서 홍경래를 위시한 일단의 젊은 세대를 부각시킨다. 이들이 바로 신뢰의 대상이자 미래의 희망으로 묘사되고 있으며 궁극적으로는 투쟁의 주체세력으로 부상하고 있다. 이것은 이 소설이 발표된 1960년대의 억압적인 현실 속에서 군사독재에 항거하는 대학생들에 대한 신뢰와 희망의 징표로 읽혀진다. '젊은 피의 분출'이라는 소제목 아래, 부패한 세상을 향한 홍경래와 글방 친구들의 분노, 끝까지 변치 않은 그들의 우정과 의리는 다른 작품에선 찾아볼 수 없는 내용이다.

이종환의 『홍경래』에서 홍경래가 봉기를 일으키는 이유는 이렇게 요약된다.

> 경래의 가슴속에는 무섭게 도사리고 앉은 의지가 있었다. 서울에서 보아온 당쟁과 부패, 그리고 지방 벼슬아치들의 횡포는 특히 달례를 무참히 빼앗기고 난 그에게 있어서 철천지한이 되어 가슴팍에 피맺혀 박혀 있었다. 달례가 생각날 때마다 치가 떨리고 부득부득 이가 갈렸다. 거기다가 평안도-관서인들에 대한 조정의 멸시! 이 따위들을 모조리 두드려 부셔야 한다. 조정의 도적들을 내몰고 팔도에 흩어져 있는 벼슬아치들의 목을 댕강댕강 없애야 한다. 그의 피는 끓고 있었다.(p. 119)

또 홍총각이 주장하는 것처럼 "정직한 사람이 잘 살고, 깨끗한 선비가 벼슬을 하고, 온 나라 백성이 나쁜놈들에게 먹을 것과 재산을 빼앗기지 않고 평화롭고 배부르게 살 수 있는 그런 세상"(p. 21～22)을 만들기 위해서다. 그러나 왕권 자체를 부정하지는 않는다. 서울에 파견되었던 유한순이 정주성으로 내려와 박종일 · 이진채가 새로운 왕으로 '강화 종실(은언군)'을 추대할 계획을 세운 데 대해 홍경래의 견해를 묻자 홍경래가 그것을 승인하는 내용이 이를 말해 준다. 즉, 썩은 왕과 그 간신 세력들을 몰아내고 소외된 백성들이 잘 사는 나라를 만드는 것이 봉기의 기본 이념인 것이다.

작가는 홍경래의 가문을 특히 중시하고 있다. 예컨대, 경래가 무술 연습할 때 쓰던 칼은 12대조 계랑공(계랑공 홍윤정)의 것인데, 그는 임진왜란 때 평양에서 왜병을 쳐부수어 공을 세웠는데도 평안도 사람이라는 이유로 겨우 계랑공이라는 낮은 벼슬밖에 받지 못하였다. 홍경래는 '정의의 피'를 지닌 훌륭한 가문의 후예로 등장한다. 작가는 여기서 유교적 가족주의를 시종일관 강조한다. 아버지에 대한 홍경래의 효심이 지극하고 특히 계랑공에 대한 존경심이 대단하여 거사하기 직전 고향을 찾아가 "할아버지의 큰 뜻을 이어받아 불초 경래가 일을 일으키려 합니다"(p. 192)라고 묘 앞에서 고(告)하기까지 한다.

이 소설에서 가장 뚜렷한 허구적 장치는 '달례'의 이야기라고 할 수 있다. 작가는 홍경래와 달례의 열렬한 사랑 이야기를 작품 구성의 핵심축으로 활용하고 있다. 달례는 작품의 첫 장면부터 마지막 장면까지 등장한다. 홍경래와 한 마을에 살던 용모가 뛰어난 여인인데 집안이 가난하여 결국 호색한인 신임 사또한테 끌려가서 억지로 첩 노릇을 하는 불행한 인물이다. 그러나 홍경래는 달례가 있는 의주까지 찾아가서 사랑을 확인하고, 봉기를 일으킨 후에는 달례를 언제나 만날 수 있는 가까운 곳에 둔다.

홍경래에게 달례가 얼마나 소중한 존재인지는 작품의 끝장면에서 잘 나타난다. 적의 수효가 많아져서 전세가 불리해지자 홍경래는 희생을 막기 위해 여자와 아이들은 모두 성 밖으로 내보낸다. 그러나 달례는 곁에서 함께 싸우다가 죽겠다면서 나가지 않는다. 이 장면에서 달례는 마치 경래의 아내처럼 행동한다. 그러나 이러한 장면은 영웅의 죽음이 불러오는 '비장감'을 방해하는 중대한 결함으로 작용한다. 유교적 가족주의를 표방하던 인물이 자신의 사랑에서는 아내(본처)를 철저하게 경시하는 이기적인 모습을 보이는 까닭이다. 물론 작가는 윤리 · 도덕을 초월한 아름다운 사랑을 그리고 싶었겠지만, 작품에 나타난 내용은 남녀 사이의 육체적 욕망과 그것을 통해 독자의 통속적 흥미를 자극하려는 단순한 의도 외에 기대할 만한 다른 것이 없다.

4. 다양한 소설적 상황의 창조-최학의 『서북풍』

최학의 『서북풍』(행림출판사, 1981)은 다른 작품에 비해 독창성이 가장 많이 반영된 작품으로, 사건 중심의 내용과 연대기적 형식을 파괴하고 새로운 창작 방법에 의한 사료(史料)의 재해석을 시도하고 있다. 무엇보다 작가는 '역사 전개'의 단순성을 극복하고 '소설적 상황'의 다양성을 창조하는 데 많은 노력을 기울이고 있다. 다시 말해 '역사'소설이 아니라

역사'소설'을 쓰기 위한 여러 방법들을 모색하고 있다.[8)]

이 소설에서 가장 특이한 점은 홍경래가 서사(敍事)의 중심에 놓여 있지 않다는 사실이다. 따라서 『서북풍』은 홍경래를 소재로 한 다른 소설이 공통적으로 취하고 있는 홍경래 중심의 '성장소설' 양식이 아니다. 오히려 홍경래는 작품의 중심에서 비켜나 있다. 이것은 전체 내용의 3분의 1을 읽고 나서야 비로소 홍경래의 모습을 볼 수 있다는 것으로도 충분히 확인된다. 또한 홍경래의 성장 과정이나 가족에 대한 이야기도 전혀 나오지 않는다. 이러한 시도는 기존의 홍경래 중심의 이야기를 새로운 시각으로 재조명하기 위한 것이다.

홍경래가 배후로 물러난 자리엔 작가가 독창적으로 형상화한 유한순[9)]과 홍총각이 우뚝 서 있다. 작품에서 이들의 존재가 중요한 것은 많은 인물·상황에 대한 객관적 묘사가 주로 이들의 시점(視點)으로 이루어지

---

8) 작가도 이 작품을 쓸 때 "역사 전개가 아니라 소설이어야 된다는" 점을 중요하게 생각하였다고 밝힌 바 있다. 최학, 『서북풍』, 행림출판사, 1981, p. 518.

9) 유한순은 남궁만의 작품에는 아예 이름도 나오지 않고, 리유근과 이종환의 작품에는 뒷부분에서 잠깐 등장하고 사라진다. 실제로 홍경래의 민중봉기와 관련된 사료(史料)를 찾아보아도 유한순에 대한 내용은 매우 소략하고 그의 역할 또한 다른 인물에 비해 무척 미미하다.
유한순(兪漢淳) (?~1812, 순조 12). 조선 후기 홍경래 난 가담자. 평안도 영유 출신. 본래 무뢰한으로서 승려 또는 암행어사를 가칭하여 경향 각지를 배회하다가 잡혀 백령진(白翎鎭)에 충군(充軍)되었다. 뒤에 풀려나와 1811년(순조 11) 홍경래의 난 때 홍경래의 참모 김사용을 영유에서 만나 그에게 포섭되어 정보수집을 하기 위하여 서울에 잠입, 남대문과 장용영(壯勇營)에 불온문서를 붙여 민심을 선동하기도 하였고, 선천에 가서 관군의 기밀을 전달하기도 하였다. 이어 다시 서울에 잠입하였다가 체포되어 1812년 2월 군문효수(軍門梟首)되었다.
한국정신문화원 편, 『한국 인물 대사전』, 중앙일보 출판법인 중앙 M&B, 1999. p. 1367.

고 있기 때문이다.

이 작품은 유한순 · 홍총각이 겪는 일상적 체험과 그 속에서 마주치는 역사적 인물들과의 관계를 '추리하는' 식으로 전개되고 있다. 아무것도 모르고 오로지 참담한 현실의 고통을 이겨내면서 살아가던 유한순과 홍총각이 어떤 과정을 통해 어떠한 인물과 접촉하면서 거대한 사건의 소용돌이에 휘말리게 되는가를 추리소설적인 전개 방식으로 점층적으로 보여주고 있다. 유한순과 홍총각의 '호기심'이 곧 독자의 호기심으로 전이되면서 홍경래의 '봉기군'에 참여하는 다른 인물과의 연속적인 관계를 아울러 점검하고 파악하도록 유도한다.

이렇게 『서북풍』은 유한순과 홍총각을 전면에 내세워서 그들이 부조리한 현실에 대한 원한이 얼마나 깊고 크며, 그것이 어떤 과정과 단계를 거치면서 '공익적'인 사회변혁 의지로 성장하는지를 구체적으로 보여준다. 말하자면 이 두 인물이 곧 홍경래의 '봉기군'에 가담한 수많은 기층민중들의 삶을 대변한다고도 볼 수 있다. 부당한 권력에 짓밟혀 참혹한 삶에 빠진 백성들이란 궁극적으로 "반역의 꿈을 실현시킬 묘목들"(p. 303)이기 때문이다.

『서북풍』에서 작가는 특히 상인과 천주교 신자들의 역할을 중시하고 있다. 당시의 서북 상인들에 대한 내용이 작품에 많이 나오고, 천주교도들의 가담 문제가 구체적으로 거론되고 있다. 작가는 권경백이란 인물을 통해서 당시의 상인들이 모순된 현실에 불만을 품고 봉기군에 가담하게 된 이유를 상세하게 제시한다. 권경백 또한 다른 거상들처럼 한양 상인들과의 시장싸움이 가장 큰 고민거리였다. 한양 상인들은 조정의 세도가들을 등에 업고 늘 개성 상인을 위협하였으며, 특히 조정에서는 송도 사람들을 감정적으로 배척하고 있으므로 한양 상인들이 조선 상계를 대부분 지배하고 있었다. 이대로 가다가는 개성 상인들은 모두 망해 버린다는 위기감에 휩싸이자 권경백은 "세상이 거꾸러지던가 하는 방법밖에 없다는"(p. 260) 생각을 했고 이러한 현실을 잘 알고 있던 우군칙과 홍경래가 권경백한테 접근하여 손쉽게 세력화한 것이다.

천주교도들의 가담은 왕실의 실정(失政)과 가혹한 종교 탄압에 원인이 있다. 평양 기자묘 근처의 윤후검을 찾아가던 유한순과 천오장은 남편이 '천주학쟁이'로 몰려서 참혹하게 처형당한 여인의 통곡소리를 듣고 놀란다. 그러나 아직 그 상황을 객관적으로 이해하지 못하는 한순에게 윤후검은 이렇게 설명한다.

> 젊고 기개 있는 젊은이였죠. 재주도 있었고…… 향시에 한번 낙방하곤 완전히 천주학으로 돌아와버렸죠. 그걸 믿게 되면 과거 같은 것도 아무것도 아닌 게 되는 모양입니다. 허기사 요즘의 과거가 예전의 과거와 같아야지요. 아무리 재주 있어도 돈 없고 권세 없으면 시지(試紙)조차 내밀지 못하는 세상이니까요. 과거에 뜻 잃은 자들이 많이 천주학을 배웁니다. 마음의 구원을 얻고 새로운 용기를 얻게 된다고들 하는데…… 모르겠습니다. 목숨 내놓지 않고는 그런 용기도 못 부리죠.(p. 176)

이러한 장면 외에도 홍경래가 유한순을 시켜서 광속에서 구해낸 양소유가 천주학에 관심을 갖고 있다던가, 그의 아내가 천주교 신자일 것이라는 홍경래의 추측, 그리고 "천주학은 선비와 사대부들 사이에 퍼지는 게 아니라 아녀자와 노비들, 마을에서 쫓겨나 사는 유랑배들, 백정, 환쟁이, 대장쟁이들에게 돌림병처럼 번진다는 걸 경래 자신도 들어 알고 있었다”(p. 205)는 내용을 통해 “가장 불쌍한 사람, 가장 억압받는 계층”인 천주교 신자들의 인간해방 사상과 현실개혁 의지가 당시의 민중봉기와 어떻게 연결되는가를 잘 보여준다. 『서북풍』에서 작가는 세상에 원한을 품고 지배층에 항거하는 이러한 소외 계층의 삶을 중점적으로 묘사한다. 홍경래의 민중봉기가 평지 돌출적인 우연한 사건이 아니라 당시의 불평등한 억압적 현실에 목숨을 걸고 투쟁할 수밖에 없는 필연적인 사건이라는 사실을 강조하기 위해서다. 때문에 이 작품엔 당시 민중들의 질박한 생활 감정이 스며 있는 전통적 민속의례나 세시풍속에 대한 내용이 많이 나온다. 그 가운데서 다복골에서 치러지는 천오장과 당이의 결혼식 장면이 가장 인상적이다.

이 결혼식은 다복골의 유일한 축제로서 ‘거사’를 앞둔 시점에서 목숨을 걸고 이곳에 모인 ‘봉기군’들의 화합과 단결, 응집력과 투쟁심을 보여주는 그들만의 ‘잔치’이다. 천한 신분인 오장과 당이의 행복한 결혼식을 통해 다복골 식구들의 인간적인 삶의 관계가 타락한 현실을 벗어난 공동체적인 공간에서 아름답게 펼쳐진다. 지배세력의 간섭이나 착취가 없는 인간 해방의 이상적인 터전에서 호화롭게 진행된다.

5. 인물의 영웅화와 혁명적 낙관주의-리유근의 『홍경래』

리유근의 『홍경래』(문예출판사, 1992)는 1990년대의 북한 역사소설 가운데 대표적인 작품으로 알려져 있다.[10] 그러나 아쉽게도 작품 그 자체

10) 김재용은 1990년대 북한 소설의 주제를 첫째, ‘수령의 형상화’ 둘째, 사회주의

에 대한 구체적인 분석이나 객관적인 평가는 지금까지 이루어진 바 없다. 이 소설은 앞에서 살펴본 세 작품보다 분량이 압도적으로 많다. 물론 작품의 성과가 오로지 분량에 좌우되는 것은 아니지만, 200자 원고지 5,300장이 넘는 방대한 내용은 결국 작가가 홍경래의 반봉건 무장투쟁에 대해 그만큼 할 애기가 많다는 사실을 반증하는 것이다. 실제로 이 소설은 홍경래를 소재로 한 남・북한 역사소설 가운데서 가장 많은 역사적・민속적 자료를 원용(援用)하여 흥미롭고 다양한 사건을 통해 인물 상호간의 '동지적' 관계를 유기적으로 형상화하는 데 성공하고 있다. 즉 사건의 구체성과 인물의 성격화가 중시되어 역사적 사실과 허구적 인물의 통합이 비교적 설득력 있게 이루어지고 있음을 확인할 수 있다. 소설에서 전개될 역사적 현실을 미리 생생하게 보여주는 것은 작품 맨 앞에 인용된 당시의 민요이다.

건설과 혁명에 관련된 주제, 셋째 과거의 역사를 주제로 한 역사소설로 나누어 설명하였다. 그 가운데 역사소설과 관련된 내용은 다음과 같다.

"역사를 다룬 문학은 주로 역사소설에서 비중있게 다루어지고 있는데, 이는 1980년대 북한소설 문학에서 아주 인기 있는 분야로 자리잡았다. 현재적 삶과는 일정하게 거리를 두고 이루어질 수 있기 때문에 작가들은 다른 주제를 다룰 때와는 달리 큰 부담을 가지지 않을 수 있는 여건에 놓인다. 물론 과거의 역사적 소재를 다룬다고 해서 현재의 제반 평가와 이데올로기로부터 완전히 벗어나서 쓴다는 것은 생각할 수도 없는 일이기에 그것은 상대적으로 그러하다는 말이다. 이런 조건 때문에 여러 작가들은 역사소설을 많이 썼다. 이러한 것은 1990년대의 북한소설문학에도 그대로 이어지고 있는 것으로 보인다. 그 동안 여러 작가들이 다루었던 소재를 피하여 숨어 있는 역사적 소재를 찾아 계속 쓰고 있는 것이다. 1992년에 나온 리유근의 『홍경래』와 같은 작품은 그 대표적인 작품이다.

김재용, 『북한 문학의 역사적 이해』, 문학과지성사, 1994, pp. 267~268.

란이 났네 란이 났네
다박골서 란이 났네
진을 친다 진을 친다.
달래방천 진을 친다
안주산성 진을 친다.(p. 2)

작가는 이처럼 평안도 지역에 퍼졌던 당시 민중들의 노래를 통해서 앞으로 『홍경래』에서 그려질 '공적(公的) 시간'인 역사와 '사적(私的) 인물'인 개인과의 역동적인 결합을 꾀하고 있다. 이 작품은 같은 북한 소설이지만, 남궁만의 소설과는 상이하다. 가장 확실하게 다른 점은 봉기의 목적이다. 남궁만의 소설에선 '왕조전복'이지만 리유근의 소설에선 "우로는 임금의 성덕을 받들고 아래로는 부모를 효도로써 섬기며 누구나 출신과 신분의 귀천을 가리지 않고 능력에 따라 일하며 벼슬도 할 수 있는 그런 세상을 만드는 것"(p. 235)이다. 리유근의 소설에서 홍경래는 양반 신분이며, 가족 모두가 구체적인 이름을 지니고 등장하는 게 특이하다.[11)]

이 작품의 서사적 얼개는 철저하게 홍경래 중심이다. 홍경래의 영웅화 · 이상화가 기본 구조인 동시에 작가의 근본 의도이다. 따라서 곳곳에서 사실과는 다른 '허구적 장치'를 많이 이용한다. 홍경래의 불굴의 투쟁력과 모범적 행위를 선명하고 일관성 있게 보여주기 위한 것이다. 예를

11) 아버지 홍존우, 어머니 류학실, 동생 정래, 아들 명연, 사촌형 웅래 등으로 명명되고 있다. 본래 경래는 형제가 다섯이나 되지만 이리저리 다 흩어지고 동생 정래와 경래만 있고, 경래는 18세 때 결혼했는데, 아내는 결혼 2년도 못되어 핏덩이 하나를 낳고 죽어 홍경래는 홀아비로 지내다가 봉기를 일으킨 후 평소에 깊이 사랑하던, 스승 리장생의 외동딸 송이를 만나서 함께 산다.

들면 전국 도처에서 홍경래의 농민군에 호응하는 "투쟁의 불길이 활화산처럼 타오르고"(p. 449) 있다는 허구성이다. 홍경래에게 호응하여 황해도, 제주도, 전라도의 농민들이 "마침내 폭동에 궐기했다는 통쾌한 소식"(p. 423)이 전해지고, 심지어 폭동은 서울에서도 일어나고, 강계와 삭주, 구성 등지에서는 포수들과 천민들이 주동이 되어 '의병'을 조직하여 홍경래의 북군과 합세하였다는 내용도 나온다. 더 나아가서 홍경래는 거의 신앙의 대상으로까지 격상된다.

> 투구봉과 장고산을 련결하는 대령강 대안 릉선을 따라 언제부터 내버려두었던 성을 보수하고 골짜기 이름을 성주골이라 붙인 것은 이미 전부터이다. 홍경래는 여기에다 거처를 정하고 살았다. 누가 시킨 것도 아니였으나 다복동에 사는 사람들은 다 그를 성주라고 불렀다. 거기에는 성주골에 사는 주인이라는 의미도 있었지만 보다는 저들을 보살펴주고 이끌어주는 <은인>이라는 데서 붙인 존경의 뜻이 많이 담겨져 있는 것이기도 했다. 그만큼 사람들은 홍경래를 <구세주>처럼 떠받들었고 덕행이 있는 저들의 주인으로 높이 칭송했다. 그가 아침마다 대원들을 이끌고 나와 심산을 단련했던 대령강의 한 줄기를 후세에 홍경래강이라고 부르게 된 것도 이런 연원에서 기인한 것이였다.(p. 222)

이러한 홍경래의 '신격화 현상'은 정주성 백성들의 태도를 통해 가장 명확히 드러난다. 정주성 안에서 맞이한 설날에 많은 사람들이 홍경래한테 세배를 하고 함께 술을 마시는데, 그때의 지배적인 여론은 세상이 바뀌지면 홍경래를 왕으로 추대해야만 한다는 것이다. 다른 작품에는 강화도의 은원군을 추대하자는 내용이 나오지만, 여기선 왕조의 종친 가운데 기대할 만한 인물이 없으므로 홍경래가 군주가 되어야 마땅하다고 주장한다. 그러나 홍경래는 군주가 될 뜻이 없다고 대답한다. '찬탈자'를 민심이 용납하지 않을 것이라는 이유를 대며, 자신은 권력을 탐하지 않겠다고 단호하게 말한다. 이것 역시 홍경래의 영웅화·이상화의 일환으로 보아야 옳다. 그렇기 때문에 작품 곳곳에서 홍경래의 작전에 감탄하는 내용이 빈번하고, "홍경래의 웅건호방한 지략과 너그럽고 소탈한 인품에 깊이 탄복하여 마지않았다"(p. 378)는 식의 표현이 중첩된다. 홍경래는 언제 어디서나 "크고 어마어마한 기둥그루"(p. 378) 역할을 하고 있다. 홍경래는 "수천 명 성중 생명이 오직 자기 하나를 의지하고 살아움직이는 것"(p. 398)처럼 느끼고, 백성들은 경래를 '중군대장'이라고 부른다. 이러한 과도한 영웅주의는 마치 김일성 장군에 대한 북한 주민들의 태도를 떠올릴 정도로 획일적이다.

리유근의 『홍경래』에서 홍경래 다음으로 비중을 두고 새롭게 창조한 인물은 리장생이다. 그는 전형적인 비판적 지식인으로서 홍경래의 일생에 막대한 영향을 끼친다. 리장생은 청렴결백한 선비로 간신들의 세도정치, 특히 홍국영의 비행으로 어지러워진 국정에 환멸을 느끼고 은퇴한 후 정주의 서원에서 제자들을 키운다. 그는 무예와 온갖 술법을 모두 익혔으며 제자백가에 통달한 인물이다. 그는 경래가 김조순의 농간으로 과거에 낙방한 사실을 듣고 분노하여 상소문을 들고 서울로 올라가지만, 김조순의 음모로 황해도 유생들의 역모 사건과 연루되어 참혹한 고문을 당한 후 사망한다.

이러한 리장생의 실천적 지식인의 삶은 그의 제자들에게 혁명적 '힘'의 원천이 되어서 소생한다. 말하자면 리장생은 홍경래 봉기의 구심점이라 할 수 있다. 홍경래는 물론 우군칙, 홍총각, 김창시, 이희저, 박종일, 이진채 등의 핵심세력이 모두 리장생을 매개로 하여 서로 만나기 때문이다. 홍경래는 이러한 리장생의 삶을 비판적으로 계승한다. 홍경래는 리장생이 "세상을 올바로 꿰뚫어보는 눈은 틔어줄 수 있었어도 사는 법은 배워주지 못했다"고 비판하면서 "선생님처럼 상소나 들고 다니는 소루한 반항이 아니라 폭력으로 이 세상을 뒤집어엎는 적극적인 반항"을 (p. 124)할 것이라고 맹세한다. 홍경래는 사회변혁의 모든 '힘'을 무장투쟁으로 획득하겠다는 결심을 한다.

리장생의 외동딸 송이의 작품 내적 기능 역시 중요하다. 송이는 아버지의 뜻대로 한평생 홍경래를 도와주고 보살펴 주는 역할을 한다. 아버지의 묵인 아래 홍경래와 사랑을 나누다가 아버지 사후에는 홍경래의 혁명적 과업의 숭고한 이념을 누구보다 잘 이해하고 실천하는 반려자가 된다. 작품에서 리장생의 뜻은 홍경래한테 이어지고 홍경래의 뜻은 송이, 더 나아가서 송이의 뱃속 아이한테 이어진다. 홍경래가 마지막 전투에서 총을 맞고 눈을 부릅뜬 채로 임종하자, 송이는 옛날에 홍경래를 그리워하면서 한 쌍의 송학을 수놓았던 손수건을 꺼내어서 그의 얼굴을 덮어 준다. 작품의 마지막 장면은 송이의 비장한 '각오'와 '여명'속의 행진을 부각시키면서 이렇게 끝을 맺는다.

> 그들은 지금 홍경래와 마지막으로 영결하고 앞서간 사람들의 뒤를 따라 릉한산성으로 들어가는 길이였다. 홍경래를 그런 곳에 혼자 남겨두고 차마 발길을 뗄 수 없어 내내 무덤가에 지켜섰다가 나중에야 떠난 그들이였다. 더욱이 송이가 더 그랬다. 그의 눈가에는 슬픔만이 아닌 그 어떤

결연한 의지가 비껴 빛나고 있었다. 아버님이 생시에 그처럼 바라왔고 홍경래가 이룩하려다 다하지 못한 그 뜻을 자식들이 기어이 잇게 하려는 그의 각오는 그만큼 비장하고도 높았다. 갑자기 아랫배가 굼틀하며 가슴이 후두둑 뛰였다. 송이는 가만히 그것을 누르고 섰다가 달래를 재촉하여 힘찬 걸음으로 원한 서린 강변을 떠났다. 저만치 앞에서 원서방이며 김첨지, 신만술이네들이 그들을 기다리고 있었다. 멀리 려명이 비끼기 시작한 릉한산성이 그들의 눈앞에 우렷이 솟아올랐다. 그들은 나란히 손을 잡고 그 빛발을 향하여 힘있게 걸어나갔다.(p. 463)

여기서 확인할 수 있듯 리유근의 『홍경래』는 혁명적 낙관주의가 철저하게 투영된 작품이다. 그 튼튼한 바탕을 이루는 것이 바로 송이의 뱃속 아이인데, 이것으로 인해서 작품은 전체적으로 열린 구조를 지향하고 있다. 홍경래의 죽음은 일시적이고 현상적일 뿐 실제로 그의 뜻은 후대로 계승되어 반드시 부활할 것임을 예고하고 있기 때문이다. 이것이 곧 작품의 핵심 내용인 동시에 작가의 혁명적 이데올로기의 실체이다.

6. 남·북한 소설의 동질성과 이질성

앞에서 살펴본 4편의 남 · 북한 역사소설은 '평안도 농민전쟁'의 역사적 성격과 의의를 적극 수용하고 있으며 그것을 작품 창작의 기본 방향으로 설정하고 있다. 때문에 홍경래를 비롯한 반봉건 투쟁의 주역들과 그들이 지녔던 반체제 이념의 형상화 방법을 다양하게 모색하고 있으며 특히 작품 내적 진실을 확보하기 위한 수단으로 사실(史實)의 억압으로부터 자유로운 허구적 인물과 사건을 많이 창조하고 있다. 물론 그 결과는 각 작품마다 서로 다르게 나타나고 있으며 이는 궁극적으로 작가의 역사인식에 따른 형상화방법의 차이에서 비롯된 것이라고 할 수 있다.

4작품의 동질성은 서사의 뼈대를 이루는 공통 화소(話素)에서 찾을 수 있다. 즉, 홍경래 봉기의 직접적 원인이 서북민에 대한 뿌리 깊은 차별정책, 김조순의 타락한 세도정치, 지방 관리들의 가혹한 수탈 등이라는 사실, 그리고 우군칙, 홍총각, 이희저, 김창시, 김사용 등의 핵심 세력들이 규합하는 작품의 핵심 내용 및 봉기의 시작 과 그 전개 과정, 남진군과 북진군의 전투 양상, 그리고 100여 일에 이르는 정주성에서의 항전 모습 등이 상호 공통적인 내용으로 부각된다. 그러나 보다 엄격하게 살펴보자면 각 작품은 상호 동질성보다는 이질성을 더 많이 내포하고 있다. 특히 남·북한 소설의 차이점은 한층 뚜렷하다. 그 가운데서 가장 차이가 많이 나는 것은 홍경래 민중봉기의 '실패'와 관련된 내용이다. 이종환·최학의 작품에선 봉기의 실패 원인을 적시(摘示)하고 있지만, 남궁만·리유근의 작품에선 실패의 의미를 축소·부정하고 있으며, 홍경래의 죽음을 혁명정신의 계승과 부활의 미래지향적 의미로 확대시키고 있다. 이종환·최학의 작품에선 봉기의 실패 원인을 적시(摘示)하고 있지만, 남궁만·리유근의 작품에선 실패의 의미를 축소·부정하고 있으며, 홍경래의 죽음을 혁명정신의 계승과 부활의 미래지향적 의미로 확대시키고 있다.

이종환의 『홍경래』에서는 '지도부'의 의견 대립과 상호 갈등의 모습을 부분적으로 보여준다. 예컨대 언제 거사할 것인가를 놓고 김창시와 김사용이 대립한다든가, 김대린이 홍경래에게 안주를 먼저 공격할 것을 건의하자 이에 우군칙이 강하게 반대하고, 다시 홍총각이 우군칙의 견해를 반박하는 등의 내부 갈등을 묘사한다.

그러나 이 문제는 최학의 『서북풍』에서 보다 생생하고 구체적으로 나타난다. 작가는 실패의 원인을 크게 3가지로 보고 있는데, 지도부의 갈등, 작전 실패, 봉기에 가담한 계층의 기회주의적 속성 등이 바로 그것이다. 지도부의 갈등에 대한 내용은 평안도 최대의 군사 요충지인 안주 공격 문제를 놓고 섣섬 회의에서 김사용, 홍총각, 이제초 등의 무장(武裝)측과 우군칙, 김창시, 이희저 등의 참모측이 첨예하게 대립하는 모습으로 구체화된다.

정주성에서도 마찬가지다. 홍총각은 굴을 뚫는 관군을 막기 위해 100명만 데리고 출병하겠다고 하지만 우군칙이 이를 반대한 탓에 성이 함락되고 만다. 이러한 지도부의 심각한 의견 대립은 결국 작전의 실패로 이어진다. 송림벌 전투에서 대패한 이유는 우군칙과 이희저의 고집 때문인데, 기습을 하자는 호총각의 의견에 그들은 기습은 이미 늦었으니 송림벌에서 싸우자고 주장했고, 게다가 어깨 부상인 홍경래마저도 그들의 의견에 동의했다. 이 모두는 전술상의 실수로 다복동에서 5일, 송림벌에서도 4일을 마냥 기다리기만 하다가 관군에게 오히려 작전을 세울 수 있는 시간적 여유를 주고만 것이다.

『서북풍』에서 특히 집중적으로 부각되는 것은 봉기에 가담한 계층의 기회주의적 속성인데 우선 주체 세력인 김창시부터 그렇다. 김창시의 문제점은 이해타산에 너무 밝다는 것이다. 그는 다만 '소론'의 세상을 원하고 있다. 우군칙이 불러들인 수많은 장사꾼들 또한 자신들의 계산속 때문에 봉기에 가담을 하고, 나중에 전세가 불리해지자 모두 등을 돌려버리는 특유의 기회주의적인 태도를 보인다.

농군을 끌어들인 현지 향반(鄕班)층의 문제점도 드러난다. 그들은 누구보다 "보신(保身)의 계(計)가 밝은 자들"이어서 "사세 급박하면 이들은 저들 일신의 보존을 위해 저들이 끌어들인 농민군을 빼내어 관군에 투항하거나 산지(山地)로 달아나기"[12] 급급했다. 더욱이 상황이 불리해지자 장수들이 먼저 전의를 잃고 도망치기에 바빴는데, 이러한 문제점은 김사용을 통해서 신랄하게 비판된다.

그러나 북한의 남궁만 · 리유근의 작품에는 이러한 내용이 전혀 없다. 홍경래의 막강한 지도력과 영웅적 실천력이 강조되기 때문에 지도부의 갈등이나 의견 대립이 생길 리가 없다. 작가는 홍경래의 탁월한 지도력에 손상을 입히는 그 어떤 사실(史實)도 수용하지 않는다. 혁명정신의 일관성, 목적성, 응집력을 처음부터 끝까지 부각시키기 위함이다.

따라서 모든 중요한 작전은 홍경래로부터 나오고, 그것은 일반 사람들은 감히 생각도 못할 만큼 비범하고 탁월하다. 그래서 남궁만의 작품에서는 혁명군에 의해 관군(官軍)이 계속 패배하는 내용이 이어진다.

이것은 리유근의 소설에도 마찬가지다. 여기엔 김사용이 지휘하는 북진군이 끝까지 패하지 않고 정주성을 빠져나간 사람들을 호위하여 최후의 집결지인 곽산의 '릉한산성'으로 숨도록 하는 장면이 설정되어 있다. 또 관군이 정주성을 폭파하기 위해 땅굴을 파고 화약을 묻는 걸 알자 홍경래는 그것을 역으로 이용한다. 즉 관군이 북쪽 성을 폭파하면 일부는 그곳으로 적을 유인하여 싸우는 동안 나머지는 동문과 서문을 이용하여

12) 최학, 앞의 책, p. 475.

정주성을 벗어나 애초의 계획대로 릉한산성으로 집결시키겠다는 것이다.

물론 이것은 사실과 어긋난다. 화약으로 성을 폭파함으로써 관군은 오랜 전투에서 승리하고 봉기군은 거의 전멸하기 때문이다. 그러나 리유근은 이러한 사실을 무시하고 허구적인 장면을 창조했다. 관군에 의해 북쪽 성벽이 폭파되자 홍경래는 그곳으로 달려가 혈전을 벌이고 그 사이 다른 사람들은 성을 빠져나가도록 한 것이다.

안주 공격 문제에 대한 내용도 독창적이다. 김대린과 리인배 등의 즉각 공격론에 대해 우군칙이 다소 반대하는 의견을 제시하자 홍경래는 지휘관으로서 직접 홍이팔을 대동하고 강을 건널 수 있는지를 확인하기 위해 생명을 무릅쓰고 한밤중에 몰래 가서 알아본다. 그러나 얼음이 녹아서 강을 건널 수가 없음을 알고 돌아와서 장수들에게 상황은 알리고 대신 송림벌 전투 준비를 하도록 한다. 역시 홍경래의 뛰어난 전략과 판단력을 강조하는 내용이다.

이처럼 남한의 소설에서는 봉기의 실패 원인이나 관군과의 전투에 대한 내용이 대부분 사료(史料)와 부합하지만, 북한의 작품은 그것을 무시하고 있다. 그것은 남・북한의 역사소설 창작방법이 서로 다른 까닭이다. 북한에서는 역사소설 창작원칙을 이렇게 규정하고 있다.

> 력사소설 창작에서 중요한 것은 당성, 로동계급성의 원칙과 력사주의적 원칙을 옳게 구현하여 사료의 정확성과 묘사의 진실성을 보여주는 것이다. 이와 함께 오늘의 인민들의 혁명투쟁과 직접 관련된 소재부터 선택하며 민족적 및 계급적 억압과 착취를 반대하고 자주성을 옹호하기 위한 인민대중의 투쟁을 정당하게 반영하는 것은 력사소설 창작에서 나

서는 원칙적 요구의 하나이다. (중 략) 력사소설에서는 력사적 사실을 그대로 소개하거나 라열할 것이 아니라 당대 시대의 전형적인 인물의 형상을 통하여 당시의 계급투쟁과 사회현실을 폭넓게 보여줄 수 있게될 것을 요구한다. 사회주의적 사실주의 창작방법에 의하여 씌여진 력사소설은 지난날의 계급투쟁과 당시 인민들의 생활형편을 리해하는데 도움을 주며 근로자들의 계급교양과 사회주의적 애국주의 교양에 이바지한다.[13)]

남궁만 · 리유근의 『홍경래』는 이러한 원칙을 철저하게 따르고 있다. 남 · 북한소설의 차이점은 무엇보다 인물 성격의 형상화 방법에서도 잘 나타난다. 이종환 · 최학의 소설에서는 대부분의 인물들이 각자 개성을 지니고 다양한 사건 속에서 자신의 고유한 역할을 하고 있다. 따라서 인물 사이의 관계도 복잡하게 전개되고 그 결과 상호 갈등이 빈번하게 야기된다.

이는 최학의 『서북풍』에서 잘 나타난다. 인물의 밝은 면과 어두운 면이 입체적으로 묘사되거나 구체적 상황 속에서 싹트는 개인의 자의식까지 섬세하게 묘사하고 있다. 특히 자신이 수많은 사람들을 사지로 몰아넣는 게 아닌가 걱정하는 홍경래의 실존적 고뇌까지 형상화하고 있다. 홍경래가 마지막 전투를 하기 전, 천오장한테 사과를 하면서 "네놈 한순이 놈한테 맡겨 장사질이나 하게 하는 건데, 순정한 네놈들 둘 다 죽이는구나."(514)라며 회한의 작별인사를 하는 모습은 전혀 영웅적이지 않다.

그러나 북한소설에서의 홍경래는 철저하게 영웅적이어서 복잡한 내면

---

13) 사회과학원 주체연구소, 『문학예술사전』(상), 과학백과사전 종합출판사, 1991, p. 571.

적 갈등이나 번민 따위는 없다. 그에 따라 여기서는 인물과 갈등이 모두 단순화되어 있다. 모든 인물은 긍정적이 아니면 부정적이며, 그들 사이의 대립과 갈등은 언제나 첨예하고 적대적이다. 이러한 적대적 대립과 갈등 관계는 물론 계급투쟁과 직결된다. 홍경래 편에 선 인물들과 반대편의 갈등은 결국 혁명세력과 반동세력 사이의 격렬한 투쟁을 의미하고, 그 역사적인 싸움의 결과 역시 도식화 · 단순화되어서 나타나고 있다.

남궁만의 소설에서 홍경래의 서사는 곧 영웅의 서사로 집약된다. 홍경래는 어릴 때부터 긍정적 인물에게서 전형적으로 발견되는 계급적 성장의 바탕을 충분히 지닌 인물이다. 그는 가난한 농가에서 태어난 상놈이며, 그의 집안은 지주에게 착취를 당해 왔고, 그래서 홍경래는 어릴 때부터 인간을 상놈과 양반으로 갈라놓는 모순된 '신분제도'에 대해서 저항감을 키운다. 그가 후에 양반들에게 착취당하는 민중의 대표로 등장하는 이유도 여기에 있다.

특히 이 작품엔 글방 선생인 '외삼촌'에 대한 비판이 강하게 나타나고, '혁명군', '원쑤', '지대장', '장군'이라는 표현이 자주 나와서 홍경래 혁명군의 계급투쟁과 작품이 발표된 1950년대 북한 현실의 상관성까지도 추적해볼 수 있다. 리유근의 소설에서는 봉건적 압제와 사색당쟁의 칼부림만이 아니라 자본주의적 욕망의 추악함까지 비판하고 있다.[14] 이것 또한 사회주의 혁명론과 부합하는 내용이다.

---

14) "게다가 급격히 대두한 상품화경제는 통치배들로 하여금 돈에 대한 끝없는 욕망을 부추겼다. 이는 전례없는 착취의 가혹성과 각종 명목의 세금, 고리대에 의한 부정을 낳아 백성들을 도탄속에 몰아넣었다. 일찍부터 개인수공업과 상품화폐가 발전하여온 서북지방 인민들이 더 큰 착취의 대상으로 되었다. 이는 그들의 불만을 격증시켰고 계급들간의 대립을 가일층 첨예하게 만들었다."(p. 18)

그런데 두 작품 모두 긍정적 인물인 홍경래·홍총각 등은 지나치게 이상화하고, 부정적 인물인 김조순·정시 등은 과도하게 기형화하는 도식적이고 획일적인 창작방법론에서 벗어나지 못하고 있다.[15] 때문에 대부분의 인물이 몸은 지나간 과거 속에 존재하면서도 '이념'은 현재를 대변하는 모순된 성격을 보이고 있다. 특히 홍경래가 그러한데, 이는 그에게 부여된 역사적 소명의식과 그것을 '현재화'하려는 작가의 사명감이 너무 강한 까닭이다.

마지막으로, 남·북한 작품의 차이점을 남녀의 사랑에 대한 내용을 통해서도 확인할 수가 있다. 남녀의 사랑 얘기는 남궁만의 작품에만 없고, 나머지 3작품에는 공통적으로 등장한다. 그러나 그 이야기의 '기능'이 전혀 다르다. 이종환과 최학의 작품에서는 주로 독자의 '재미'를 염두에 두고서 사건이 짜여지고 애욕의 현장이 묘사된다.

최학의 작품보다 이종환의 작품이 훨씬 노골적이고 불필요할 만큼 외설적이다. 18세 홍경래의 이성에 대한 호기심을 표현하기 위해 달빛 속에 드러난 달례의 젖가슴에 대한 묘사를 한다든가, 술에 취한 홍경래가 아름다운 청국 여자와 동침하는 장면은 오로지 독자의 통속적 흥미를 위해 설정한 작위적인 것으로밖에는 볼 수 없다. 또한 정주성에서 큰 싸움에서 승리한 날 홍경래는 아무도 모르게 달례의 처소를 찾는데, 그 동침 장면이 너무 길고 외설스럽다.

---

15) 이러한 현상은 최명익의 『서산대사』(1966)와 박태원의 『갑오농민전쟁』(1부는 1977년, 2부는 1980년, 3부는 1986년에 발표되었음)에서도 동일하게 나타난다. 긍정적인 인물군(人物群)은 철저하게 이상화된 반면, 그 적대세력인 부정적 인물군은 획일적으로 희화화되거나 풍자적인 제물로 격하되고 있다.

이에 비해 최학의 작품은 그 사랑의 형상화 과정이 훨씬 자연스럽고 미학적이다. 여기선 특히 천오장과 당이의 사랑 얘기가 비감할 정도로 절절하고 아름답게 펼쳐지는데, 특히 마지막 전투가 있기 전 그들의 이별 장면은 무척 인상적이다. 당시 당이는 임신 중이었는데, 천오장은 당이가 입혀주는 전투복을 입은 후 눈물을 떨구면서 당이를 포옹한다.

> 도저히 작별의 말을 할 수가 없었다. 이제 떠나면 아주 끝이었다. 다시 만날 길 없는 영원한 작별의 순간이었다. 둘에게 분명하게 남아진 건 죽음뿐이었다. 죽음이 만사를 고요히 할 것임이 분명했다. 그녀와 함께 했던 지난 시각들이 빛처럼 뇌리를 스쳤다. 그녀와 자신이 가진 생명이란 게 한순간의 빛에 지나지 않았다. 이제 그 순간의 빛마저 거두고 헤어져야 할 시각이었다.[16]

그러나 이 내용 속에는 북한소설에서 볼 수 있는 죽음의 '부활'이나 혁명의지의 '계승'의 의미는 전혀 없다. 그런 공리적 목적으로 두 사람의 사랑 얘기를 시작하지 않았기 때문이다. 이 작품에서도 남녀의 육체적 관계를 묘사하지만 이종환의 소설처럼 외설적이지는 않다. 그러나 평양의 '인육시장' 장면은 다분히 독자의 통속적 재미를 촉발시키기 위한 것처럼 보인다.

이러한 남한 작품에 비해 리유근의 『홍경래』에서 펼쳐지는 홍경래와 송이의 사랑은 지순지고하다. 송이가 임신을 하였음에도 불구하고 그들의 동침 장면은 아예 없고, 두 남녀의 관계는 시종일관 정신적이다. 신분

---

16) 최학, 앞의 책, p. 511.

의 차이는 있지만, 홍총각(이팔)과 달래의 사랑도 상호 헌신적이고 순수하기는 마찬가지다. 독자의 흥미를 자극하는 성적인 묘사나 장면은 전혀 없다.

7. 맺음말

홍경래를 소재로 한 4편의 남 · 북한 역사소설은 '평안도 농민전쟁'의 역사적 성격과 의의를 적극 수용하고 있으며 그것을 작품 창작의 기본 방향으로 설정하고 있다. 때문에 홍경래를 비롯한 반봉건 투쟁의 주역들과 그들이 지녔던 반체제 이념의 형상화 방법을 다양하게 모색하고 있으며 특히 작품 내적 진실을 확보하기 위한 수단으로 사실(史實)의 억압으로부터 자유로운 허구적 인물과 사건을 많이 창조하고 있다. 물론 그 결과는 각 작품마다 서로 다르게 나타나고 있으며 이는 궁극적으로 작가의 미학적 · 이데올로기적 토대와 창작방법론의 차이에서 비롯된 것이다.

북한 작품인 남궁만의 『홍경래』는 홍경래의 신분을 상놈으로 설정하여 양반과의 계급투쟁 문제를 부각시키고 있으며 민중혁명의 목표를 왕조 전복에 두고 있다. 특히 홍경래가 총탄을 맞고 '북'으로 가라는 유언을 남기는 것은 과거에 이루지 못한 혁명의 꿈이 후대에는 반드시 이루어질 것이라는 의지를 반영한 내용이다.

그러나 리유근의 『홍경래』에서는 홍경래가 양반의 신분으로 등장하며 투쟁의 목표는 왕조 전복이 아니라 만인 평등의 이념을 실천하는 것이다. 이 소설에서 작가가 창조한 중요한 인물은 홍경래의 스승인 리장생으로서 그는 혁명 세력을 응집시키는 구심점 역할을 하고 있다. 그의 딸 송이 역시 매우 중요한 인물이다. 작품에서 리장생의 뜻은 홍경래에게 이어지고, 홍경래의 뜻은 송이, 더 나아가서 송이의 뱃속 아이한테로 이어지기 때문이다.

이처럼 북한의 두 작품에는 홍경래의 부활을 예고하는 이른바 '혁명적 낙관주의'가 강하게 투영되어 있으며, 계급적 착취와 억압을 타파하기 위한 인민들의 혁명투쟁을 올바로 반영해야 한다는 '역사소설 창작원칙'이 엄격하게 준수되고 있다.

한편 남한 작품인 이종환의 『홍경래』에서 가장 뚜렷하게 드러나는 것은 젊은 세대에 대한 신뢰감이다. 여기서 기성세대는 현실의 모순을 해결할 능력이 전혀 없는 수동적 운명론자들로 묘사되는데, 작가는 이들과 대립하는 홍경래 중심의 젊은 세대를 미래의 희망으로 부각시킨다. 이 소설에는 다른 작품과 달리 홍경래와 달례의 사랑 이야기가 처음부터 끝까지 이어지고 있으며 독자의 흥미를 촉발시킬 목적으로 설정된 외설적인 장면도 많다.

이에 비해 최학의 『서북풍』은 홍경래를 서사의 중심축에 놓지 않고 유한순과 홍총각의 시점을 통해 인물과 상황을 묘사하는 독특한 창작기법을 보여준다. 유한순과 홍총각이 겪는 일상적 체험과 그 속에서 마주치는 역사적 인물들과의 관계를 추리하는 식으로 작품이 전개되며, 두 사람의 호기심이 독자의 호기심으로 전이되도록 사건을 유도한다. 이것은 기존의 영웅 중심의 역사소설에 내포된 단순성과 도식성을 극복하기 위한 새로운 방법이라고 할 수 있다. 작가는 특히 세상에 원한을 품고 지배층에 항거하는 소외계층의 삶을 중점적으로 보여주는데, 다른 작품에서는 볼 수 없는 천주교 신자들도 등장한다.

이러한 결과를 통해서 남・북한 소설의 차이점을 크게 세 가지로 요약・정리할 수가 있다.

첫째, 남한의 작품에서는 '평안도 농민전쟁'의 실패 원인을 적시(摘示)하는 데 반해 북한의 작품에서는 그것을 축소하거나 부정하고 있다. 때문에 남한의 소설에서는 관군과의 전투에 대한 내용이 대부분 사실과 부합하지만 홍경래의 위대함과 혁명정신의 계승을 강조하는 북한의 작품은 그렇지 않다.

둘째, 남한의 작품에서는 대부분의 인물들이 각자 개성을 지니고 자신의 고유한 역할을 수행하고 있지만 북한소설의 인물은 무척 단순화되어 있다. 모든 인물은 긍정적이거나 부정적이며 그들 사이의 대립은 늘 적대적이다. 이는 계급투쟁의 선명성을 확보하기 위한 수법이다.

셋째, 작품에 나타난 남녀의 사랑을 통해서도 남・북한 소설의 차이점을 확인할 수 있다. 이종환・최학의 작품에서는 주로 독자의 재미를 염두에 두고서 사건이 짜여지고 애욕의 현장이 묘사되는 반면, 리유근의 작품에서는 홍경래 정신의 계승과 부활이라는 작품 주제와의 유기적 관련성 속에서 사랑이야기가 펼쳐진다.

역사소설에 대한 연구는 '오늘'의 현실을 '과거'라는 거울을 통해 면밀히 살펴보고, 지나간 세월을 '현재'의 시선으로 재인식하려는 적극적인 태도를 통해서 그 긍정적인 성과를 거둘 수 있다. 물론 역사학계의 새로운 연구 경향 및 성과를 다각도로 활용할 필요도 있다. 우리나라의 경우 특히 오늘의 민족모순을 잉태한 불행한 과거 역사에 대한 적극적인 접근과 올바른 이해의 필요성이 어느 때보다 절실히 요청되고 있다.

이것은 오랫동안 남・북한 문학의 과학적 인식에 장애가 되어 왔던 냉전이데올로기의 억압으로부터 과감하게 벗어나야 함을 뜻하는 것이기도 하며, 분단극복을 위한 민족적 과제가 무엇인지를 좀더 냉철하고 진지하게 성찰해 보는 학문적 기반을 마련해야 함을 뜻하기도 한다. 따라서 홍경래 소재의 남・북한 역사소설을 상호 비교한 이 글의 결과는 일차적으로 남・북한 민족공동체의 본질과 정체성이 무엇인지를 성찰하는 기반으로 활용될 수 있을 것이다. 아울러 구체적인 작품을 비교하고 평가하는 과정을 통해 단계적으로 형성될 '통일문학사' 기술(記述)의 올바른 인식과 관점을 획득하는 방법론적인 계기로 작용할 수도 있을 것이다.

참고문헌

강만길 외 편, 『한국사』 10권, 한길사, 1995.

국사편찬위원회, 『한국사』 36권, 탐구당문화사, 1997.

게오르그 루카치 지음, 이영욱 옮김, 『역사소설론』, 거름, 1987.

김재용, 『북한 문학의 역사적 이해』, 문학과지성사, 1994.

김종희 편, 『북한문학의 이해』(2), 청동거울, 2002.

남궁만, 『홍경래』, 평양시 국립출판사, 1995.

리유근, 『홍경래』, 문예출판사, 1992.

민현기, 「해방직후 역사소설 연구」, 『어문학』 70집, 2000.

사회과학원 주체연구소, 『문학예술사전』(상), 과학백과사전 종합출판사. 1991.

신형기 · 오성호, 『북한문학사』, 평민사, 2000.

이명재 편, 『북한문학 사전』, 국학자료원, 1995.

이종환, 『홍경래』, 어문각, 1967.

최 학, 『서북풍』, 행림출판사, 1981.

한국정신문화원 편, 『한국 인물 대사전』, 중앙일보 출판법인 중앙 M&B, 1999.

민족이야기의 두 양상

안수길의 『북간도』와 이기영의 『두만강』 분석

신 형 기

1. 민족사 쓰기의 역사성

해방이후 남북한에서 역사 쓰기는 국가적 사업이기도 했다. 민족사, 혹은 국사(國史)의 이름으로 구성원들을 묶는 공동의 기억을 축조하는 것은 국가권력의 역사성과 합법성을 생산하는 방법이었기 때문이다. 민족사란 동질적인 잣대로 통합과 보편화를 꾀하는 근대의 시간, 연쇄적이며 동시에 집적적인 진화의 시간 개념[1]에 입각한다. 즉 그것은 오랜 시원으로부터 오늘에 이르기까지 면면히 계승되고 발전해온 과정이어야 했다. 하나의 흐름으로 구획된 시간은 단일한 정체성의 근거였다. 민족사는 이러한 방식으로 주권의 이념을 확인했으며 '주권을 지키기 위한' 국가

1) Nicos Poulantzas, *Sate, Power, Socialism,* trans. Patrick Camiller, Verso, 1980, p. 110.

적 동원을 마땅하고 불가피한 것으로 만들었다.

그러나 민족사 쓰기는 몇 가지 근본적인 문제점을 갖는 것이었다. 먼저 그것이 매우 자의적이거나 이념적인 것일 수밖에 없었다는 점이다. 예를 들어 식민지적 근대화는 서로 다른 시간들이 공서(共棲)하고 겹치는 상황을 만들었거니와, 민족사가 불균등한(uneven) 시간들을 통합하고자 했다면 그것은 하나의 가상적 '이야기'로 씌어져야 했다. 혼종적인 이중성은 결코 조명되어서는 안 되었다. 한편 동질적인 시간으로서의 민족사는 동질적인 공간으로서의 영토를 갖는 것이어야 했는데, 해방이후 두 정부(국가)가 수립됨으로써 영토는 나뉘어졌고, 각각에는 서로에 대해 적대적인 시간이 가동되고 있었다. 민족사를 조망하는 시점(perspective)은 이념적으로도 하나일 수 없었다. 민족의 영토는 민족(민족사)적 주권의 실제적이면서 상상적인 육체이자 정체성의 경계이며 모두가 귀속되어야 할 터전이었으므로, 민족사가 하나여야 한다고 했을 때 영토의 분획(分劃)은 용납될 일이 아니었다.[2] 즉 하나의 민족이기를 포기할 수 없는 한 남북한은 영토를 '평정'해야 했던 것이다. 서로에게 서로는 제도되지 못한 지방(local)이거나 외세의 괴뢰(傀儡)로 간주되었다. 남북한이 점유한 땅은 각각에게 민족의 실지(失地)였다. '북진통일'이나 '국토의 완정(完

2) 남북한의 분립은 애당초 상대적으로 동질적인 공간을 구획한 것이었으므로 '분단'을 영속화하지 않으려는 지향은 매우 일반적이고 또 적극적인 것일 수 있었다. 그러나 민족과 영토를 통합하려는 의지가 열정적이었던 만큼 그것은 동시에 증오의 동력이 되었다. 증오는 흔히 외부의 적을 향한 것이었지만, 내부의 '불순물'을 없애야 한다는 명분을 가질 때 더욱 극단적인 것이 될 수 있었다(Ivo D. Duchack, *The Territorial Dimension of Politics,* Westview Press, 1986, pp. 24-26.). 배제를 통한 통합은 남북한이 각각의 체제를 유지한 방식이었다.

整)'은 민족의 해방—주권의 회복을 온전히 하는 조건이 되었다.

급기야 한국전쟁이 발발하였고 남북한 어느 쪽도 민족을 통일하지는 못했다. 전쟁은 남북한 사람들 대부분에게 어떤 명분으로도 정당화될 수 없는 고통을 안기지만, 이로써 통일이라는 민족사의 '거대한 당위'가 재고되었던 것은 아니다. 오히려 그 반대였다. 전쟁을 겪은 남북한에서는 정치권력의 합법성을 말하거나 민족적 정통성이 자신들에게 있음을 주장하기 위한 기원 찾기가 본격화되었다. 민족의 이름으로 상대를 배제하는 것이 통일의 방법이었던 셈이다. 서로를 향한 증오와 공포를 다지는 가운데 남북한은 체제 경쟁을 벌이는데, 민족사를 전유하는 것은 경쟁의 중요한 아이템 가운데 하나였다.

안수길이 1950년대 말부터 발표하여 1967년에 마쳐 내놓은 장편소설 『북간도』와, 1954년부터 1961년에 걸쳐 나온[3] 이기영의 대하장편 『두만강』은 이런 상황을 배경으로 씌어진 것이다. 두 소설이 이른바 대하역사소설의 내용과 형식을 선구적으로 제시했다면, 그 이유 또한 전후라는 시점과 관련하여 설명될 필요가 있다. 남북한 각각에서 민족사 쓰기를 시도한 시범적 경우로 두 소설을 읽고자 하는 것이 이 글의 의도이다.

민족의 주권과 영토를 지키는 투쟁사로서의 민족사는 숭엄하거나 심각한 것으로 여겨지게 마련이다. 그러나 대중소설이라든가 텔레비전 드라마에서 민족사는 흔히 영웅이야기, 혹은 갈등과 암투를 벌이는 인간

3) 『북간도』의 1부는 1959년, 2부는 1961년, 3부는 1963년에 사상계를 통해 발표되었고 1967년에 전작이 출간되면서 4, 5부가 보태어졌다. 『두만강』의 1부는 1954년, 2부는 1957년, 3부는 1961년에 나왔다.

드라마로 씌어지고 소비되어 왔다. 대중들을 상대로 해야 하는 한 민족사의 이야기가 특별해서 좋을 것은 없다. 역사의 수용은 아무래도 그것이 '익숙한' 이야기로 씌어질 때 더 가능할 것이다. 일찍이 볼테르 역시 역사를 다루는 서사시의 작가라면 대중적 상상력과 문학적 전통에 의해 선별되고 인증된 재료(material)를 사용하는 것이 좋다고 충고했다.[4] 전달 가능한 메시지를 만들어내야 한다는 것은 소통의 원칙이다. 결과적으로 민족사의 이야기는 대중적으로 소통이 가능한 수준을 드러내는 것이다. 그리고 그렇기 때문에 '익숙한' 이야기는 다시금 역사적인 분석의 대상이 되어야 한다. 이것이 이 글의 입장이다.

역사를 어떻게 보는가는 인식론적일 뿐 아니라 이념적, 혹은 도덕적이고 때로는 심미적인 문제다. 애당초 민족사란 사실(史實)에 충실하려는 것이 아니다. 민족사는 민족주의라는 광범한 이념에 근거하며, 그만큼 이미 익숙한 이야기로 씌어지는 것이다. 민족사의 서술이 일정하게 패턴화된 민족이야기(nation narrative)를 반복하거나 이를 구성하는 도덕적 알레고리[5]의 형태를 취할 것이라면, 민족사 쓰기에서 문제가 되는 것은 서술의 내용이기 이전에 서술의 전략일 수밖에 없다. 민족사의 수사(修史, historiography)는 플롯 짜기를 통해 이념적(혹은 도덕적) 내용을 형식적으로 논증하는 과제를 갖는다. 이렇게 볼 때 역사서술과 역사소설의 경계는 모호하다. 역사가는 이야기를 '발견'하고 소설가는 그것을 '창작'한다[6]고

---

4) Lionel Gossman, *Between History and Literature,* Harvard University Press, 1990, p. 234.

5) Hayden White, "The Value of Narrativity in the Representation of Reality", *On Narrative,* ed. W. J. T. Mitchell, Chicago University Press, 1981, p. 13.

6) 헤이든 화이트, 『19세기 유럽의 역사적 상상력 Metahistory』, 천형균 역, 문학과지

말할 수도 있겠지만, 어떤 경우든 민족이야기의 문법을 넘어설 수 없다면 그 차이 역시 결정적이라고 말하기는 어렵다. 이 글이 소설 『북간도』와 『두만강』에서 문제시하려는 것은 민족이야기의 문법이다.

과거에 대한 공동의 기억을 만들고 이로써 통합된 민족을 상상케 하는 민족이야기는 민족을 주체로 내건다. 이 주체는 흔히 가상의 인격으로 제시되었지만, 정치적인 입장에서 그것의 도덕적 내용은 보다 구체화되어야 했다. 주체를 구체적으로 구획하고 내부의 위계를 세우는 것은 정치적 권력을 창출하는 방법이었기 때문이다. 소설에서 서술은 특정한 인물에 의해 이루어지거나 그를 구체화하는 것이다. 역사소설은 이런 방식으로 주체를 구체화할 수 있었다. 그런데 서술이 문법을 벗어나지 못하는 한 서술에 의해 구체화되는 주체는 문법의 생산물이라고 보아야 한다. 결국 역사의(권력의) 주인공에게 형상을 부여한 것은 민족이야기의 문법이 된다.

문법은 주체를 생산(구체화)함으로써 자신을 숨긴다. 이야기는 주체의 이야기가 되어버리는 것이다. 이윽고 주체가 군림할 때 다른 발화의 가능성은 사라진다. 하나의 문법에 의한 기억의 동질화가 구성원의 일자화(一者化)를 도모한 결과이다. 하나의 이야기로 모두의 기억을 장악하는 것은 주체의 권력을 절대화하는 조건이 아닐 수 없다. 그 경위에 대해서는 예를 들어 다음과 같은 설명이 가능하다. 민족이야기 가운데 저항과 투쟁의 이야기는 식민지의 시간이 남길 수밖에 없는 고통스럽고 곤란한 기억을 덮는 것일 수 있었다. 실로 이러한 망각의 욕망이 집단적인 수준에서 작

성사, 1991, 17쪽.

동하였다면 그것은 민족이야기에 의한 기억의 전유를 가능케 한 중요한 원인이 되었을 것이다. 새로운 기억은 주체의 인상이 도덕적으로 숭고하고 강렬하며 이야기가 천의무봉할 때 더욱 설득적일 수 있었다. 과연 민족이야기가 『북간도』와 『두만강』에서 어떻게 관철되고 있는가는 이 글이 읽으려 하는 바이다.

2. 민족이야기의 테마: 기원적 영토와 백일몽

'어떻게 사느냐'라는 실존주의 담론이 유행하고 이런저런 사조들이 원조물품과 더불어 소개되던 전후 남한의 지적 풍토가 퇴폐적인 '황무지'와 같은 것이었다고 할 때, 민족사를 쓴다는 것은 매우 이념적인 선택이었다. 그리고 그 이념은 민족을 전유하려는 국가적인 기획과 절연된 것일 수 없었다. 이미 민족(국가)에 헌신하는 본보기를 보이는 동원 서사로서 화랑도의 호국 정신이 되살려지는가 하면,[7] 반공민족주의적(더불어 국가주의적) 입장에서 과거의 독립운동이 돌이켜지고 있었다.[8] 한편 민족의 호출은 전쟁 이후 대중적으로 확산된 '미국화' 경향을 주체적으로 교정하는 마땅한 방도로 비칠 수도 있었다.

만주라는 '민족의 고토(故土)'[9]를 무대로 4대에 걸친 이주민들의 가족

7) 이선근, 『화랑도 연구』, 해동문화사, 1949; 동국문화사, 1954.

8) 이선근, 『한국독립운동사』, 상문원, 1956.

9) 만주를 '우리의 선조가 가장 먼저 자리를 잡았고 3000년 이상이나 살아온', 그래서 '우리가 반드시 돌아가야 할 옛 터' 즉 민족의 고토로 보는 담론은 여전히 현재에서도 성행하고 있는 것이다. 이 담론에 의하면 조선 후기 이래의 이주민은

사를 엮은 『북간도』는 민족의 외연을 확장시켰을 뿐 아니라 그 기원의 상상을 충족시켰다. 민족의 발자취가 어린 '북방'에 대한 모호한 기억은 그것이 정착해야 할 땅으로 그려짐으로써 보다 구체화될 수 있었다. 격동하는 역사의 물결에 휩쓸리는 이주민들의 정경 또한 그들을 막연하지만 약속의 형상으로 읽게 했다. 그들은 민족적 수난자들로서 새로운 씨앗을 심은 것이다. 물론 이 수난자들은 기대된 민중상을 위배하지 않았다. 민중이 고토로 나아간다는 이야기는 '대한민국'의 국가적 이념을 확장하는 것으로 읽혀질 수 있었다. 그러나 안수길에게 간도는 국가적 이념을 펼칠 상상의 터전이기에 앞서 십수 년을 산 일상적인 생활의 공간이었다. 구체적인 경험의 기억은 민족의 가상적 기억과 부딪는 것이었음이 분명하다.

『북간도』는 이 두 기억의 길항 관계 속에서 씌어졌다고 보인다. 사실 간도 시절을 되살리는 것이 그의 작가적 '숙원'[10]이 되었던 이유도 이러한 관점에서 설명될 필요가 있다. 즉 그는 자신의 기억을 해명하거나 거기에 무엇인가를 덧붙여야 했던 것이다. 그가 내세운 것은 민족을 주체로 하는 민족이야기의 문법이었다. 민족이야기 안에서 그의 주인공들은 민족을 대변해야 했지만, 실상 그들은 또 투쟁의 이야기를 감당할 수 없는 일상의 인물들이었다. 실제로 소설이 그린 것은 역사의 소용돌이 속에서 생존을 위해 애쓰는 이주민들의 삶이다. 작가의 기억이 위장되는 만큼 주인공들은 내면의 혼란과 갈등에 빠지며 마침내 지리멸렬한 종결에 이른다. 사실 『북간도』가 씌어질 당시에 만주는 너무 멀리 있었고, 따라서 이주민들을 궁극적으로 어디에 귀착시키는가는 답하기 어려운 문제일

민족의 과제를 실현하려 한 '개척자'가 된다.

10) 「후기」, 『북간도』, 삼중당, 1967, 319쪽.

수 있었다.[11] 이는 소설 속 주인공들을 추상적인 존재로 만드는 또 다른 요인이었을 것이다.

북한의 경우 전후 시기는 결과적으로 '주체시대'를 준비한 때였다. 전후복구는 모든 농토를 협동소유로 바꾸는 등 사회주의적인 개조를 목표로 이루어졌다. 이어지는 천리마 운동은 공산주의의 선취를 요구하는데, 김일성과 항일빨치산은 이미 그 모범을 보인 선구적 공산주의자들로 간주된다. 즉 김일성과 그의 빨치산들을 본받는 것이야말로 공산주의를 건설하는 조건이었다.

북한에서 김일성의 항일혁명역사는 정전 직후부터 정책적으로 '발굴'되기 시작했다.[12] 그의 혁명역사를 민족투쟁사의 핵심에 놓는 입장은 이미 공고한 것이었다. 나아가 김일성과 그의 빨치산이 자생적 공산주의자들이었다면 공산주의는 더 이상 외래의 것일 수 없었다. 사상적 기원을 민족적 영토 안에서 찾으려는 움직임은 결과적으로 민족투쟁사의 상상을 구체화했다. 김일성이 이끈 빨치산 투쟁의 전통을 계승하는 것이 사회주의적 개조와 공산주의 건설의 담보였기 때문에, 그의 항일혁명역사는 소상히 재현되고 반복적으로 되살려야 할 것이 되었던 것이다. 혁명적 민중을 내세워 국내에서 간도로 소설적 공간을 넓혀 가는 『두만강』은

11) 한 인터뷰에서 안수길은 간도가 '잊혀진 곳'임을 개탄한다. 간도에는 60만의 우리 동포가 살고 있는데도 그 소식을 알 수 없다고 하면서 우리 국민들이 그들을 잊지 말아야 할 것이라고 당부한다. 「내 고향 지금은」, 『북한』, 3권 11호, 1974, 11, 237쪽.

12) 정전과 더불어 항일무장투쟁의 전적지를 조사하는 대규모의 조사단이 파견되기도 한다. 그에 관한 상세한 사항을 보려면 『북한문학사』(신형기, 오성호, 평민사, 2000)의 3장, 특히 207쪽을 참조할 것.

혁명적 민중이 대를 이어 김일성의 무장유격대에 들어가는 데서 마무리된다. 이 소설에서 만주는 민중이 지도자를 만나는 장소이자, 본격적인 무장투쟁사가 전개될 곳이었다. 소설은 그 전사(前史)를 서술한 것으로, 새로운 주체의 탄생을 송축하는 것이었다. 그러나 사실 지도자 김일성과 그의 빨치산, 그리고 혁명적 민중을 가족적 위계구도로 묶어 보이는 것은 이미 해방직후부터 시도되었다. 『두만강』은 주체의 위계를 서술적 수준에서 다시금 반복적으로 구체화해낸 것이다.

『북간도』와 『두만강』은 씌어진 배경과 맥락뿐 아니라 소설 양식에서도 차이를 보인다. 그러나 두 소설은 모두 민족이야기를 뼈대로 할 뿐 아니라 그 내용에서도 여러 가지 상사점을 갖는다. 우선 두 소설은 부계계승의 가족사를 뼈대로 북방 이주민들을 그렸다. 만주의 봉금(封禁)이 풀리던 1870년대에서 시작하는 『북간도』나 자본주의가 본격적으로 침투해 들어오는 1900년대 초기를 출발점으로 하는 『두만강』은 모두 조선사회가 붕괴하면서 민중들의 삶이 놀랍고 빠른 변화를 맞게 되는 근대라는 전환기를 그리고 있다. 게다가 두만강 연안에서 북간도로 옮겨 가는 『북간도』의 공간과, 충청도의 송월동에서 함경도 무산을 거쳐 북간도로 확대되는 『두만강』의 이야기 배경은 겹치는 부분이 적지 않다. 두 소설에서 '북방'은 그것이 갖는 정치지리학적 복잡성에도 불구하고 민족의 유구한 역사가 서려 있는 '기원적 영토'로 간주되고 있는 듯하다. 두 소설이 이주와 근대, 그리고 북방이라는 테마를 공통적으로 다루고 있는 것이라면 이는 과연 어떻게 읽어야 할 것인가?

『북간도』의 '이한복'이 목숨을 걸고 두만강을 건너가 감자 농사를 짓는 현실적인 이유는 가족을 굶기지 않으려는 것이었다. '어떻게든 부지런히 수족을 놀려 남과 같이 살아보려는' 『두만강』의 근면한 농민 '박곰손'이 고향을 등져야 했던 것도 자본주의의 침탈 때문이었다. 생존을 위한 선택으로서의 이주는 인류가 오랫동안 도모해온 바일 터이나, 특별히 근대적인 현상이기도 하다. 근대 국민국가들은 안팎으로 여러 경계선들을 긋는데, 이는 역설적으로 전지구적 수준에서 유동성이 증가해간 상황을 반영하는 것이었다. 경계선을 넘는 이주는 기왕의 구속을 떨치고 새로운 삶을 선택하는 매우 보편적인 방법이 되었다. 중국과 러시아, 그리고 일본이 각축했고, 마침내 일본제국주의에 의해 만주국이라는 다인종국가가 세워지는 만주는 어쨌든 새로운 정체성의 창출을 시도한 곳이다. 물론 만주국에서는 일본 제국주의의 팽창력이 작동했지만 동시에 국민국가 체제의 광역화가 진행되었다.[13] 요컨대 북간도 역시 어느 정도는 국민국가의 경계선을 '넘어서' 있는 지역이었던 것이다. 그러나 두 소설에서 그곳은 민족이야기를 투사하는 배경일 뿐이다.

이한복은 고토로 나아간 것이며 할아버지와 아버지의 이름으로 옛 땅의 회복을 기도한 것이다. 이주는 꿈을 좇은 선택이었다. 그러나 이 꿈은 현실과 부딪히면서 깨져나간다. 사실 살기 위해 월경을 한 이주민으로서 주권의 경계를 확장(spill over)하겠다는 의지적 입장을 갖는다는 것은 터무니없는 일이었다. 그렇기 때문에 그를 계승하는 자손들 역시 이념과 실제 현실 사이의 거리를 메우지 못한다. 꿈은 그들을 문제적 형상으로 만드는 요인이지만, 이미 그들의 이념적 자아는 실제적인 삶의 공간으로

13) 이런 점에서 만주의 지정학적 의미는 특별하고 실험적인 것이었다. Prasenjit Duara, *Sovereignty and Authenticity,* Rowman & Littlefield Publishers, Inc, 2003, p. 248.

부터 소외된 것이다. 그들은 무력하며 고집스러울 따름이다. 꿈의 결말은 지리멸렬한 것일 수밖에 없었다.

박곰손과 그의 아들 '씨동'에게도 만주는 민족해방투쟁의 기원적 공간이다. 그러나 이한복이 간도가 고구려와 발해의 땅임을 알리는 데 그친 반면 씨동은 그곳에서 민족해방투쟁의 새로운 원류를 찾으려 한다. 그곳은 반제투쟁을 벌이는 '국제적인' 장소이기도 했지만 민족해방투쟁의 기원이 된다는 점에서는 또 민족의 성소였다. 『북간도』가 결과적으로 민족이야기의 백일몽이 깨어지는 과정을 그린 것과는 달리 『두만강』의 주인공들은 결국 그것을 실현한다. 그 차이는 양식적으로 설명되어야 할 것인 듯하다. 즉 『북간도』가 그나마 소설적이라면 『두만강』은 서사시적이다. 『북간도』가 회고적 입장에서 씌어졌다면 『두만강』은 전망의 시점을 갖는다. 그러나 두 소설에서 민족이야기는 공히 백일몽을 강요했다.

북간도나 만주, 혹은 더 모호한 의미의 북방은 두 소설에서 기원적 공간으로 간주되었다. 그곳을 정착해야 할 땅이나 투쟁의 성소로 그려낸 이야기는 영토와 주권의 상상적 확장을 기도한 것이다. 아직도 간도에 대한 영토권을 주장할 수 있다는 역사주권주의적인 주장[14]을 따른다면 두 소설이 그린 이주는 고토로 나아간 민족적 실천이 된다. 그러나 변경을 상상적으로나마 국경 안에 집어넣는 기원주의가 민족본질주의의 표현이자 국가권력의 헤게모니를 시민사회에 뿌리내리게 하는 장치[15]에

14) 이한기, 『한국의 영토-영토 취득에 관한 국제법적 연구』, 서울대학교출판부, 1969, 9-10쪽; "우리 대한민국은 구 대한제국을 계승한 국가로서 현재 중공의 점령 하에 있는 간도에 대해 일정한 청구권을 보유하고 있다고 생각한다."

불과한 것이라면, 두 소설의 테마는 비판적으로 분석할 필요가 있다.

3. 『북간도』-분열된 텍스트

원대한 꿈을 안고 간도에 정착하는 『북간도』 1부의 주인공 이한복은 간도가 '우리 땅'이라는 신념을 갖는 '위대한 족장(族長)'으로 그려졌다. 대담하고 기개 넘치는 그의 형상은 고토를 회복하는 것이 마땅한 일임을 은연중에 말하고 있다. 게다가 작가는 이 변방 농민으로 하여금 1712년 청의 강희제가 사절을 파견해 조선과의 국경을 확정하고 증표로 세웠다는 백두산 정계비(定界碑)를 탐사케 함으로써, 신념의 물증을 제시하려고 했다. 소설에 의하면 고토 회복에 관한 한 일반 백성과 조선지배층의 생각은 다르지 않았다. 이한복이 종성부사 이정래를 정계비로 안내하고, 이정래가 비에 적힌 토문강이 두만강이 아닌 송화강의 상류임을 간단히 '확인'하는 장면은 자못 의미심장하다. 민족적 이해를 위해서는 민중과 지배층이 어렵지 않게 합의할 수 있음을 보여준 것이다. 신분과 계급의 구획을 넘어선 민족의 통합이란 해방이후 반복되어온 우파 민족이야기의 테마였다.

긍정적이고 적극적인 이한복의 형상은 (민족적인) 민중에 대한 상상을 충족시키는 것이다. 그의 투박하지만 올곧은 면모 또한 민중이 갖는다는 도덕적 현명함을 기대하게 하는 것이기도 하다. 땅에 땀 흘리는 것을 두

15) 임지현, 「'국가주권'과 '역사주권'의 사이에서」, 『근대의 국경, 역사의 변경』, 임지현 편, 휴머니스트, 2004, 28-30쪽.

려워하지 않고 풍성한 수확을 기대하는 이 대지(大地)의 주인공이 꿈꾸는 것은 자족적 농업공동체의 이상이다. 소설『북간도』에서 민족의 상상은 시종 농업공동체의 이상에 근거한다. 안주(安住)하려는 이주민의 바람이 농업공동체를 건설하는 것으로, 나아가 민족의 터전을 되찾으려는 것으로 읽히는 것이다. 소설은 이한복의 '훈장 할아버지'를 '말씀을 전하는 선조(先祖)'로 등장시켜 만주가 민족의 아득한 시원이자 고구려와 발해의 땅임을 상기시키는데, 고토로의 진출은 시원으로의 회귀이며 공동체를 온전히 회복하는 기획으로서의 의미를 갖는다. 이로써 민족은 근대에 의한 훼손을 극복할 것이었다. 즉 고토로의 이주는 민족을 쇄신하는 방법이 된다. 이것이『북간도』의 민족이야기였다.

그런데 작가 안수길은 이미 만주에서의 '수전 개척'을 주제로 한「벼」(1940) 등의 소설에서 농업공동체의 회복을 기대한 적이 있다. 만주에 또 다른 고향을 만들자는 '북향(北鄕)' 건설의 이상은 장편소설『북향보』(1945)에서 볼 수 있듯 '아름다운' 농업공동체의 지향으로 나타났다. 농업공동체는 대대로 '농민도(農民道)'를 이어갈 정신적 도장(道場)이어야 했다. 소설은 농민도가 '생활의 뿌리를 깊이 박고 아늑하고 선량하게' 살자는 것이고, 벼를 자식같이 생각하는 '도혼(稻魂)'이야말로 농민도의 핵심임을 밝힌다.[16] 도혼으로서의 농민도는 갖은 핍박을 이기고 심은 씨앗으로서, 이주민들의 고난에 찬 개척사를 관철하는 정신이었다. 북향은 그 씨앗이 자랄 새로운 터전이 된다. 북향을 건설하자는 북향정신은

---

16)『북향보』는 1944년부터 1945년에 걸쳐 만선일보에 연재되었으나, 필자는 이를 구득하지 못했다. 여기서는 1987년판을 인용한다. 안수길,『북향보』, 문화출판공사, 1987, 25, 36, 178, 251쪽.

물론 민족을 구획하려는 것이 아니었다. '도혼'이 쌀농사를 짓지 않는 청인들을 배제하는 것일 수 있었지만, 궁극적으로 그것은 개척과 경작을 통해 대지(大地)로의 도덕적 귀환을 꿈꾸는 낭만적인 구도를 갖는다. 이 낭만주의는 만주에 대한 '유토피아적 비전'[17]에 근거한 것이었으니, 농본주의적 공동체주의는 가히 시대의 대안(alternative)으로서 유행사조같이 유포되었던 것이다. 물론 새로운 '낙토(樂土)' 건설의 지향은 일본제국주의의 만주 지배정책과 부합되었지만, 그것은 기만적인 지배이념이기 이전에 기왕의 갖가지 경계선을 넘어서려는 광범하고 보편적인 꿈이었다. 이제 그 꿈은 민족의 꿈으로 고쳐 씌어져야 했던 것이다. 그러기 위해서는 고통에 찬 이주사가 다시 돌이켜져야 했다. 더불어 이 낭만주의의 비전(vision)은 이제 더 이상 현실적인 것으로 제시될 수 없었다. 만주 낭만주의가 깨어지는 결과적인 경험을 이미 했기 때문이다. 만주 낭만주의는 민족이야기의 근거였지만 동시에 민족이야기의 전개를 제약하는 요인이 되었다. 그것은 『북간도』의 주인공들이 적극적일 수 없는 실제적 이유다.

이한복이 부딪는 것은 이주민의 현실이다. 간도는 이미 '청인'이 살고 있는 땅이었고 남의 땅에 무사히 정착하는 것은 이주민들의 실제적 과제였다. 고토 회복의 꿈은 그야말로 꿈에 불과했다. 정계비가 역사적 증거로 제시되었지만 국경이 비석 하나 때문에 옮겨질 수 있는 것은 물론

17) 만주에 대한 지식인들의 유토피아적 비전과 '농업 개척'의 양상에 대해선, Louise Young, *Japan's Total Empire; Manchuria and the Culture of Wartime Imperialism*, University of California Press, 1998, pp. 276-290.

아니었다. 사실 조선 농민의 간도 이주는 1867년 청조에 의해 만주의 봉금이 파기되면서 가능했으며, 이를 불가피하게 했던 직접적인 원인은 정계비가 아니라 1869년과 1870년 함북에 든 흉년이었다.[18] 이한복 역시 식구들을 굶기지 않으려고 고향을 등져야 했던 가장이었으리라. 이한복의 이주가 간도가 '우리 땅'이라는 믿음 때문에 이루어진 것은 아니었다는 뜻이다. 게다가 조선시대의 변방 농민이 그런 믿음을 갖게 되었다는 것은 이런 저런 설정에도 불구하고 막연하거나 허황해 보인다. 때문에 그의 믿음은 오히려 족장의 역할을 수행하기 위해 필요한 것이 아니었나 하는 생각을 하게 한다. 이렇게 본다면 그는 역사적 구체성을 갖기보다 오히려 대중적 상상력에 부응하는 기능적 존재다. 그의 역할은 민족이야기의 서두를 여는 것이다. 그가 세운 뜻은 계승되어야 했다. 그는 전면에서 사라진 뒤에도 상징적인 기호로 작용한다.

후손들에게 이한복은 영예이자 부담이다. 그들은 선조의 뜻을 좇으려 하지만 그 방법을 찾거나 실천하는 데 이르지는 못한다. 결국 그들의 선택은 살아남는 데로 귀착된다. 조선인을 지키겠다는 사포대(私砲隊)에 가담했던 손자 창윤은 결국 국수집 주인으로 살게 되고, 청산리 전투에 참여하기까지 한 그의 아들 정수 역시 '조용한 삶'을 위해 자수를 하는 것이다. 뜻을 펴지 못하는 점에서 그들은 익숙하게 보아온 '불운아'들이거니와, 종내 민족적 주체로서의 임무를 다 하지 못한다는 점에서는 오히려 역사적

18) 예를 들어 매우 민족주의적 입장에서 씌어진 유광열(柳光烈)의 『간도소사(間島小史)』(태화서관, 1933)에서도 조선인의 간도 이주는 기사, 경오 년 간 함경북도 육진(六鎭) 지방에 든 북방대흉(北方大凶) 때문이었다고 적고 있다(19쪽). 아사를 하는 것보다 금령을 어기고 간도 땅으로 들어가 농사짓는 것을 선택했다는 것이다.

이다. 즉 그들은 고토로 나아간 민족의 개척자도, 제국열강에 맞서는 투사도 아니었다. 그들은 낯선 시간 속에 편입된 이주민에 불과했다. 요동치는 사회적 역장 안으로 흡수되는 것은 아마도 그들이 원한 정착의 불가피한 방법이었을 것이다. 요컨대 그들은 아무것도 아니었다. 예를 들어 노일전쟁의 와중에서 일본을 막기 위해 러시아를 도와야 한다고, 조선인 농민들로부터 곡식을 거두어 쫓기는 러시아 병정들에게 전하려 했던 창윤 등이 어렵게 모은 식량을 청인 도둑 떼에게 빼앗기고 마는 장면은 그들의 꿈이 얼마나 현실과 동떨어진 것인가를 확인시켜 준다. 역사의 '엄정한' 결과는 그들의 모색을 비웃는다. 그들은 버려졌으며 무력할 뿐이다. 자족적인 농업공동체로서의 민족공간을 확보하겠다는 '소박한' 꿈은 그들 자신에게조차 기만적인 것이었다. 주인공들이 부진하고 위태로운 일상으로 회귀한다는 점은 『북간도』의 소설적 진실이다.

이런 현실이 그려짐으로써 소설이 수용한 민족이야기의 틀은 곧 지리멸렬해진다. 작가는 조중(朝中)연대의 필요성을 말하기도 하고 심정으로서의 보편적 휴머니즘을 피력하기도 한다. 예를 들어 2부에서 감옥에 갇힌 창윤이 중국 청년과 교감하는 장면이나 '얼되놈' '노덕심'이 착한 조선인으로 죽는 에피소드는 민족이야기의 틀을 재고하거나 확인하려는 것으로 읽어야 할 듯싶다. 국제적 연대의 모색과 도덕적 인간 품성의 긍정은 민족주체의 외연과 내포를 넓히는 방법일 수 있었다. 작가는 또 다른 타입의 인물들을 통해 민족의 장래를 전망하기도 한다. 이한복의 처남 '장치덕'의 손자로 용정(龍井)에서 장사꾼으로 성공해 '번듯한' 잡화점을 열고 있는 '현도'와 상업학교를 졸업하고 동척(東拓) 지점에 취직하는 그의 아들 '만석'과 같은 인물이 그들인데, 그들은 이한복으로부터 정수에 이르는 계보와는 다른 선을 그리지만, 주어진 현실에 최대한 성실하게 적응함으로써 오히려 여유만만하고 당당할 수 있는 인물들로 그려진다. 이들의 현실주의는 민족의 명령을 보다 유연하게 해석한다. 3부의 앞부분에서 창윤에게 현도는 일본 영사관이 들어선 용정이 크게 '발전'하리라고 점치며, 청국의 법을 따르기보다 이제 일본의 법을 따르는 것이 현실적인 선택이 아니겠느냐는 주장을 펼치기도 한다.[19] 민족의 역량이 현실 속에서 배양될 것인 한 현실의 한계 속에서도 최대한의 가능성을 찾아내어야 한다는 생각이었다.

현도의 생각은 창윤의 이념적 허구성을 비쳐보여 준다. 아마도 현도 등은 작가가 갖는 만주의 체험적 기억과 더 부합되는 인물이었을 것이다. 그러나 작가는 역시 '진정한' 계승자에게 초점을 맞춘다. 창윤에게 할아버지 이한복의 존재는 마치 낙인과 같은 것이다. 족장의 목소리는 여전히 쟁쟁했다. 목소리로만 남은 주체를 좇는 것은 그의 허황한 집념이었다. 할아버지의 모험을 이행하는 것은 불가능했지만 그가 현도와 같이 살 수는 없는 노릇이었다. 그의 지지부진한 삶은 이루어지지 않는 꿈을 역설적으로 내면화한다. 그렇다면 그의 형상은 분열적이다. 꿈을 놓지 못하는

19) "(-) 난들 좋아서 일본법으 따르자구 하겠능가? 국권이 절반 이상이나 일본에 넘어가구 있는 이 마당에서 말이네, 그러나 그래두 숨으 쉴 수 있는 데가 여기네. 일본 아아들이 영사관이라구 해서 저어 나라 깃발으 높이 달구 있지마는 그기 무슨 상관이 있능가? 가아들이 우리르 보호해 준다문, 그러라구 해두잔 말이네. 그거르 되비(도리어) 이용해 보자능길세"
"되비 이용으 해?"
"자네 옹졸하게 생각할 기 없네. 여기 사람들으 생각이 태반이 그러하네. 그래두 여기가 숨으 쉴 수 있다구 요지음 얼매나 내지(內地)에서 넘어 오는 사람이 많은 줄으 아능가?"(『북간도』(상), p. 304).

데 그 꿈대로 자신이 동기화되지 않는 상태가 또한 지속되기 때문이다. 간도 이주민들에게 민족이야기의 도덕을 부과하고자 한 작가의 의도는 의외의 결과에 이른 셈이다. 분열적인 인물로는 민족이야기를 매듭지을 수 없었다.

민족이야기가 유효하게 구성되지 않음으로써 소설에서 역사적 사건과 그 줄거리를 객관적으로 서술하는 분량은 늘어난다. 역사서술과 인물들이 괴리된 결과다. 일제가 한반도를 강점한 후 중국에서 혁명이 일고 반일감정이 고조되는 시기를 배경으로 시작하는 4부에 오면 작가는 중광단(重光團)과 같은 독립투쟁단체의 활동이나 3.1운동의 과정을 서술하는데, 창윤과 정수는 여기에 곁들여지는 부속적 존재로 그려질 뿐이다. 주인공의 분열이 텍스트 상의 분열로 나타나는 것이다.

이런 점은 5부에서 더욱 두드러진다. 5부는 독립군의 전투—봉오동과 청산리의 싸움을 상세하게 기록하고, 토벌이란 이름으로 양민을 죽이는 일본군의 만행을 보고하는 데 상당한 부분을 할애한다. 정수가 홍범도의 전령으로 봉오동 전투에 참여하고 그의 삼촌인 창덕이 북로군정서의 기관총 사수로 청산리 싸움에서 공을 세운 뒤 전사하지만, 그들의 이야기 한낱 삽화로 읽힌다.

홍범도와 김좌진의 독립군이 해산된 이후 1945년의 해방을 맞기까지 20년이 넘는 시기는 분량이나 이야기의 밀도로나 소홀하게 처리되었다.[20] 여러 가지 이유가 있을 수 있지만 무엇보다 소설의 인물들로선 더

20) 1930년대로부터 해방을 맞기까지는 안수길이 간도에서 교사로, 또 간도일보와 만선일보의 기자로 활동한 시기다. 요컨대 구체적인 생활의 경험을 한 시기인

이상의 모색이 불가능했다는 점을 그 이유로 꼽아야 할 것이다. 현도의 주선으로 자수를 하고 5년의 징역을 살고 나온 정수에겐 어떤 형태의 투쟁도 이젠 남의 일이거나 요란한 소동에 불과하다. 일제와 싸우는 공산 유격대는 폭력적이고 교조적인 것으로 비칠 뿐이다. 공산주의자가 된 정세룡의 아들 '수돌'을 우연히 만난 장면에서도, 투쟁을 권유하는 수돌을 향해 정수는 더 이상 피를 흘리고 싶지 않다고 말한다. 그런 정수에게 일제의 만주 침략과 2차 대전의 발발, 창씨개명과 황민화 운동 등은 수면의 파도와 같은 것이다. 일상에 침잠하는 것은 그가 선택하는 삶의 방식이었다.

『북간도』는 민족이야기로 시작하지만 그 문법은 소설 전편에 관철되지 않는다. 고토로 나아간 민중은 민족의 현실을 각성하고 투쟁하는 주체가 되지 못한다. 그들은 어느 정도 대중적 상상에 부응하는 형상이었고 정황과 이야기도 때로 흥미롭게 제시되었지만, 이내 이야기의 풍성한 긴장은 사라지며 플롯은 불균형해진다. 이른바 역사적 총체성을 재현해야

것이다. 왜 이런 시기가 소홀히 다루어졌는가에 대해서는 '북향정신'의 허구성이 명백히 드러났기 때문에 이 시기를 '대충 건너뛰어야 했다'는 설명이 있다(이상경, 「간도 체험의 정신사」, 작가연구 2호, 11쪽). 그러나 소설은 이 시기를 '건너 뛴' 것이 아니라 이미 지리멸렬하게 전개되었다. 김윤식 교수는 북향정신을 외칠 당시에도 안수길에게 그것은 하나의 수사학에 불과한 것이 아니었을까 하는 추측을 하고 있다.(『안수길 연구』, 정음사, 1986, 115쪽) 북향정신이 하나의 방편에 불과했다면 이 소설을 쓰게 한 민족이야기의 문법 역시 마찬가지였다고 보아야 한다. 주인공이 민족이야기를 구현할 수 없었다는 점은 이 소설을 텍스트의 수준에서 분열시킨 이유다. 결과적으로 볼 때 작가 안수길은 자신이 구체적으로 경험한 북간도를 그려낼 수 있는 방도를 찾지 못한 셈이다.

한다는 관점에서 보아도 『북간도』는 매우 미흡한 소설이다. 한 연구자가 지적하였듯 이는 작가가 '간도체험의 역사적 의미를 옳게 정리하지 못한'[21] 결과일 수 있다. 사실 그가 수용한 민족이야기는 간도 체험을 성찰하기보다 분식(粉飾)하는 것이었다. 그러나 '올바른' 역사 인식이 어떤 '진정한' 주체의 명령이나 '정당한' 이야기의 요구로부터도 거리를 둘 때 모색될 것이라면, 『북간도』에서 민족이야기의 틀이 지리멸렬된 이유와 효과에 다시금 주목할 필요가 있다. 역설적이게도 『북간도』는 간도 이주민의 현실이 민족이야기로 그려질 수 없는 것임을 보여준 것이다. 안수길이 그려낸 북간도는 정치적 현실과 개척의 이상이 엇갈리는, 민족을 넘어서면서 민족을 지향하게 되는, 타향이자 곧 고향인 불확정한 공간이었다.[22] 이주민들의 이중성은 필연적이었다. 어쨌든 그곳에 살아남는 것이 이주민들의 궁극적 과제였다고 했을 때 민족이야기는 그들과 그들의 역사에 들씌워질 수 없었다. 『북간도』의 분열된 텍스트는 이를 확인시켜준 것이다.

결과적으로 볼 때 『북간도』는 어떤 노력과 호소도 무시하는, 이미 객관화된 완고한 역사를 그리고 있다. 지리멸렬한 것이 된 민족이야기의 뒤편에서 작가는 이런 역사에 대한 무력감을 드러낸다. 그리고 따라서 작가는 이주민들이 살아낸 균열의 공간과 그들의 구체적 역사를 그리는 데는 오히려 소홀했다.

---

21) 이상경, 「간도체험의 정신사」, 『작가연구』 2호, 새미, 1996, 33쪽.

22) 한수영, 「만주의 문학사적 표상과 안수길의 『북간도』에 나타난 이산(移散)의 문제」, 상허학보, 11집, 2003. 8, 128쪽.

4. 『두만강』–'현대의 신화'

『두만강』[23]은 박곰손이 혁명적 민중으로 활약하고 그의 아들 씨동이 혁명투사가 되어 김일성이 이끄는 무장투쟁의 길에 들어서는 이야기를 중심 줄거리로 한다. 1900년대 초에서 일제의 강점에 이르는 시기를 그린 1부의 무대는 충청도의 송월동이지만 2부에 오면 이야기는 곰손이 이주한 함경도의 무산이나 씨동이가 활약하는 간도로 옮겨 가며, 또 국내로 잠입해 송월동 등에서 투쟁을 벌이는 씨동을 따라 긴 동선을 그리게 되는 것이다. 3.1 만세를 겪고 곰손이 유치장에서 분사한 뒤 씨동이 공산주의자로 성장하는 과정을 조명한 3부에서 역시 소설은 두만강 너머로부터 서울과 송월동에 이르는 공간을 엮어 낸다. 여기서 북지와 간도는 진정한 무장투쟁이 배태되고 있는 새로운 기원의 장소다. 서울과 송월동에서도 투쟁은 이루어지지만 이 공간들 또한 위계적으로 배치되었다. 이야기의 차원에서 볼 때 새로운 기원의 장소는 주체가 수련을 통해 힘을 획득하는 곳이 된다.

1부는 봉건적인 억압 구조가 온존하는 위에 식민자본의 수탈이 겹치는 식민지적 근대화 과정을 민중적 관점에서 그려내었다. 낙향한 봉건관료 '한길주'가 악랄한 매판지주로 나서는 모습과 양심적인 양반 '이진경'의 고뇌가 대비되고, 경부선 철도가 놓이면서 자못 번화하게 바뀌어 가는 읍내의 정경에 철도공사장에 부역을 나온 농민들이 억울하게 매질을 당하는 장면이 이어지는가 하면, 오직 질탕하게 돈을 쓰고 노는 데 삶의 의미를 두는 퇴폐적인 유한층과 썩은 보리밥 한 그릇에 종일토록 노동을 해야

23) 여기서는 논장출판사 판(1989)을 텍스트로 했음.

하는 제사공장의 수인 아닌 수인들이 더불어 묘사되고 있는 것이다. 사금(砂金)광이 터지면서 송월동에도 황금만능주의 풍조가 만연되는데, 그러한 현실은 또 농민들이 고향을 등져야 하는 현실이었다. 이미 『고향』(1934)에서도 마을 앞으로 지나가는 철도라든가 '대도회(大都會)'가 된 읍내의 정경, 그리고 제사공장 등이 식민지적 근대의 양상을 드러내는 구성적 장치로 제시되었거니와, 이들 삽화들의 파노라마는 하나의 줄거리를 갖는 것이었다. 식민자본이 침투하면서 매판지주나 부르주아가 전횡을 하고 농민들의 처지는 갈수록 어려워진다는 것이다.

박곰손은 도박판에서 얻은 개평을 돈 잃은 사람에게 돌려주는 정직한 인물로 그려졌다. 혼자 힘으로 논을 개간할 정도로 자기 땅에 대한 집착이 강하고 무슨 일이든 '제 삭신을 놀려서' 해야 한다는 신조를 갖는 그지만, 그가 농민의 한계로 흔히 지적되었던 자족적인 분산성을 보이는 것은 아니다. 그는 같은 처지의 농민들을 동정하고 부당한 강제나 착취에 항거하는 강한 도덕 감정의 소유자다. 항상 올곧고 사리판단이 분명하기 때문에 그는 언제나 당당하고 대담할 수 있다. 철도공사장에 부역을 나간 그는 십장의 매질에 분연히 일어서 그에 항의하는 시위를 주도하는가 하면, 자신과 마을사람들이 개간한 땅마저 뺏으려는 한길주에게 정면으로 맞선다. 다른 농민들에게 본보기가 되고 그들이 하지 못할 일에 나서는 박곰손의 형상은 예외적인 것이 아닐 수 없다. 그렇지만 그가 특별히 선진한 민중일 수 있는 이유나 근거는 발견되지 않는다. 단지 할아버지가 민란에 '두목'으로 참여했다는 단편적인 서술을 통해 곰손이 갖는 당찬 기백의 내력을 암시했을 뿐이다.

소설은 의병 운동에 내응했다는 이유로 일본군에게 학살당한 이진사의 아들 이진경을 양심적인 선각자로 그려내었다. 이진경은 곰손에게 의병투쟁의 소식을 전하는 등 그를 깨우치는 매개적 역할을 한다. 그러나 곰손이 혁명적 민중으로 발전해 가는 데서 작용하는 이진경의 영향은 『고향』의 '김희준'과 비교해 볼 때 주변적이다. 곰손의 상모(相貌)는 식민지적 근대화에 대한 비판적 입장을 직접적으로 반영하는 것이다. 부도덕한 근대에 대한 도덕적 항거는 '저항적' 민족이야기의 중요한 테마였다. 외세의 침략과 내부적 모순에 항거하는 민족의 주인공은 민중이 아닐 수 없었는데, 민중의 도덕성은 흔히 특별한 자질인 품성과 관련된 것으로 설명되었다. 민족이야기에서 민중은 품성의 주인공이었던 것이다. 이기영에겐 리얼리즘 작가라는 평가가 부여되어 왔지만, 충분한 '생활논리'를 갖지 않는 곰손 등의 도덕적 품성은 현실에 대한 성찰을 통해서가 아니라 민족이야기 문법을 수용함으로써 제시되었다고 보는 편이 옳다.

긍정성을 현실의 동학 속에서 발생하는 것으로 포착하기보다 도덕적인 품성에 의해 구현되는 것으로 여길 때 관념화는 불가피하다. 이 경우 주인공은 흔히 객관적인 현실성을 초과하는 영웅으로 그려지게 마련이다. 영웅의 활약은 활극(活劇)이 되기 쉽다. 박곰손의 이야기에서도 한길주의 무고로 옥에 갇혔던 곰손이 파옥을 하고 나와, 군수를 들것에 매고 장거리에서 조리를 돌리는 장면은 활극에 가깝다. 영웅답게 그는 한길주의 소작인으로 살기보다는 차라리 모든 땅을 빼앗기는 쪽을 택한다. 그런 그에게 의병에 입대한 한길주의 비부(婢夫) '덕만'이 찾아오고, 흔쾌히 덕만의 부탁을 받아들인 곰손이 폭발탄으로 제사공장을 불사른 뒤 '자신의 힘'을 깨닫는 모습 역시 그 과정의 구체적인 묘사에도 불구하고 일면적이고 과장되었다는 느낌을 떨칠 수 없게 한다. 물론 민족해방투쟁사라는 관점에서 보았을 때 곰손의 형상은 전형적이며 그가 걷는 행로는 필연적이다. 그에게 부여된 고상하고 강의한 품성은 그가 어떤 길을 가야 할 것인가를 가리키고 있었다. 이렇게 볼 때 곰손은 민족해방투쟁사를 써 가는 형상이 아니라 민족해방투쟁사에 의해 인도되는 형상이다.

2부는 일제의 강점과 더불어 곰손 일가가 함경도 무산으로 이주한 데서 시작한다. 그곳은 송월동과 달리 영웅들의 무대다. 곰손이 만나게 되는 당당한 체구의 선이 굵은 '장포수'나 의기 넘치는 독립운동가 '안무'는 민중들이 역량을 발휘하는 새 세계의 인물들이다. 곰손은 송월동에서 이주해 온 이웃들과 함께 논을 개간하는데, 이로써 그가 일구어내는 것은 서로 돕고 나누며 마음으로 하나가 되는 민중적 농업공동체다. 혁명활동은 도덕적 자발성이 넘치는 이 공동체를 바탕으로 이루어질 것이었다. 간도의 명동 중학에 입학한 씨동은 안무의 지도 아래 혁명가로 활약하게 되거니와, 씨동과 곰손 부자는 혁명가와 이를 뒷받침하는 민중의 내포적인 구도를 보여준다.

소설은 이제 씨동의 활동을 그려 나가는데 이 예비 혁명가에겐 오직 투쟁의 길이 있을 뿐이다. 그에게 부여된 과중한 책무 때문에 그는 벌써 활극의 주인공이다. 중학생인 소년이 간도의 일본 영사를 저격해 말에서 떨어져 죽게 하는 이야기나, 명동촌의 아낙들이 씨동을 잡아가려던 일본 순사를 방망이로 때려죽이는 모습, 일본 영사관을 습격하여 파괴한 씨동이 일경에 잡혀 이송되는 과정에서 동지들이 나타나 간수들을 덮쳐누르고 씨동을 구하는 장면 등은 현저히 활극적이다. 씨동은 홍범도와 안무 등이 창설한 민족주의 무장단체인 '국민회의'의 일원이지만, 그의 활약은 이런 설정을 뛰어넘는 것이다. 요컨대 그는 역사에 충실하다기보다는 이야기 문법의 요구에 충실한 형상이다. 과장과 강조[24]는 주체를 구체화하는 방법이었다.

소설은 새롭게 부상한 매판자산가 '김진해'가 판을 치는 송월동을 비추고 한길주의 아들 '경식'이 땅을 판 돈으로 서울에 올라가 난봉을 부리는 모습을 묘사하고 있다. 하지만 이제 송월동도 두만강으로부터 멀리 떨어진 곳은 아니다. 씨동의 활동은 송월동에까지 미친다. 송월동에 잠입한 씨동은 김진해의 집을 불사르고 군청을 폭파하는 거사를 지휘하는 것이다. 씨동의 국내활동은 북지의 항일투쟁이 서울 등 국내에까지 확산되었음을 상상적으로 확인시켜주는 것이기도 하다. 이윽고 3.1 만세 운동이 일자 씨동과 덕만 등은 헌병 분소를 습격하고 광산 노동자들의 폭동을 이끈다. 이 소설에서 3.1 운동은 민중과 항일무장세력이 연대한 투쟁으로 그려진다. 헌병 분소 습격전의 내막을 캐려는 일경에 의해 곰손은 감옥에서 분사하며 이진경에게는 사형이 언도된다.

3.1 운동은 민족해방투쟁이 새로운 단계로 나아가야 함을 알린 이정표였다. 이제 무장투쟁은 불가피하고 절실한 방향이었다. 3부에서 소설은 씨동이 안무의 지휘 아래 봉오동 전투와 청산리 전투에 참여했음을 간단

---

24) '과장'과 '강조'는 1952년 소련의 19차 당대회에서 말렌코프(G. M. Malenkov)에 의해 피력된 전형론에 대한 당적 견해의 핵심이다. 말렌코프는 당성이 정당한 사회역사적 실천을 담보한다고 주장함으로써 당성을 절대화했다. 과장과 강조는 당이 규정하고 요구하는 바를 충실히 수용하는 방법이었던 것이다. 말렌코프의 전형론은 북한에도 수용되어 한설야는 1953년 9월의 전국작가예술가대회에서 과장과 강조의 방법을 요구한다. 이에 관해서는 『북한문학사』, 167-169쪽 참조.

히 적고 있다. 그러나 이들 전투의 성과 때문에 일제의 대대적인 토벌이 자행된다. 더구나 여러 독립단체들은 모두가 한마음으로 뭉쳐야 할 때에 무익한 파쟁을 일삼고 있었다. 씨동의 눈을 통해 그려지는 것은 독립운동이 쇠퇴해 가는 현실과 희망을 갖기 어렵게 된 간도 이주민들의 힘겨운 삶이다. 장포수는 서로 총부리를 들이대기까지 하는 독립단에서 뛰쳐나오며 안무는 변절자에 의해 허망하게 죽는다.

영웅적으로 활약해 온 씨동이고 한결같이 투쟁의 의지를 갖지만 그는 자신이 가야 할 길을 찾지 못한다. 씨동은 갑자기 역사적인 한계에 부딪힌 것이다. 이미 혁명가의 길을 가고 있었던 씨동이 아니었던가? 그러나 민족해방투쟁사에서 씨동은 궁극적인 주인공일 수 없었다. 그 또한 바른 영도를 필요로 하는 인물이었던 것이다. 그는 빛을 좇아 새로운 길에 들어선다. 모연(募緣)공작을 하다 피체되어 감옥에 간 그는 '최현'이라는 매개적 인물을 통해 계급적인 각성을 하기에 이르는 것이다. 탈옥을 한 씨동은 탄광노동자로 파업을 주도하는가 하면 농민들의 추수폭동을 이끈다. 씨동과 그의 동지들은 이제 이념의 힘과 전망을 갖는다. 여전히 매우 도덕적이고 자신에게 엄격하며 임무에 투철한 씨동은 또 보다 기민하고 은밀하며 단호한 모습을 보인다. 그러나 공산주의자 씨동과 민족주의자 씨동의 형상이 근본적인 차이를 갖는 것은 아니다.

3부에서도 작가는 송월동 농민들이 품팔이 노동자로 나서는 정경, 부화한 유학생들의 삶과 동경 대진재의 모습, 고학을 하는 분이가 비밀결사를 꾸리고 6.10 만세운동에 참여하는 서울과, 공산당 조직을 둘러 싼 분파 양상들을 그려 낸다. 당대의 이런저런 면모가 총체적으로 망라되고 있는 것이다. 그러나 사회역사적 운동의 양상과 그 내면의 동력학은 민족해방투쟁사라는 하나의 이야기로 귀결된다. 이 민족해방투쟁사의 궁극적 주인공은 김일성이었다. 무장투쟁을 이끄는 청년 수령의 소식을 듣는 씨동과 분이는 주저함 없이 유격대행을 결심한다. 소설은 1930년대 초 씨동 남매가 김일성의 무장유격대에 들어가는 데서 마무리된다. 김일성의 유격대원이 된 씨동은 토벌대와의 첫 전투에서 '대승'을 거둔다. 궁극적 주인공을 향한 믿음은 승리를 보장하는 것이었다.

혁명적 민중이 김일성의 무장유격대원으로 들어가는 이야기는 한설야의 『설봉산』(1956)을 비롯하여 여러 소설에서 반복되었다. 이 이야기는 저항과 투쟁의 주체를 구체화하며 동시에 위계화 하는 것이었다. 특히 『두만강』에서 주체의 구체화와 위계화는 역사적 구획을 통해 진행되었다. 즉 김일성의 무장투쟁은 그 이전의 모든 민족해방투쟁을 수렴하여 새로운 단계로 올려놓은 민족해방투쟁사의 진정한 출발점이었다. 소설은 긴 시간과 숱한 인물들을 그렸지만 이 모두는 김일성의 출현을 알리기 위한 전주(前奏)에 불과했다.

『두만강』에서 민족이라는 주체는 지도자를 정점으로, 그를 좇는 혁명가와 민중에 의해 구성되는 것이었다. 혁명가와 민중은 지도자와 달리 긴 수련의 과정을 거쳐야 했거니와, 궁극적 주인공의 휘하에 듦으로써 진정한 주체가 될 수 있었다. 소설은 그를 우러르는 인물들의 도덕적 충실성을 통해 지도자의 인격적 형상을 상상하게 한다. 이는 궁극적 주인공의 지위가 이미 절대적이었음을 뜻하는 것으로 읽힌다.

주체를 구체화하고 위계화하려는 의도는 이 소설에서 가장 우선적으로 관철되었다. 주체의 권력화 작용이 역사의 총체적인 재현에 앞서는 것이었다는 뜻이다. 추종과 지도의 관계는 철저하게 도덕화되었는데, 과잉된 도덕화 역시 소설을 신화로 만드는 요인이었다. 도덕의 원천으로서 지도자는 역사와 현실에 제약되지 않는 존재가 되는 것이다. 신화 속에서 도덕은 끝내 승리할 것이었다. 신화는 지도자를 앙모(仰慕)와 믿음의 대상으로 만들었다. 물론 신화는 신화로 읽히지 않았다. 그것은 그대로 믿고 따라야 할 사실이 되었다.[25] 오늘날까지 북한에서 민족이야기의 문법에 따른 항일혁명역사의 서술은 합법칙적인 역사의 진실로 간주되고 있다. 그것은 궁극적 주인공의 권력을 절대화하는 방법이었다. 물론 이 문법, 혹은 서술체계를 위배하는 역사와 현실은 그려질 수 없었다.

5. 정 리

민족이야기로서의 역사서술에서 역사적 진실의 입증은 목적이 아니다. '진실'은 이미 민족이야기 안에 있는 것이기 때문이다. 따라서 이 경우 역사서술은 진실을 부각하는 수사가 되게 마련이다. 앞서 말했듯 수사가 '성공적'이기 위해서는 대중적 상상력이나 문학적 전통을 크게 위배할 수 없다. 민족이야기가 널리 받아들여지고 거듭 씌어져 왔다는 것은

---

25) 이 점은 롤랑 바르트의 신화론과 비교해 볼 만하다. 바르뜨는 신화를 이미 완성된 하나의 기호들로 이루어지는 것이라고 규정한다. 즉 신화는 과도하게 정당화된 파롤(parol)이어서, 무엇을 형상화하는 동시에 공시(公示)하며, 이해시키려 하면서 강요한다는 것이다. 때문에 독자는 신화의 이야기를 비현실적인 것이자 동시에 진실로서 경험할 수 있다고 지적했다. Roland Barthes, *Mythologies,* Seuil, 1957, pp. 202, 215, 216.

결국 그것의 진실이 대중적 상상력과 문학적 전통에 부합했다는 뜻이다. 지배적인 민족이야기와 그것을 가능하게 한 성공적 수사는 역사적인 탐구의 대상이 되어야 한다. 그것이 소통 가능한 진실의 범위를 표하는 것이기 때문인데, 역사적 진실이란 이러한 방식으로 통찰되어야 할 것이 아닌가 싶다.

민족이야기가 서술되는 체계로서의 문법에는 그것이 대중적으로 수용되고 재생산될 수밖에 없는 매우 필연적이며 불가피한 메커니즘이 있다고 생각한다. 예를 들어 먼 시원으로부터 면면히 계승되어온 단일한 흐름의 상상은 급변하는 시간 속에서 겪는 정체성의 위기와 혼란을 벗어나게 하는 것이었다. 그런 점에서 문법이야말로 역설적인 의미에서 진실의 소재(所在)였다. 그러나 대중적 상상력을 일정한 방향으로 유도하는 민족이야기는 대개의 경우 의도적으로 고안되고 그렇게 이용될 수 있었다. 민족이야기가 국가이념을 강화하고 국민을 동원하는 '국가이야기'로 씌어질 때 그 문법은 국가권력의 이데올로기적 기구(ideological apparatus)로 작동하게 되는 것이다. 민족이야기가 씌어지고 읽히는 메커니즘은 결국 지배의 메커니즘이 된다. 가부장적이거나 도덕적인 공동체를 상상하는 등의 방법으로 통합되어야 할 '안'과 배제해야 할 '밖'을 구획한다든가, 같은 이야기를 반복함으로써 다른 이야기를 할 수 없게 하는 서사적 구속은 지배의 방법이었다.

그런데 민족이야기의 문법은 결코 특별한 것이 아니다. 기원적 영토로 나아가는 『북간도』의 민족이야기는 이상적인 농업공동체의 건설을 통해 대지(大地)로의 도덕적 귀환을 꿈꾼 광범하고 보편적인 낭만주의에 근거한 것이었다. 『두만강』뿐 아니라 이른바 '혁명역사'를 다룬 북한소설 전반에서 민족이야기는 도덕화된 영웅이야기를 바탕으로 하는 것이다. 민족이야기가 갖는 이러한 대중적이고 전통적인 기반은 그 문법의 성찰을 그만큼 어렵고 요원하게 만드는 요인이기도 하다. 그것은 이미 받아들여졌기 때문이다. 민족이야기의 권력화 또한 이 기반 없이는 불가능했을 것이다.

고토 회복의 꿈을 펼치는 민족이야기는 『북간도』의 테마를 이룬다. 위대한 족장의 기억과 더불어, 새로운 고향으로 만들려 했던 기원적 영토를 향한 감상(感傷)적 회상은 이 소설을 특이하면서도 친근한 것으로 읽히게 했을 것이다. 간도라는 민족의 실지를 향한 시선은 북한을 가로질러 넘어서는 것이었으니, 분단을 극복하고 고토로 나아가게 될 어느 때를 상상하게 했을 수도 있다. 이루어지지 않은 미래를 현재의 동력으로 삼는 일종의 목적론은 국가적 동원의 일반적 방식이었거니와, 『북간도』의 민족이야기 역시 민족의 발전과 팽창에 대한 기대에 답하려 했다. 그러나 이 소설은 또 민족이야기가 수용되지 않고 거부되는 역사를 그렸다. 작가의 간도 체험, 그리고 결과로 드러난 역사는 민족이야기의 개진을 제어하는 것이었다. 하지만 그렇다고 해서 이 소설이 간도의 지역적 모호성과 이주민들의 이중성을 파헤쳐낸 것은 아니다. 민족이야기의 틀이 지리멸렬해지며 소설은 텍스트의 수준에서 분열되고 만다.

『두만강』의 민족이야기는 철저하게 정치화된 것이었다. 정치 지도자를 궁극적 주인공으로 하는 민족이야기가 씌어진 것이다. 대를 이어 성장한 민중은 이 지도자의 휘하에 듦으로써 그들의 모든 희망과 기대, 그리고 권리를 양도한다. 결국 지도자는 민중의 성장을 인도한 존재가 된다.

지도자와 그의 활동(항일무장투쟁을 위시한)엔 도덕적 권위가 부여되었는데, 그것은 다른 이야기의 틈입을 원천적으로 봉쇄했다. 도덕의 이름으로 씌어진 이 천의무봉한 역사는 어떤 혼란도 없는 분명한 과거를 제공했지만, 그것은 여러 다른 기억들을 억누르고 지워버리는 것이었다.

『북간도』의 지리멸렬한 형식과 『두만강』의 천의무봉한 신화는 민족이야기의 운명을 갈라 보이는 두 예로 읽음직하다. 전자에서 그것은 '실패'했고 후자에선 '성공'한 셈이다. 민족이야기는 역사에 대한 이야기의 욕망이 표현된 한 형태이지만, 오직 결과로서 드러나는 냉혹한 필연성의 경험으로서의 역사[26]가 그것을 거절할 것이라면 전자의 '실패'는 불가피했다. 그리고 그렇다면 『두만강』에서의 '성공' 역시 이 역사를 철저히 외면한 일시적 결과일 수밖에 없다.

남북한에서 민족이야기는 갖가지 역사서술이나 과거에 대한 대중적 상상의 형식들에 의해 재생산되고 있다. 여전히 민족의 부름에 응해야 하고 민족의 성원이 되어야 하는 한 민족이야기는 계속 씌어질 수밖에 없다. 그러나 과연 언제까지 민족이야기가 역사를 외면하는 현상이 지속될 수 있을지는 의문이다. 민족이야기의 문법을 철저히 역사화하는 것은 민족이야기를 역사적인 것으로 만드는 유일한 방법이다.

---

26) Fredric Jameson, *The Political Unconscious,* Cornell University Press, 1981, p. 102.

참고문헌

김윤식, 『안수길 연구』, 정음사, 1986.

신형기 · 오성호, 『북한문학사』, 평민사, 2000.

유광열(柳光烈), 『간도소사(間島小史)』, 태화서관, 1933.

이상경, 「간도체험의 정신사」, 『작가연구』 2호, 새미, 1996.

임지현, 「'국가주권'과 '역사주권'의 사이에서」, 『근대의 국경, 역사의 변경』, 임지현 편, 휴머니스트, 2004.

한수영, 「만주의 문학사적 표상과 안수길의 『북간도』에 나타난 이산(移散)의 문제」, 상허학보, 11집, 2003.

헤이든 화이트, 『19세기 유럽의 역사적 상상력 *Metahistory*』, 천형균 역, 문학과 지성사, 1991.

Hayden White, "The Value of Narrativity in the Representation of Reality", *On Narrative,* ed. W. J. T. Mitchell, Chicago University Press, 1981.

Ivo D. Duchack, *The Territorial Dimension of Politics,* Westview Press, 1986.

Lionel Gossman, *Between History and Literature,* Harvard University Press, 1990.

Nicos Poulantzas, *Sate, Power, Socialism,* trans. Patrick Camiller, Verso, 1980.

Prasenjit Duara, *Sovereignty and Authenticity,* Rowman & Littlefield Publishers. Inc, 2003.

Roland Barthes, *Mythologies,* Seuil, 1957.

이념의 구현과 역사 구성의 변주

박태원의 『갑오농민전쟁』과 송기숙의 『녹두장군』

박 상 준

1. 사실과 허구의 경계

작품의 주제효과를 결정하는 중요한 요소인 서사적 긴장은, 역사소설의 경우 역사에 대한 상(像)의 (재)구축에 관여하는 다음 두 가지에서 생겨난다. '사료에 근거한 역사적 사실의 복원 정신'과 '이념의 구현 및 문학성의 성취 욕망'이 그것이다.

한 편의 소설에서 이러한 긴장은, 시공간의 변화로 드러나는 '서사 전개의 기본 갈래'와 거기서 벌어지는 사건을 담당하는 '인물들의 행적과 심리'로 드러난다. 역사적 사건 곧 현실의 파블라에 토대를 두는 서사 전개의 기본 뼈대와, 인물들의 세세한 행적과 심리로 가공, 창작되어 사건시에 비해 서술시의 확장을 초래하는 소설의 육체 사이에서, 역사소설의 긴장 관계가 마련되고 주제효과가 결정되는 것이다.

사정이 이러하기 때문에 역사소설의 분석과 평가에 있어서는 다음 두 가지에 주목할 필요가 있다. 첫째는 역사의 재구성 방식상의 특징 즉 역사적 사건들의 배치와 비중 처리 및 역사적 인물들의 형상화 방식이다. 둘째는 가상인물 설정상의 특징으로, 그들의 행적이나 심리에 대한 기술과 그들이 서로간에 그리고 세계와 맺는 내적 관련의 형상화 양상이라 할 수 있다.

이상의 분석과 단계적으로 분리되는 것은 아니지만 평가의 자리에서는 새로운 계기가 요청된다. 역사소설의 긴장・갈등 양상을 좌우하는 최종심급이라 할 이념을 고려할 필요가 있는 것이다. 작가-서술자의 문학관, 역사관, 인간관의 총체를 포회하는 이념 혹은 시대정신이야말로 역사소설을 정신사・문학사적으로 평가하는 데 있어 중요하다. 좀더 엄밀하게 말하자면, 역사적 사실을 재구성하고 허구적인 사실을 배치하는 데 있어서 이념이 미치는 영향력, 역으로 말하자면, 특정한 양상에서 추론되는 이념의 성격을 구명하는 것이 중요하다고 하겠다.

역사의 해석과 가공적 재구성 사이의 긴장 관계를 분석하고 그것에 대한 이념의 규정력과 그 규정적 성격을 구명함으로써 문학사적인 위상을 획정한다 할 때, 여기에는 피하기 어려운 문제가 도사리고 있다. 한 편의 역사소설이 보여주는 '역사 해석'의 성격을 가늠하는 것이 사실상 매우 어렵다는 점이 그것이다. 우리에게 주어진 것이 '역사 자체'가 아니라 '역사에 대한 텍스트'일 뿐이라는 점을 고려하면, 이는 원리상 불가능하다고 할 수밖에 없기도 하다.

물론 이러한 인식이 역사소설의 연구를 막는 것일 수 없음 또한 분명한 사실이다. 역사소설에 대한 검토가 역사 자체의 구명을 목적으로 하는 것일 수는 없기 때문이다. 그럼에도 불구하고 역사소설의 검토가 한낱 이데올로기에 빠지지 않기 위해서는, '역사 해석'의 성격을 구명하는 문제를 소홀히 할 수 없다.

이러한 상황을 효과적으로 넘어서는 길이 바로, 동일한 역사적 사건을 대상으로 하는 상이한 역사소설들을 아울러 검토하는 방식이다. '역사라는 텍스트'에 복수의 역사소설을 맞세움으로써, 그들간의 차이를 드러내되 어느 하나를 절대적인 기준으로 삼는 오류를 피할 수 있게 된다. 동일한 역사적 사건을 다루는 작품들의 차이를 비교 검토하고, 그 각각에 있어서 '에피소드들의 형상화와 전체적인 효과로서의 이념의 구현' 양자의 관련을 검토하는 것이, 역사소설을 학적으로 검토, 평가하는 생산적인 방식이라 할 수 있다.

박태원의 『갑오농민전쟁』[1]과 송기숙의 『녹두장군』[2]을 아울러 검토하는 본고의 취지도 여기에 있다. 이 두 작품이, 갑오농민운동을 형상화한 남북한의 대표적인 소설이며,[3] 밑으로부터의 자생적 근대화 시도에 대한 남북한 인식의 특징과 차이를 확인시켜준다는 점도 본 연구의 의의

1) 여기서는 1989년 깊은샘에서 출판된 여덟 권 중 4~8권을 대상으로 한다. 북한에서는 다음처럼 3부로 나뉘어 출간되었다. 1부(4~5권), 1977; 2부(6~7권), 1980; 3부(8권) 1986, 평양문예출판사.

2) 송기숙, 『녹두장군』 1~12, 창작과비평사, 1989~1994.

3) 이주형은 동학농민운동을 다룬 역사소설 아홉 편을 검토하면서 『갑오농민전쟁』과 『녹두장군』 두 편이 '사실(史實)에 충실한 문학적 형상화'를 보이고, "가장 역사적 진실을 구현하였으며, 또한 역사적 전망을 가장 구체화시켰다"(211쪽)라고 평가한 바 있다. (「동학농민운동 소재 역사소설에 나타난 역사인식과 그 소설화 양상 연구」, 국어교육학회, 『국어교육연구』 33집, 2001. 12.)

를 더해준다.

이에 더하여 기존 연구사의 성격 또한 위와 같은 연구의 필요성을 증대시킨다. 『갑오농민전쟁』과 『녹두장군』 두 작품을 검토하는 경우 대부분의 연구들은[4] 미시적인 분석에 있어서 취약한 면모를 보이고 있다. 방대한 양의 두 작품을 한 편의 논문에서 분석하는 어려움도 없지 않겠으나, 작품을 하나의 전체로 보고 그에 대해 꼼꼼히 분석하여 결론을 맺기보다는 현상적인 특징 몇 가지나 인상비평적인 판단에 머문 경우가 적지 않다. 『갑오농민전쟁』을 대상으로 한 연구들[5]은 대체로 박태원의 역사

---

4) 다음과 같은 성과가 있다. 이상경, 「동학농민전쟁과 역사소설」, 임헌영·김철 외, 『변혁 주체와 한국 문학』, 역사비평사, 1990; 이영호, 「1894년 농민전쟁의 역사적 성격과 역사소설」, 『창작과비평』, 1990 가을; 김승종, 「'녹두장군'과 '갑오농민전쟁'의 비교 연구」, 『현대소설연구』 2호, 1995; 채길순, 「동학혁명의 소설화 과정과 과제」, 『한국문예비평연구』 6집, 2000.

이상경의 논문은 『녹두장군』이 완결되기 전에 씌어진 것이고, 이영호는 역사학자의 관심을 앞세워, 둘 모두 작품의 실증적인 분석에서는 아쉬운 점이 있다. 채길순의 경우는 두 소설 모두 동학의 역할을 제대로 포착하지 못했다는 문제의식에서 접근하여 논의를 구축하였는데, 문제 제기가 승하여선지 작품을 적절히 검토하지는 못했다.

5) 『갑오농민전쟁』을 대상으로 한 연구로는 다음을 들 수 있다. 이재선, 「사회주의 역사소설과 그 한계」, 『문학사상』, 1989.6; 김윤식, 「박태원론」, 『한국 현대 현실주의 소설 연구』, 문학과지성사, 1990; 정현숙, 「'갑오농민전쟁' 연구」, 『어문학보』 14집, 1992; 김윤규, 「사실과 의도의 결합」, 『사람의 문학』 2호, 1994; 이상경, 「역사소설가로서 박태원의 문학사적 위치」, 『역사비평』, 1995. 1.

이재선의 경우는 작품의 실제에 대한 분석을 결한 채 북한 역사소설로서의 특징을 짚고 있으며, 김윤규의 경우는 『계명산천은 밝아오느냐』와 『갑오농민전쟁』을 뒤섞은 채 본격적인 연구라 하기 곤란할 정도로 성긴 논의를 보여주고 있다. 김윤식의 연구는 역사소설가로 나선 박태원의 작가론에 초점을 두고 모더니즘에서 리얼리즘으로 나아가는 양상 등에 초점을 맞추어, 이 작품의 분석에 있어 완결된 작품론의 의미 체계를 보여주지는 않고 있다. 정현숙 역시 박태원의 역사소설

소설 일반을 다루는 형식을 취함으로써, 『녹두장군』을 대상으로 한 논문들[6]의 경우는 문제제기에 중점을 둠으로써, 앞서의 문제에서 자유롭지 못한 편이다.

따라서, 작품의 실제에 대한 면밀한 검토 위에서 역사의 해석과 가공적 재구성 간의 긴장 관계를 규명하여 두 작품의 특징을 적출해보는 일은 연구사에 있어 현재적인 의의를 가진다고 하겠다.

본고는 다음과 같은 체재로 구성된다. 먼저 갑오농민운동의 개황을 정리한 뒤 그와 비교하여 『갑오농민전쟁』과 『녹두장군』의 서사구성이 보이는 선택과 집중의 양상을 검토한다. 역사적 사실을 서사로 구성해 내는 방식을 통하여 작품의 의도가 어디에 놓여 있는지를 추적해 본다(Ⅱ장). 다음으로 전봉준과 동학 두령, 왕실이나 조정 관료 등 역사적인 인물들이

일반을 대상으로 함으로써, 지주전호제 등 체제의 모순에 대한 대안이 제시되지 않았다고 비판하는 외에는 사실 기존 연구 성과를 반복하는 데 그치고 있다. 이상경 또한 박태원의 역사소설 일반을 검토하느라 상세한 논의를 전개하지는 못하고 『갑오농민전쟁』의 아쉬운 점을 지적하여 자신의 이전 논의를 보충하는 데 그치고 있다.

6) 『녹두장군』을 검토한 논의로는 다음이 있다. 이상경, 「농민의 시각으로 그려낸 농민전쟁 -송기숙 장편소설 <녹두장군>론」, 『창작과비평』, 1994 봄; 서경석, 「비극적 혁명과 개벽사상의 현재성」, 『소설과 사상』 9호, 1994; 김상욱, 「민중적 이념과 역사적 인물의 예술적 복원」, 『문학과 논리』 4호, 1994.
 이상경의 글은 여러 측면에서 미시적으로 작품을 분석하는 미덕을 보이나 분석이 분석으로 그쳐 있고, 지배계층의 동향에 대한 묘사가 부족하다는 이전의 판단을 되풀이하고 있다. 서경석의 경우는 실제 역사의 전개에 근거하여 동학과 최시형에 대해 좀더 천착했어야 했다는 문제 제기에 중점을 두어 전면적인 작품론과는 거리가 있다. 김상욱의 글도 작품에 대한 체계적인 연구는 아니어서, 작품의 구성원리 등에 대한 적절한 판단 및 통찰들과 인물 형상화와 관련된 일반화하기 곤란한 개별적인 문제제기가 혼재되어 있다.

어떻게 설정되고 형상화되는지를 검토한다. 전봉준을 그리는 방식과 목적을 꼼꼼히 살펴본 뒤에, 두령들과 동학의 비중 및 그에 대한 태도를 비교함으로써 작품의 주제효과를 가늠해본다(Ⅲ장). Ⅳ장에서는 중심적인 가상 인물들이 그려지는 방식을 살펴본다. 긍정적인 주인공들과 그에 맞서는 부정적인 인물들이 어떻게 설정되고 성격화되는지를 통해서 이들 작품의 주제효과를 구체화해 본다. 끝으로 Ⅴ장에서는 농민, 농민군으로 이루어지는 기타 인물들의 형상화와 그 의미를 살피고, 이들 소설에 드러난 주된 에피소드들의 특징과 기능을 검토한다.

2. 서사의 이념화와 역사의 서사화

1) 갑오농민운동의 개황

『갑오농민전쟁』과 『녹두장군』을 검토하는 데 있어서 가장 먼저 확인할 사항은, 이 두 작품의 구성방식을 이들이 다루고 있는 갑오농민운동[7]의 개황과 비교해 두는 일이다. 이 두 소설은 모두 시공간적으로 갑오농민운동을 배경으로 하고 있다. 운동이 발발하기 얼마 전부터 시작하여 전봉준이 체포, 압송될 무렵까지를 시간적 배경으로 하고, 농민군의 활동

---

7) 1894년 무렵의 역사적 사건에 대해 본고는 '갑오농민운동'이라는 명칭을 사용한다. 이 사건에 대한 개념 규정은 역사학계에서도 여러 입장들을 보이고 있다(이영호, 앞의 글, 277~80쪽 참조). 사정이 이러하므로 연구자의 초점에 따라 다양한 명칭이 쓰일 수 있겠는데, 이 두 편의 소설이 시간적 배경의 설정에서나 사건의 취재 면에서나 농민전쟁기에 국한되지 않고 있으므로, 본고 또한 범위를 넓혀서 '갑오농민운동'이라는 개념을 쓰고자 한다. 농민전쟁을 포함하는 포괄적인 의미로 이 용어를 선택한 것이다.

반경을 주된 공간적 배경으로 삼고 있다. 따라서 역사적 사실로서 갑오농민운동이 어떻게 전개되었는가를 정리해두어야, 그에 비추어 이 두 작품이 사실을 재구성하는 데 있어서 보이는 특징과 차이를 확인할 수 있고, 이를 근거로 하여 두 소설의 작품의도를 검토할 수 있게 된다.

역사적 상황을 어떻게 작품화하고 있는가, 곧 어떤 사실에 초점을 맞추고 어떤 사실을 배제하며 사건들의 비중을 어떻게 처리하고 있는가에 따라서 우리는 각 작품의 의도를 확인하고 주제효과를 가늠해볼 수 있게 된다. 준거로 삼을 수 있는 객관적인 역사가 따로 존재하는 것은 아닌 이상, 이러한 작업은 두 가지 방식으로 이루어진다. 첫째는 갑오농민운동에 대한 역사학계의 정리를 참조틀로 하여 각 작품이 보이는 취사선택의 양상을 살피는 것이며, 둘째는 그 위에서 두 작품이 보이는 바 선택과 집중의 차이를 따져보는 일이다.

갑오농민운동의 전개과정에 대한 역사학계의 일반적인 정리는 다음과 같다.[8]

① 공주 집회(1892. 10.) - 삼례 집회(1892. 11.) - 서울 복합상소(1893. 2.) - 삼남 집회(1893. 3.~4.)
② 사발통문과 고부봉기(1894. 1. 11.) - 무장 기포와 1차 기병(3. 20.) - 황토재 전투(4. 7.) - 장성 황룡천 전투 - 전주 입성(4. 27.)

---

8) 일자는 음력. 강만길 외, 『한국사』 1~21(한길사, 1995)을 담은 <CD롬 한국사>(한길사, 2003)를 저본으로 하고 다음 문헌들을 참고했다. 신용하, 「甲午農民戰爭의 第1次 農民戰爭」, 『한국학보』 40호, 1985; 정교 저, 조광 편, 이철성 역주, 『대한계년사』 1~2, 소명출판, 2004; 이이화, 「전봉준과 동학농민전쟁」, 『역사비평』 7~9호, 1989 겨울~1990 여름.

③ 전주화약(5. 7.) - 집강소 설치

④ 일본군의 경복궁 침공(6. 21) - 청일전쟁 발발(7. 1.) - 남원 대회(7. 15.) - 삼례회의(9. 12.~14.)와 2차 기병(9. 13.)

⑤ 농민군 북상(10월) - 관군과 일본군 공주 진입(10월) - 이인 전투(10. 23.) - 곰티 전투(10. 25.) 패전과 논산 이진 - 농민군 재진격(11. 8.) - 우금치 전투 패전 논산, 전주로 후퇴(11월) - 전주성 출발(11. 23.) - 원평 전투 패전(11. 25.) - 태인 전투 패전 - 관군과 일본군이 각처의 농민군 섬멸

⑥ 전봉준 체포(12. 2.) - 전봉준 서울 압송(12. 10.) - 전봉준, 손화중 등 교수형(1895. 3. 29.)

2) 역사의 서사화 방식에 드러난 작품의 의도

『갑오농민전쟁』은, 앞서 정리한 갑오농민운동의 개황은 물론이고 전쟁의 전체 흐름도 서사구성에 반영하지 않고 있다. 고부봉기 이전(①)까지 전체 다섯 권 중 두 권을 할애하는 반면, 전주성에서 홍계훈 군과 교전한 이후 전봉준의 처형에 이르는 전과정(③~⑥)을 마지막 한 권에 담고 있는 정도이다. 이를 통해 이 소설의 초점이 농민전쟁의 사실적 재구성과는 다른 데 놓여 있음을 알 수 있다.

이 소설의 서술자는, 갑오농민운동의 전사(前史)와 그것을 바라보는 시각 곧 역사관에 적지 않은 비중을 두고 있다. 전봉준을 메가폰화하는 서술자가 문면에 직접 나서서 청자의 공분을 유도하며 올바른 역사관을 누차 강조한다. 전봉준의 생각을 통해서 일본과 서양 세력의 침탈사를 설명하거나(5;18~23)[9], 그의 비판을 통하여 운양호 사건과 제물포조약

9) 작품에서의 인용은 지금처럼 괄호 안에 '권 수;쪽 수'의 형식으로 표시한다.

등을 정리하면서 척화론을 주창하고 외세를 비판하기도 한다(5:61~9). 전봉준뿐 아니라, 민중영웅으로의 변신을 이룬 오상민도 같은 역할을 수행한다(6;178~89). 메가폰적인 인물이 되어 작가의 역사관을 제시하는 것이다. 이는 독자를 대상으로 하는 작가의 계급적 교양의 의식화라고 볼 수 있다.

지나온 역사에 대한 서술자의 파악을 강조함과 동시에, 당시의 역사적 상황이나 제반 세력 관계를 그에 맞게 설정해두는 데도 적지 않은 노력을 기울인다. 여기서 특기할 것은 동학의 역할을 사실 이상으로 축소했다는 점이다. 동학농민운동을 기본적으로 '농민전쟁론'의 입장에서 파악하는 까닭에 동학의 사상적 지도성을 배제하는 것은 당연하다고 볼 수도 있지만, 『갑오농민전쟁』은 여기서 더 나아가 조직적 측면에서도 동학의 역할을 사실상 부정해버리는 지나친 면모를 보인다.[10] 동학 조직을 걷어내고 그 빈 자리를 활빈당이나 충의계, 일심계 등의 가상 조직으로 메우고 있는 형편이다.

이러한 점은 작품의 초반부에서 상징적으로 드러나고, 농민전쟁의 추이를 그리는 데서 최종적으로 확인된다. 소설의 초반부 즉 전봉준은 아직 등장하지 않고 동학운동에 관한 이야기가 처음 나오기(4:182) 전에, 『갑오농민전쟁』은 농민들의 궁핍한 생활상과 지배계층의 반민중・반민족적인 행태, 일심계, 활빈당 등 역사 발전을 위한 자생적인 조직 등을 소개함으로써, 역사 상황을 다각도로 묘파한다. 동학을 빼고 이들 제 세력의 상황이 역사를 파악하는 문제틀로 설정되는 것이다. 이들 중에서도, 민중

10) 이영호, 앞의 글, 280~1쪽 참조.

영웅을 낳는 농민들의 영역이 독자적, 분리적으로 강조되었다고 할 수 있다. 후술하겠지만 동학의 배제는, 한편으로는 그 사상의 전유와 부정을 통해서 다른 한편으로는 동학 두령들의 역할을 매우 미미하게 처리하는 방식으로 구현되고 있다.

이렇게 민중 주체의 역사관을 강조하고 그에 맞게 상황 및 세력관계를 설정하는 『갑오농민전쟁』은 따라서, 갑오농민운동의 구체적인 전개 양상을 사실적으로 재구성하는 데 신경을 쓰지 않는다.

1892년 삼례집회의 경우 전언 형식으로 언급할 뿐이며(4;182~3), 보은 집회[삼남집회]에서부터 조금 상세하게 형상화(5;15~42)한다. 고부봉기(6;25~34)와 황토재 전투(7;127~38)의 경우 사실에 기초를 두고 상세히 묘사하지만, 후자의 경우 서술의 초점이 사실의 객관적 재현에 놓여 있지는 않다. 이러한 점은 김개남이 등장하지도 않은 채 태인 봉기 결의와(7:55) 호남창의소 격문에 이름만 나타나는(7:79) 처리 방식과도 맞물려 있다. 전주 입성 후 완산에 진을 친 홍계훈 군과의 교전 또한 서술시를 확장하여 묘사하지만(8;40~54) 복룡의 영웅적인 죽음에 초점을 맞추면서 전황을 모호하게 하고 있다. 사실상 역사의 객관적인 재구성과 거리를 두는 것인데, 이러한 흐름은 전봉준의 나주성 담판에 이르러 심각한 역사왜곡의 모습을 보여주기에 이른다(8;85~8).

농민군의 2차 기병 이후는 전체 전황을 한두 번 요약적으로 제시할 뿐, 역사적 사실을 거의 따르지 않고 '오수동'과 '오상민', '영아', '상민 어머니', '길남' 등 가상인물들의 영웅담 위주로 서사를 전개하고 있다. 연이은 패전이라는 역사적 사실이 아니라 수차례 전투 속에서 선보인 가상인물들의 영웅적 행위에 초점이 맞춰져 있는 것이다. 실패한 전쟁을 허구적인 에피소드로 가리면서 작가-서술자의 테제를 강조한 것이라 할 수 있다.[11] 이 부분에서 작가는 강렬한 주제 의식을 앞세워 공주대회전의 결과를 '승패 없는 북상 저지'(8;226)로 정리할 정도로, 전황의 실제적인 의미를 약화시키는 데 그치지 않고 다소간 왜곡하기까지 한다. 공주에서 지고 퇴각한 이후로는 농민전쟁에 대한 포괄적인 인식이 완전히 실종된다. 전봉준과 오상민 등 몇몇의 어드벤처 수준으로 서술 시각이 협소화되는 것이다.

이러한 사실 모두 전쟁의 흐름이 아니라 이 전쟁을 통해 갖춰야 할 역사관에 초점이 두어진 데 연유하는 것이다. 전봉준의 체포, 처형 장면이 나오는 작품의 말미에서 전봉준이 완전히 작가-서술자의 메가폰 역할로 축소되는 것은, 이런 면에서 필연적이라 할 수 있다. 작가의 창작 상황을 고려할 때 사료를 충분히 검토할 수 없었던 여건을 고려할 여지가 있겠으나, 그러한 추정적인 상황론보다는, 작품 전편에 걸친 주제효과와 관련하여 이런 양상을 이해할 필요가 있다.

이렇게 『갑오농민전쟁』은 역사적 사실의 충실한 재구가 아니라, 그것을 취사선택하고 재배치하는 데 주력하고 있다. 그럼으로써, 동학농민운동을 반성적 · 비판적으로 성찰하여 민중 본위의 역사관을 제시하고자 하는 것이다.

이와는 달리 『녹두장군』은 갑오농민운동의 발생 배경과 사적 전개를 충실하게 따라가고 있다. 전체 12권 중 공주 · 삼례집회에 한 권, 서울 복합상소와 삼남집회에 한 권을 할애하여 ① 부분에 서술시의 1/6을 사용하

11) 이러한 점은, 병자호란을 그리되 숱한 의인, 열녀, 충신을 내세워 패전을 가리고 있는, 박종화의 『대춘부』와 유사하다.

고 있다. 고부봉기에 전체의 1/4에 해당하는 세 권을 할당하여 다소 과도하게 집중한 감이 있으나, 집강소 시기에 한 권, ④와 ⑤ 부분에 각각 한 권씩을 할애하여 전체적으로는 실제 역사의 전개에 맞게 서사를 구성하였다고 하겠다. 물론 분량의 과다 및 분배 자체가 중요할 수는 없고 만 2년여를 다루면서 12권 분량의 지면을 사용하였다는 점도 고려할 수 있겠지만, 사건들의 연계를 밝히면서 각 사건의 전개과정을 충실히 그려내고 있음을 보면 이러한 양상이 갖는 의미가 적지 않다고 하겠다.

이 작품의 전반부는 공주집회에서 고부봉기까지에 해당된다. 이는 다시 크게 세 부분에 초점을 맞추고 있다. 농민전쟁기에 활약하게 될 인물군들을 등장시키고 그들의 유래와 변화 과정을 보여주는 것이 하나요, 당시의 상황을 다각도로 보여주는 에피소드들과 제 세력의 동태를 직간접적으로 그리는 것이 다른 하나고, 공주집회에서 고부봉기에 이르는 동학도들 및 농민군의 움직임을 제시하는 것이 셋째 부분이다.

1권은 우발적으로 살인을 범한 달주의 도피 겸 전봉준의 심부름 여정을 통해 후일 운동의 전개과정에서 주요하게 기능하는 임군한, 김덕호 등과 적대세력인 김 진사, 방필만 등을 등장시키는 한편, 살범을 잡는다는 핑계로 백성을 착취하는 관아의 행태와 그 학정에 신음하는 농민들의 어려움을 소개하는 것으로 시작한다. 주요 인물군과 상황을 소개하는 방편으로 달주의 살인이 기능하는 것인데, 이렇게 달주의 서사를 축으로 하여 기술됨으로써 이들 세력과 상황이 유기적으로 표현될 수 있었다.

그 후 삼례집회로 넘어가서는 상당한 분량을 할애하여 그 추이를 그린다(2;186~3;23). 이 부분에서 『녹두장군』은 법소에 대한 백성들의 불만이 커져가고 전봉준의 위세가 신장되는 점을 자연스럽게 그린 뒤 삼례집회의 의의로 남접의 기세가 증대되었음을 든다(3;23). 그 위에서 감결 조치만 내리는 감영의 태도와 냉엄한 현실로 돌아갈 수밖에 없는 농민들의 실정을 대비적으로 강조하여(2;290~5), 향후 전쟁으로 치닫는 농민운동의 전개에 필연성을 마련해주고 있다. 3권에서는 연엽과 달주, 용배, 만득, 길례, 박성삼, 갈재패, 월공, 이상만 등 주요 가상 인물들의 행적을 구체적으로 그리면서 당시 사회상황을 총체적으로 제시한다. 여기에는 조병갑과 아전들의 동향, 민비의 행실에 대한 비판 등이 더해져 있다. 4권에서 봉기로 나아갈 수밖에 없는 고부의 상황이 다각적으로 묘파된 뒤에, 5~7권에 걸쳐 고부봉기(5;94)가 그려진다. 고부를 접수한 전봉준 농민군의 활동이 거의 세 권 분량에 걸쳐 상세하게 묘사되는 것이다. 한편으로는 조병갑을 체포하려는 움직임이 꼼꼼하게 그려지고, 다른 한편으로는 감사의 사자와 패거리의 침투(6;159~74)나 관군의 기습(7;130~5) 등을 축으로 하여 정부와의 대치 상황이 보이며, 그 외 부분에서 이속들을 치죄하는 등 전봉준 및 동학 두령들의 행적과 농민들의 동향이 형상화되고 있다. 해방된 고부의 상황을 다각도로 그리는 것이다. 8권에서는 이용태가 다스리는 시기를 배경으로 하여 사람살이의 여러 모습들을 묘파하는 한편 농민군 재봉기의 필연성과 그 주체들의 다양한 지향성들을 꼼꼼히 형상화한다.

고부 탈환(8;256) 이후부터 작품의 종결까지는 후반부 1/3을 차지하며 비교적 빠른 호흡으로 줄곧 농민전쟁의 추이에 따라 서사의 지절이 나뉘는 양상을 보인다. 앞서 정리한 갑오농민운동의 개황 그대로 서사가 전개되는 것이다. 이를 통해 『녹두장군』이 갑오농민운동이라는 역사적 사실을 충실하게 재구성하는 데 일차적인 목적을 두고 있음을 알 수 있다.

『녹두장군』이 역사의 충실한 재구성을 목표로 한다는 점은, 다음 네 가지 특징에 의해 보다 강화된다.

첫째 『녹두장군』은 전투 현황에 그치지 않고 국내외 정세에 비춰 전체적인 판세를 조명하고 있다. 태평천국의 난과 비교하여 상황을 설명하고 민심에 따라야 함을 강조하기도 하고(4;50~5), 청과 일본 등 외국 세력의 동향, 조정 내 세력관계 등에도 주목하고 있다. 기존 연구들 중에는 이러한 면모를 『갑오농민전쟁』에서만 찾아 그 의의를 살려주고 그에 비해 『녹두장군』은 시야가 좁다는 식으로 비판하기도 했으나 이는 잘못이다.[12] 서술의 빈도가 아니라 서술의 리얼리티를 생각한다면, 민비의 개인적인 결정만이 앞서 있는 『갑오농민전쟁』보다, 민비 세력과 그에 맞서는 조정 대신들의 알력을 충실히 포착하는 『녹두장군』에서, 당시의 세력관

---

12) 이상경의 경우 「동학농민전쟁과 역사소설」과 「농민의 시각으로 그려낸 농민전쟁」에서 이러한 인식을 보인다. 앞의 논문은 『녹두장군』이 완간되기 이전 곧 고부봉기 직전까지만 출간된 상태에서 쓰여진 것이니 그렇다 쳐도(66쪽 주 13 참조), 뒤의 논문에서까지 이 판단을 고수하는 것은 문제라 할 수 있다. 그는 『갑오농민전쟁』에 비해 『녹두장군』에 그려진 상층부 인물들은 '회의 속기록 속의 발언자일 뿐'이라고 규정한다(96쪽). 그러나 이는 두 작품을 온당히 비교 평가한 데서 나온 것이라 보기 어렵다. 이러한 견해는 윤정헌(『박태원 소설 연구』, 형설출판사, 1994, 210쪽)과 김승종(「<녹두장군>과 <갑오농민전쟁>의 비교 연구」, 앞의 글, 207쪽)에게서도 보이는데 이들의 경우 이상경의 첫 논문을 그대로 인용하고 있어 설득력을 갖지 못하고 있다.
이 문제에 대해서는, 형상화의 과다가 아니라 "동향의 본질을 명확하게 표출할 수 있는 구체적인 계기들이 확보되어 있는가"가 중요하다고, 김상욱이 적절히 비판한 바 있다(「민중적 이념과 역사적 인물의 예술적 복원」, 앞의 글, 303쪽). 그러나 그는 "이용태와 조병갑, 김학진과 박원명 등을 통해 상층부 내부의 인식의 궁극적인 차별성을 아주 적절하게 제시"한 것을 '계기'로 제시함으로써 설득력을 얻지 못하고 있다. 이들이 아니라 조정 내의 세력 관계와 외세에 대한 형상화에 주목해야 할 것이다.

계가 더 잘 그려졌다는 점을 알 수 있다.

둘째로 농민군 내부의 연계나 두령회의 등을 상세하게 묘사하면서, 전황을 명료하게 구체화하는 데서도 확인된다. 단순한 사실 기술을 넘어, 각 사건의 의미를 앞서 말한 전황, 전세에 비추어 추구하여 드러내는 까닭이다.

다음으로 농민군에 대한 파악의 심도를 들 수 있다. 『녹두장군』의 농민군은 척왜척양의 기치 아래 모인 동일자들이 아니다. 동학 세력에 민회패, 사당패들이 연계(8;107)되고 관노들도 가세하여(8;121~2) 농민군이 결성되었다는 파악이나, 그렇기 때문에 정규군과는 다른 농민군 고유의 특성을 갖게 된다는 점에 대한 전봉준의 강조(6;200~1,7;69~76) 등에서 알 수 있듯, 이 소설의 농민군은 관념이 아니라 실제의 정치세력으로 파악된다.

끝으로 농민군의 행적을 단일하게 그리지 않는 점 역시 역사의 충실한 재구성에 기여하고 있다. 전봉준 군과 김개남 군의 지향성이 다르고 그 결과 보조가 맞지 않는 것이 대표적인 예이다. 이 외에도 두령들의 지시와는 달리 독자적으로 행동하는 세력을 설정한 점에 주목할 수 있다. 농민군의 전략과는 달리 전격적인 무력 권력 쟁취를 꿈꾸는 임문한, 임진한 패를 설정하는 것이나(4;78~83 등), 농민군이었으나 두령들의 명령을 따르지 않고 독자적으로 행동하는 패들을 그리는 것 또한 사실성을 강화한다고 할 수 있다. 역졸을 공격하는 장호만이나 부호들을 징치하는 오기창 패의 행적이 그것이다.

이에 더하여, 농민전쟁의 전개과정을 그리는 데 있어서 이 소설이 보이는 특징으로 전봉준의 최후와 관련해서 직접적으로 형상화하지 않는다는 점을 들 수 있다. 그의 안위를 걱정하는 연엽을 시점화자로 내세우고 월공과의 대화를 통해 전봉준의 체포를 기정사실화하는 방법을 취하고 있다(12;300~1). 그 대신『녹두장군』은 잔여 농민군의 항전에 초점을 맞추고 있다. 이를 통해서도, 이 소설이 전봉준과 같은 개인의 행적이 아니라, 갑오농민운동이라는 역사적 사실의 총체적 복원에 목적을 두고 있음을 알 수 있다.[13)]

물론『갑오농민전쟁』과『녹두장군』이 이러한 차이만 보이는 것은 아니다. 두 작품 모두 농민봉기가 일어나기 이전의 상황을 입체적으로 그려내는 데 주력하고 있는 점을 공통점으로 꼽을 수 있다. 분량상으로 따져도 고부봉기 이전까지에 두 작품 모두 전반부 전체를 할애하고 있는 것이다. 동학의 움직임을 그리는 비중에 있어서는 차이를 보여도 농민전쟁의 배경을 구축하는 데 공을 들이는 점만큼은 같다고 할 수 있다.

다음으로 두 작품 모두 일본군의 경복궁 침공 이후의 과정(④~)을 급박하게 처리하고 있는 것도 크게 보아 공통된다고 할 수 있다.『갑오농민전쟁』의 경우 8권의 반 분량으로 이 모든 과정을 처리하며,『녹두장군』은 11~12권에서 전황을 구체화하며 그리고 있다. 이러한 점은, 농민전쟁의 구체적인 복원보다 농민운동이라는 보다 큰 흐름을 구현하는 데 이들 작품의 주안점이 놓여 있다는 사실을 알려준다. 주제효과 차원의 목적은 달라도 전쟁 자체를 그리는 데 초점을 맞추지는 않는 것이다.[14)]

---

13) 이러한 사정을 두고 김상욱은『녹두장군』이 '동학농민전쟁의 전과정을 구성의 근간'으로 삼아 "정작 소설의 주인공은 전봉준이 아니라, 역사적 사건 그 자체가 아닌가라고 여겨질 만큼 상황의 무게가 압도적이다"라고 적절히 지적한 바 있다(앞의 글, 300쪽).

14) 크게 보아 이렇기는 하지만, 서술 비중에서는 차이를 보인다. 양으로 따져도

3) 영웅의 창조와 역사 재구성

『갑오농민전쟁』은 전황을 그리는 데 있어서 대체적으로 대단히 소략하게 처리하고 있다. 인물들의 구체적인 에피소드들을 세밀하게 형상화하는 데 비할 때 이 점이 두드러진다. 따라서 전체적인 전황이나 전략 등을 그리는 데 관심을 두지 않고 있다 할 수 있다. 예를 들어 황토현 전투 이후의 충청도 상황은 한 쪽 분량의 한 절로 간명히 처리하기도 하며(7;150~1), 공주 공방전 이후는 전체적인 전황이 사실상 실종되어 있다.

이러한 특징은 상황의 추이를 드러내는 방식과도 맞물려 있다. 이 소설에서 역사적 상황의 변화는 다음 세 가지 방식으로 간접화되어 제시된다. 첫째는 전봉준이나 오상민 등 메가폰적인 인물의 이야기나 심정, 동학 지도층의 상황 파악 등을 통해 제시하는 것이고, 둘째는 궁중 세력이나 관리들의 보고 형식을 통해 알려주는 것이며, 셋째는 농민들의 언행을 말하면서 배경으로 처리하는 것이다. 이러한 방식이 모두 상황의 변화를 간접적으로 알려준다 함은, 이러한 부분들에서 서술의 초점은 인물들의 면모를 형상화하는 데 놓여져 있기 때문이다.

구체적인 전투 장면을 다루는 경우에 있어서도 『갑오농민전쟁』은, 진퇴의 양상이나 피아간의 손실 등 객관적인 사실을 그리기보다, 허구적인

『갑오농민전쟁』이 전봉준의 체포, 처형까지 포함하면서도 고작 1/10을 할애한 데 비해 『녹두장군』은 1/6 분량을 할애하고 있다. 물론 분량이 그 자체로 의미를 지닐 수는 없다. 해서, 이상경의 경우, 『녹두장군』이 후반부로 오면서 '인물은 희미해지고 역사적 사건과 사실만이 전개'된다고 보기도 하였다(「농민의 시각으로 그려낸 농민전쟁」, 앞의 글, 99쪽). 그러나 본고는 견해를 달리한다. 이에 대해서는 다음 절에서 상론한다.

인물들의 영웅적인 싸움을 그리는 데 치중하는 특징을 보인다. 예를 들어 황토현 전투의 경우, 장돌뱅이로 위장하여 관군에 들어간 오상민과 총포대의 활약상과(7;130~6), 일심계 두령인 오수동의 신출귀몰하는 사격술(7;133~5)에 초점을 맞추고 있다. 이에 비해 객관적인 사실은 결과로서만 정리되거나 그나마도 왜곡되기 일쑤이다.15)

반면, 송기숙의 『녹두장군』은 농민전쟁의 전황을 리얼리즘적으로 그리는 데 공을 들이고 있다. 크게는 일본과 청의 전략적인 관계에서 시작하여, 조정 내 세력 갈등에 기반한 정부군의 동태와 농민군의 전략 및 이들간의 접전을 구체적으로 그린다. 전국적인 전황 속에 전쟁의 각 지절들이 배치되고 그 의미를 부여받는 것이다. 세부적으로는 전봉준 농민군의 행적 및 그 의미 등을 심도 있게 작품화한다. 수많은 부대장들, 두령들의 의견 속에서 전봉준과 핵심 인물들의 의견 주장이 개진된다. 회의 장면을 보면 전봉준이 독단을 내리는 것이 아니라 중의를 모은 뒤에 최종 결정을 하는 방식으로 되어 있다. 이로써 여러 인물들의 보고와 의견을 통해 정세를 복합적으로 그릴 수 있게 되는 것이다. 전봉준과 김개남의 협력과 긴장·대립 관계가 지속적으로 그려지고 있는 점도 특기할만하다.

전황이 복합적으로 그려지는 데에는 다음 두 가지도 빼놓을 수 없다. 첫째는 '명분 전쟁'의 성격을 중시하는 등(6;179~84) 전쟁을 일의적으로 파악하지 않는 점이다. 둘째는 농민군에 대한 백성들의 반응이 포괄적이

15) 중심인물 몇몇의 의도가 서사 전개에서 두드러지게 드러나는 것도 이와 관련해서 생각해볼 수 있다. 농민전쟁 종식을 전후로 하여, 김경천에 대한 달주의 의심 등 주관적인 측면에 중점을 두는 것이 대표적인 예인데, 이러한 설정은 전쟁의 사사화(私事化)라는 혐의로부터 자유롭기 어렵다.

고도 현실적으로 묘사된다는 점이다. 이 소설의 농민들은 농민군의 행적에 대해 찬사만 늘어놓는 것으로 그려지지 않는다. 그들은 조병갑을 놓친 데 대해 농민군을 힐난하기도 하고(5;149~52) 정 참봉의 방면과 같은 두령들의 방침에 대해 비판을 서슴지 않기도 한다(6;81~5 등). 농민군에 나간 남편을 걱정하는 아낙들의 모습 또한 전황의 리얼리티를 살리는 데 기여하고 있다(5;187~96 등).

이 맥락에서 『녹두장군』이 보이는 또 하나의 특징은 전투 장면의 묘사가 대단히 사실적이고, 분대 단위의 전술까지 상세히 묘사하여 지루하다 싶을 만큼 미시적이라는 점이다. 개별 전투를 담아내는 서사의 지절이 섬세하여, 후반부로 가면서는 전쟁 일지 식으로 흐른다는 평가도 있었으나, 다음 세 가지 이유로 동의하기 어렵다. 첫째는 이 부분에서도 서사를 풍성하게 해주는 에피소드들을 어렵지 않게 찾을 수 있다는 사실이다. 예컨대 17장 '소작인들'은 그 전체가 이에 해당된다(12;117~42). 둘째는 전투 관련 장면의 형상화에 담긴 서술전략이 승패 자체가 아니라 전장에 있는 농민군의 행동을 통해서 그들이 꿈꾸는 것을 그려내는 데도 있음을 지나치게 무시했다는 점이다. 보이는 대로 찾아도, 조망태의 죽음(12;78)이나 막동이의 아내 생각(12;82), 경천점으로의 후퇴 뒤 인원을 점검할 때 남겠다는 사람들 각각의 사연(12;101~6) 등을 들 수 있다. 그리고, 각도를 달리해서 볼 때 이러한 형상화 방식은 사실성을 해치지 않는 한계 내에서 최대한 적극적으로 서사를 전개함으로써 농민군의 열의와 지향을 강조하는 한편 『녹두장군』에 전쟁소설적인 흥미의 요소를 부여하는 것이라고 긍정적으로 볼 수도 있다는 것이 셋째 이유이다. 봉수대 점령이나 화약선 탈취 시도 등이 좋은 예가 된다(12;32~37,42~8,51~60).

전황의 형상화에 있어서 두 작품이 보이는 차이 곧 『갑오농민전쟁』의 경우 영웅적인 인물을 부각시키는 반면 『녹두장군』은 리얼리티를 살리며 사건을 재구성하고자 한다는 점을, 몇 가지 예를 통해 확인해보자.

첫째, 전주 입성 후 완산의 홍계훈 군과 벌이는 교전 상황의 묘사가 좋은 예가 된다. 『갑오농민전쟁』은 아기장수 김복룡의 영웅적인 행적에 초점을 맞추어 그림으로써(8;46~54), 패전이라는 객관적 사실을 흐리고 있다. 반면 『녹두장군』은 이 전투의 피해 상황을 적시하고 농민군의 대책 없음과 동요를 강조한다. 전봉준 등 농민군 지도부에 대한 평가에서는 반대로 엇갈리는데, 『녹두장군』의 경우 완산 공격이 두령들의 명령을 벗어난 것이라고 설정함으로써 전투의 실패를 전략적인 것이나 지휘부의 능력 탓으로 그리지 않는 반면, 『갑오농민전쟁』의 경우 홍계훈 군이 완산에 진을 치게 한 것 자체가 전봉준과 지휘부의 실책이었음을 강조하고 있다. 금산이기에 그냥 두었다고(8;40~1) 하여 농민군 지도부의 봉건적인 한계를 강조함으로써 복룡의 면모가 대비적으로 강조된다.

전주화약 후 집강소 설치를 거부하는 나주성을 처리하는 문제의 형상화에서도 두 작품의 초점은 상이하다. 『갑오농민전쟁』의 경우, 전봉준이 군사 다섯을 끌고 들어가 원과 담판하여 집강을 앉혔다(8;85~8)는 식으로 허황되게 그리고 있다. 운봉의 경우도 17세 묘소청년 김봉득이 군사 3천을 뒤따르라 한 뒤 혼자 먼저 치고 들어가 원에게 호통을 쳐서 제압하였다 하여(8;88~90), 거의 '이야기책' 수준으로 전락하는 대가를 치르며 인물들을 영웅화한다. 이에 비해 『녹두장군』은, 나주성의 견고함과 전략상의 중요성을 상세히 기술한 뒤에, 전봉준이 들어갔다가 계략에 넘어가지 않고 그냥 나온 것으로만 기술하고 있다. 계략에 넘어가지 않는 전봉준의 혜안을 살리긴 하였으나, 아무런 소득이 없었다는 역사적 사실을 왜곡하지는 않는 것이다.

역사의 사실적인 재구성 면에서 보자면 김개남과 그 부대에 대한 형상화의 차이를 빼놓을 수 없다. 『녹두장군』의 경우 농민전쟁에 임하는 김개남의 주장과 목표가 비교적 독립적으로 제시되어 있다. 전봉준과 합치되고 갈라지는 지점이 드러나는 것이다. 더 중요하게는 농민전쟁의 현실적인 한계와 관련하여 그의 행적이 그려진다는 점을 꼽을 수 있다. 제2차 기병 후, 금산에 들어간 지 17일 만에 청주로 쳐들어가는 김개남 군의 동태에 대한 이 소설의 해석이 특히 그러하다. 전봉준 휘하 두령들의 김개남 군에 대한 비판적인 인식이 한층 고조될 무렵 전개되는 전봉준의 설명은, 화력 차이를 핵심으로 하는 피아의 전투력 상황에 근거하여 전국적인 전략의 측면에서 기술된다(12;186~91). 농민전쟁을 바라보는 작가의 시선이 현실적인 문제에 기반하고 있음을 잘 보여주는 대목이다. 반면 『갑오농민전쟁』에서는 김개남과 그 부대의 움직임이 제대로 포착되지도 언급되지도 않는다. 김개남 자체가 하나의 스토리라인을 이룰 만큼 충분히 형상화되지 않고 있다. 여기서 김개남은, 직접 등장하지도 않은 채 태인 봉기 결의와(7:55) 호남창의소 격문에 이름만 나타난 뒤(7:79) 황토현 전투 대책회의(장돌뱅이 위장) 장면에서 한두 마디를 할 뿐인 것으로 잠시 등장하고 있다. 남원성 함락도 전봉준의 전언 형식으로 간략히 정리되고 있을 뿐이다(8;88). 요컨대 농민전쟁의 전황과 관련하여 김개남의 역할이 그려지지는 않고 있는 것이다.

3. 역사적 인물의 설정 양상

1) 조종되는 전봉준과 보여지는 전봉준

『갑오농민전쟁』에서 그려진 전봉준은 다소 엉성하게 짜맞춰진 퍼즐 그림과 유사하다. 한편으로는 불세출의 영웅이되, 다른 한편으로는 적지 않은 결점을 갖고 있어 부단히 후회하고 한탄하는 인물로 그려지며, 적지 않은 경우에 있어 작가-서술자의 메가폰으로 전락하여, 통일되게 성격화된 인물이라고 하기 어렵다.

전봉준은 역사와 세태를 보는 눈이 올바르고 폭넓을 뿐만 아니라, 무술 솜씨도 빼어나고(5;87~92), 전주영장 김시풍을 처치하는 데서도 보이듯이 순간적인 계략에도 능한 것(7;140~1)으로 설정되어 있다. 몸집은 작지만 범접할 수 없는 기개를 지녀 사람들을 압도하는 존재이다. 그의 지향성은 동학과 조정의 움직임을 개탄하는 데서 잘 드러난다. 보은 집회와 관련하여 동학 북접의 처사에 대해 비판하고(5;40~2,99~100), 조정이 청나라에 원병을 요청한 데 대해 분개하는 모습(5;60,101~2) 등에서, 민중 본위의 주체적인 면모가 확인된다. 부친상 중임에도 상복을 입고 봉기에 참가하는 데서는 봉건적인 관습에 구애받지 않는 면모를 보이기도 한다(6;28~9). 호남창의소 수립에서 나주성 사건에 걸쳐서는, 다소 허황하다 할 만큼 영웅적인 면모가 부각되기도 한다.

동시에 그는 매번 후회와 한탄을 할 만큼 빈틈이 많은 인물이기도 하다. 농민전쟁을 이끄는 지도자로서 그는 자잘한 일처리에서부터 전략을 짜는 데 있어서까지 적지 않은 잘못을 범한다. 예를 들어, 안핵사 이용태 휘하 역졸들의 '살육 만행'을 '자신의 불찰'로 여겨 괴로워한다거나, 전주성 금산을 방치한 데 대해 크게 후회하는 것 등을 들 수 있다. 농민전쟁의 영도자이되 한계 또한 적지 않은 인물로 형상화되는 것이다.

공주 공략 이후에서는 그의 부정적인 면모가 더욱 두드러진다. 전봉준 스스로 자신의 전략적 오류를 통절히 반성하는 장면을 수차례 그리고, 공주에서 물러나 삼지강에 이르렀을 때는 자살을 시도하는 것으로 설정하며(8;236), 노령 중턱에서의 마지막 전투에서 참패한 뒤에는 실신한 사람처럼 행동하는 것으로 그리는(8;262) 등, 비영웅적인 면모를 한껏 부각시키고 있다.[16)]

이러한 부정적인 면모는, 한편으로 허황되게 영웅화했던 것을 조정하는 역할을 하고 있다. 여기서 특기할 점은, 전봉준의 영웅화와 인간화 모두 다소 극단적인 것이라는 사실이다.

전봉준의 형상화에 있어서 문제적인 부분은 농민전쟁의 실패가 명확해졌을 때 행하는 그의 자책들에서 찾을 수 있다. 이러한 장면에서 전봉준은 작가-서술자의 단순한 메가폰으로 전락하고 만다. 역사적 실천의 올바른 방향을 내세우려는 작가-서술자가 패장이 된 그의 입을 빌리는 것이다.

입암산성에서 군사들을 해산할 생각을 하며 행하는 뼈아픈 자책이 대표적이고, 작품과 작가의 이념적 지향을 알려준다는 점에서 또한 문제적이다. 다소 길지만 그대로 옮겨본다.

---

16) 이와는 달리 『녹두장군』의 경우는 서술자가 전봉준의 실책을 지적하지도 전봉준 스스로 자신의 잘못을 언급하지도 않는다. 제2차 기병 후 관군과 일본군이 공주에 먼저 진입한 소식을 들은 뒤 빨리 움직이지 못한 것을 자신의 실책으로 인정하는 장면이 나오지만(11;314), 이 또한 김개남 군과 보조를 맞추고자 한 데 따른 것으로 그려져서 전봉준의 과오로 읽히지는 않게 처리하고 있다.

하늘을 떠받들 듯 기세충천하던 우리 농민군이 어찌하여 이리도 크게 패하였는가. 그것은 자기가 대세에 암둔한 까닭으로 군사를 잘못 쓴 탓이라고 자책하였다.

완전장비한 놈들과의 싸움에 우리 군사들의 무장이 약했으면 전국 도처에서 궐기한 봉기군들에 대한 통일적인 지휘가 없었던 것도 물론 패배의 원인이 아닐 수 없었다. 그러나 피로써 얻어낸 전주성을 놈들에게 내어주지 말았어야 했고 그곳에서 지체 말고 서울로 곧장 쳐올라갔어야 했다. 이러한 후회와 자책감으로 하여 그는 가슴을 쳤다.

관군과 화의를 하고 휴전한 기간에라도 그렇다. 재기를 위한 튼튼한 준비를 갖추고 있다가 왜놈들이 왕궁을 점령하고 청나라와의 전쟁을 일으키느라 골몰하고 있을 때 곧장 북상하였더라면 결정적 승리가 이루어졌을지도 모르는 일이었다.

그러나 농민군이 다시 항쟁의 봉화를 든 것은 왜놈들이 청나라와의 전쟁에서 승리한 뒤였으므로 '농민진압'에 전 역량을 돌릴 수 있게 되었고 봉건정부 역시 그간 혼란상태에 빠졌던 통치체계를 수습하고 왜놈들과 결탁해서 반동공세를 휘할 수 있게 된 때라 뒤늦게 북상을 개시한 농민군을 손쉽게 격파할 수 있었다.

전봉준은 결국 이러한 전략상 착오가 오늘의 실패를 가져온 것이라고 이제 와서야 비로소 통감하였다.(8;255~6)

이 구절이 문제적인 것은, 화기와 화력 면에서 드러나는 피아간의 현격한 차이와 정규군과 농민군의 본질 및 전투 능력의 차이 등을 무시한 이념 일변도의 단순한 발상이기 때문이다. 전주 화의 후 전개된 집강소 시기가 갖는 역사적인 의미를 전혀 고려하지 않고 완전히 무시한 것도 지적할 수 있다. 청일전쟁의 종결과 농민군 북상의 시기와 관련해서는 사실상 역사를 왜곡하기까지 한다.

이상의 문제점들에도 불구하고 전봉준으로 하여금 통절히 반성하게 하는 것은, '침략자와는 절대로 타협할 수 없다'는 단선적인 투쟁관이 바탕에 깔려있기 때문이다. 이러한 판단의 근거는, 작가의 역사관을 피력하는 방식으로 전봉준을 메가폰화하는 다른 경우들에서 충분히 찾을 수 있다.

전봉준이 서울의 개화풍속 등을 보며 역사를 되새겨 분개하는 장면(5;60~9)은 서술상황에서부터 사실상 작가-서술자의 진술임을 알 수 있다. '미국놈'들의 자기선전 이야기를 떠올리면서 "사실이 그러한가 한번 살펴보자"(5;67)라고 한 뒤 셔먼호 사건을 청자-독자에게 설명할 때, 이는 작중인물 전봉준의 진술일 수 없다. 이렇게 그를 메가폰화하면서 작가-서술자는 "침략자와의 화평은 곧 나라를 파는 것"(5;63)이라는 단정적인 판단을 전제로 하여 대한제국 시기의 일체를 비판의 대상으로 놓는다. 작가의 역사관을 설파하기 위해 전봉준을 이용한 경우인데, 의미 기능상 동일한 장면이 '교조 신원'을 내걸었던 1892년의 삼례 집회를 비판적으로 보면서 전봉준이 외국 침탈사를 되새기는 부분에서도 확인된다(5;18~24).

전봉준의 성격화와 관련하여 부정적인 결과를 낳는 위험을 고려하지 않고 그를 메가폰화하는 경우도 있다. 그가 상민에게 진주민란을 설명해 주는 장면이 그것인데(5;108~124), 『계명산천은 밝아오느냐』의 해당 부분을 발췌하듯 정리하고 있는 이 부분에서[17] 전봉준은 다분히 변사의 말투, 판소리 사설투를 사용하며 진주민란 주도자들의 영웅적인 면모를 찬양하고 있다. 전봉준의 여타 부분에서의 언행 방식과 조화를 이루지

---

17) 『갑오농민전쟁』의 경우 1;242~314, 2;15~140에 해당된다.

못하고 있는 이 부분을 통해서, 작가-서술자가 민중항전의 역사를 부각시키고 오상민의 삼대를 '혁명가계(革命家系)'로 설정하고 있음은 두말할 것도 없다.

이러한 사정은 그의 최후를 그리는 부분에서 가장 명확해진다. 심문을 받는 시기에 전봉준은 '피의 교훈'을 되새긴다.

> 그는 생각하였다. <이제 다시 총을 쥔다면!…… 다시는 전주화의와 같은 일은 없을 것이다. 백성들의 고혈로 살아가는 압제자들한테서 무엇인가 조금이라도 기대했던 것 자체가 크나큰 실책이었다. 나라와 민족의 운명은 안중에도 없고 제놈들의 권력과 안락을 위해서는 사대도 매국도 서슴지 않는 것이 천백 번 고쳐죽어도 변함없는 놈들의 본성이었다.
>
> 수백 년 동안 피를 빨리우고 살점을 뜯기고 뼈를 깎이우면서도 그걸 왜 통절히 몰랐더냐!
>
> 그런 놈들한테 숨쉴 틈을 주다니…… 전주를 빼앗자 그 길로 곧장 서울로 짓쳐들어가 놈들의 소굴을 뒤엎었어야 했다.
>
> 한하늘을 이고 살 수 없는 놈들! 말은 많이 하면서도 그걸 뼛속까지는 몰랐었구나. 순박한 농군들은 그랬다 쳐도 그들을 불러세웠던 내야 깊이 헤아려 했어야 할 게 아니더냐.>
>
> 백골이 진토가 되어도 영원히 잊지 못할 교훈이었다. 전봉준은 이 깊은 뜻을 저쪽 담 밖에 있는 상민이며 그러한 사람들한테 알려주지 못하는 것이 안타까웠다. 아니, 상민이뿐만이 아니라 태어나고 자라날 이 나라 후손들 모두의 가슴속에 깊이 새겨지기를 바랐다.(8;346~7)

따로 설명하지 않아도 이 구절이, 전봉준의 입을 빌린 작가가 자신의 역사관, 투쟁관을 독자에게 설파하고 있음은 자명하다.

이상과는 달리 『녹두장군』의 전봉준은 작가로부터 독립하여 생생하게 움직이는 유기적인 인물로 그려진다.

그의 형상이 독립적이고 유기적이라는 지적은, 전봉준과 서술자 사이에 시종일관 거리가 유지되고 있다는 점을 강조하는 것이다. 이러한 거리감은 다음에서 확인된다. 이 긴 대하소설에서 전봉준의 유년기 내력이나 성장 과정이 거의 그려지지 않고 있다는 점이 하나이고,[18] 그의 내면이 직접 묘파되는 경우를 좀처럼 찾기 힘들다는 것이 다른 하나이다. 그의 성격이나 지향은 대체로 언행을 통해서만 드러나고, 심리는 주변 인물들의 시선으로 포착되거나 그들과의 짧은 대화를 통해 간접적으로 제시될 뿐이다.

요컨대 전봉준은 서술자에 의해 포획된 인물이 아니다. 따라서 작가의 메가폰 역할을 하는 『갑오농민전쟁』에서와는 달리 이 소설에서 전봉준은 외세나 조정에 대한 백성들의 비판을 '듣는' 입장에 자연스레 놓이기도 한다(4;45~6 등). 서술자와의 거리 두기는, 전봉준의 세력 변화 과정을 서사의 흐름에 따라 사실적으로 그려내는 데도 긍정적으로 기능한다. 자신이 경비를 제공한 삼례집회(2;246) 이후 전봉준이 남접의 실질적인 우두머리가 되는 것(3;68)이나, 고부봉기 후 손화중에 의해 총대장으로

18) 농민운동 이전의 그의 행적은 중씨름에서 장원을 했다가 부친에게 혼이 났다는 짧은 지적과(3;319), 오순녀와의 문제를 계기로 이루어지는 편력기(3;313~26)로 그쳐 있다. 후자는 전봉준이 갖추게 되는 바 지리와 정세에 대한 넓은 식견과 잡다한 방면의 능력, 폭넓은 인간관계의 유래를 설명하는 기능을 한다(4;41~3). 반면 『갑오농민전쟁』은 그 전편이라 할 『계명산천은 밝아오느냐』에서 소년 전봉준을 그려 그때부터 이미 세상의 문제에 대해 눈을 뜨게 된 것으로 처리하고 있다.

추대되는 등 위상이 높아지는 것(8;44) 모두 서술상의 거리에 의한 보여주기 방식에 의해 설득력을 얻는다.

처음 등장하는 부분에서, 체구가 오 척 단구지만 누구와 있어도 작다는 느낌이 들지 않는다는 짧은 외양 묘사가 있을 뿐(1;28) 그의 성격화는 거의 다 언행을 통해서 이루어진다. 그가 보이는 애민 정신, 농민 중시 태도 또한 직접 서술되지 않고 극적으로 제시된다. 농민군들뿐 아니라 밥을 먹기 위해 끼어든 사람들 모두에게 군량을 생각하지 말고 배불리 먹이라는 그의 고집과(5;186, 6;127~31), 먹고(6;71) 자는(6;281) 데 있어서 아무런 특혜도 없이 농민군과 같이 하는 모습을 통하여, 민중 본위의 면모가 부각되는 것이다. 언행을 통한 전봉준의 성격화가 가장 빛을 발하는 것은 빈번하고도 장황하게 기술되는 두령회의들에서이다. 두령회의를 주재하는 전봉준은 의제를 던지면서 사람들의 의견을 널리 구한 뒤에, 최종적으로 가닥을 잡는 모습으로 그려진다. 그럼으로써 그는 중의를 모으면서 자신의 지위를 유지할 줄 아는 능력의 소유자 곧 지도자로 부각된다.

이러한 면모는 그의 문제 파악 및 해결 능력으로 한층 강화된다. 먼저 사태를 바라보는 그의 자세를 지적해둘 필요가 있다. 이 소설의 전봉준은 시종일관 '적을 최소화하는 원칙' 위에서 움직인다(6;309~10). 이는 상대와의 전력 차이를 감안한 전술적인 방침일 수도 있으나, 농민군이 천심을 따르는 것이라는 대의에 입각한 것으로 보인다. 해서 『갑오농민전쟁』과 달리 『녹두장군』의 전봉준은 아전들까지도 끌어안는 면모를 보이게 된다(7;182,8;288). 이러한 전쟁관을 바탕으로 하여 전봉준은 상황과 정세를 파악하는 데 탁월한 면모를 보이며, 전략과 전술을 짜는 데 있어서도 지휘자로서의 면모를 잘 발휘하고 있다(6;188~9 등).

여기서 주목할 것은 이러한 능력이 천부적인 것이라기보다는 노력과 준비, 숙고에 의해 얻어지는 것으로 그려진다는 점이다. 그가 등장하는 첫 장면 곧 미륵사 비결 문제로 골치를 앓게 된 동학의 문제를 해결하기 위해 찾아온 손화중과의 대화 장면(1;27~31)에서부터 확인되듯이, 그는 문제를 항상 의식하고 해결책을 모색해두는 인물로 그려진다. 같은 맥락에서, 해명하기 어려운 문제가 있을 경우 시일이 지난 뒤에 그 의미를 심도 있게 파악해서 설유하는 것으로 형상화되는데, 제2차 봉기 후 김개남 군이 북진하지 않는 데 대한 두령들의 불만을 경계하는 부분이 대표적인 예라 할 수 있다(12;186~91). 수차례 등장하는 그의 호소력 있는 연설 또한 전봉준이라는 인물의 면모를 강화해준다(5;95~100 등).[19)]

『녹두장군』이 전봉준을 준비성이 뛰어난 완전한 인간으로만 그리는 것은 아니다. 고부봉기 후의 일처리 장면에서는 여러 사안들을 미처 생각해두지 못한 허술한 면모가 적지 않게 그려지고 있다. 좌수, 별감 등을 잡을 생각조차 하지 않았고(5;161~6), 어음 추심도 계획에 넣지 않았으며(5;185), 조병갑의 추적에서도 미진한 면모를 보인다(5;183). 이러한 와중에 정 참봉 석방에 대해서는 잘못을 시인하게도 된다(6;97). 이러한 점은 아전들을 문초하는 최경선이 밝혀내지 못하는 바가 많음을 시인하는 것(6;85~93) 등과 함께 상황의 리얼리티를 증대시켜준다.

---

19) 여기서도 확인되는 바는, 이러한 연설이 전봉준의 우상화로 기능하는 것은 아니라는 점이다. 서술자는 거리를 두고 그의 연설을 옮길 뿐이다. 그런 까닭에, 마음이 급한 농민들이 그의 연설을 지루해 하는 언사까지도 담아낼 수 있게 된다. 이는 『갑오농민전쟁』에서는 찾아볼 수 없는 요소이다.

한편으로 『녹두장군』은 전봉준의 인간적인 면모의 형상화에도 시선을 주고 있다. 백산으로 찾아온 서장옥에게 내면의 고충을 내비치는 것이 좋은 예가 된다(7;93~101). 여기 더하여, 농민군의 안살림을 맡아서 잡음 하나 없이 잘 꾸려가는 연엽에게로 마음이 끌리는 면모도 빼어나게 형상화하고 있다. 정담 한마디 나누게 하지 않으면서도 둘의 시선과 주변 사람들이 보고 듣는 사소한 언행을 기술하는 방식으로 그의 인간적인 면모를 여실하게 드러내는 것이다. 연엽에 대한 전봉준의 끌림은 연엽 체포 소식에 흥분하는 모습을 그리는 데서 잘 드러나는데(8;108~9), 여기서도 서술자는 냉정함을 잃지 않고 있다는 점을 주목할 필요가 있다(8;109).

전봉준에 대한 미화의 예도 없지는 않다. 민종렬이 지키고 있으면서 집강소를 거부하는 나주성에 들어갔다가, 그의 위신을 깎으려는 계략에 말려들지 않고 나오게 된 것을 강조하는 부분이 그러하다. '나주성'이라는 문제거리를 해소하지 못했음에도 불구하고 전봉준의 기지를 부각시키는 데 초점을 맞춤으로써, 사실 차원의 성과 없음을 허구상의 재능으로 호도하고 있다(11;127~36). 하지만 이 사례를 역사적 사실을 왜곡하지 않으려는 작가의 궁여지책으로 보아줄 수 있을 만큼, 『녹두장군』의 전봉준 형상화는 전체적으로 보아 냉정함을 잃지 않았다고 할 수 있다.

전봉준의 형상화와 관련하여 『갑오농민전쟁』과 비교해서 『녹두장군』이 보이는 또 다른 특징으로 그의 체포 이후를 직접 그리지 않는다는 점을 들 수 있다. 여기서는 그의 행적을 소문으로만 처리하고 있다. 잡혔는지 여부조차 알기 어렵게 한 위에서, 그의 체포 소문을 대하는 농민들의 반응에 주목하는 것이다. 작품의 말미로 가서는 전봉준이 아니라 장흥 전투에서 전사하는 만득 부부의 이야기에 초점을 맞추고 있다.

전봉준의 형상화와 관련하여 확인되는 『갑오농민전쟁』과 『녹두장군』의 차이는 다음과 같다. 첫째는, 형상화 방식에 있어서 전자가 온전한 성격화 여부에 신경 쓰지 않고 다면적으로 활용하는 반면 후자는 거리를 두고 살아있는 인물로 보여준다(showing)는 점이다. 둘째는, 전자에서는 끊임없이 자책하는 데서 보이듯 농민군 지도자로서 결함이 적지 않은 면모가 부각되었다면, 후자에서는 거의 정반대로 주도면밀하게 사태를 해석하고 두령들의 중지를 모아 지휘하는 뛰어난 지도자로 그렸다는 점이다. 이 차이는 중요한 의미를 지닌다. 농민전쟁의 궁극적인 패배의 원인을 구명하는 데 있어서 전자가 지도자의 오류와 무능에서 찾는 반면 후자는 시대적인 한계에서 찾고 있음을 알려주기 때문이다. 사태의 원인을 이렇게 달리 보는 점이, 작가의 역사관과 그가 속한 사회의 이념의 차이에 닿아 있다고 할 때 이러한 차이는 주의를 요하는 것이다.

2) 두령들의 면모와 동학에 대한 입장의 차이

『갑오농민전쟁』과 『녹두장군』은 농민군 두령이나 동학의 지도부, 신임 고부군수 박원명, 집강소 시기의 전라감사 김학진, 민비 세력과 긴장관계를 보인 조병세, 김홍집 등의 대신과 대원군 등, 농민군의 입장에서 볼 때 긍정적이거나 최소한 한때나마 비적대적인 인물들을 다루는 데 있어서도 현격한 차이를 보인다.

이 차이가 현격하다는 것은 『갑오농민전쟁』의 경우 이들이 차지하는 작품 내 비중 자체가 보잘것없다고 할 만큼 매우 미미한 데서 일차적으로 확인된다. 다른 인물들은 물론이고 전봉준과 운명을 함께 했던 농민군 두령들 곧 손화중, 김덕명, 김개남조차 제대로 그려지지 않고 있다. 차이를 강조하여 약간 단정적으로 말하자면 이들이 존재하지조차 않는 것인 양 처리되었다고 할 수 있다. 『갑오농민전쟁』의 공주 전투는 전봉준과 가상인물인 오상민 둘이 수행한 것인 양 그려져 있을 뿐이다.

이와는 달리 『녹두장군』의 경우 농민전쟁기 내내 전봉준과 두령들이 함께 하는 것으로 설정되어 있다. 수많은 두령회의 장면에서 각 두령들은 자신의 의견을 내세운다. 김개남뿐 아니라 손화중 등도 전봉준과 대등하게 '대화'를 나누는 것이다. 김개남 봉기령 후에 만난 이들 셋이 나누는 대화는 말 그대로 토론에 가깝게 그려지고 있다(11;157~9). 공주대회전의 숨막히는 전장에서도 두령들은 회의를 통해 전략을 결정한다. 주민들을 대피시키고 관군은 밖에서 매복한 공주성을 공격할 것인가를 두고 손여옥·김도삼과 김덕명의 의견이 갈리는 것 등이 대표적인 예이다(12;48~51). 김개남에 대해서는 좀더 비중을 두고 있다. 그에 대한 전봉준의 신뢰(5;8)와 둘 사이의 관계 및 내력(5;71~3) 등을 깔아둔 위에서, 전봉준의 휘하에 들지 않고자 신경 쓰고(8;42~5),[20] 항상 민중의 힘과 즉각적인 무력행사를 강조하고 부호의 징치에 주력하며, 조정의 사신까지 효수하는 등 전략 전술 면에서 전봉준과 다른 길을 가는 김개남의 행적을 놓치지 않고 제시해준다.

두 작품이 보이는 이러한 차이는, 근대적 역사소설 일반에서 기대되는 역사 재구성의 성패라는 면에서 간과할 수 없는 것이다.

북접계 동학 지도부나 박원명, 김학진 등에 대한 시선은 두 작품의

20) 호남창의소 통문의 이름 순서를 짤 때 김개남은 전봉준 다음에 들어가는 것을 경계하는 것으로 그려지고 있다.

보다 중요한 차이를 드러내준다. 『갑오농민전쟁』의 경우 이들에 대한 시선은 부정 일변도로 흐른다. 이들 관리의 나름의 진정성에 대해 이 소설은 주목하지 않고 있으며 북접계 동학 지도부에 대해서도 부정적인 시선을 줄곧 유지하고 있다. 보은집회 장면에서 전봉준의 시선을 통하여 최시형과 손병희, 손천민의 유약함을 강조한 이후(5;33~40) 이러한 태도는 작품 전편에 걸쳐 변하지 않는다. 동학 지도부가 고민하지 않을 수 없었던 교세 유지와 교조신원 운동의 맥락은 고려하지 않은 채, 정부에 대한 유약한 태도를 강조하면서 농민군의 활약에 대한 반대 세력으로 몰아가는 것이다(8;153~8). 이러한 서술 방식은, 오수동의 생각을 빌려 표현된 동학에 대한 비판적인 관점에 바탕을 두고 있는 것이라 할 수 있다; "동학에 대한 내 소견은 그렇다. 동학에서 '제세창생'(세상과 백성을 구원한다는 뜻) '보국안민'하자는 건 나도 좋다고 생각한다. 그런데 정안수 떠놓고 주문 외는 것은 싫다. 주문이나 외워가지고서야 '보국안민'이 되겠냐. 힘을 가지고 싸워야 하지."(7;90)

이에 비해서 『녹두장군』은 그들 나름의 진정성을 상대적으로 살리면서 형상화하고 있다. 최시형 등 북접계 동학 지도부와 관련하여, 행동하지 않는 데 대해 비판적인 시선을 바탕에 깔고 있는 점에는 큰 차이가 없지만(4;223~4, 7;142, 157 등), 최시형의 포교 성과를 인정하고(4;180), 교조신원 운동의 의의도 빠뜨리지 않고 있다(1;176). 남북접이 대립하게 되는 상황에서도 등장인물들 역시 북접의 의도와 나름의 근거를 인정하는 면모를 보이고 있다. 의도와 의의는 인정하되 다른 길을 가겠다는 상호인식 위에서 북접을 대하는 것이다(11;176~9).

이러한 면모는 2차 기병 직후의 남북접회의에서도 잘 드러난다. 북접의 김연국, 손천민이 삼례로 찾아와 이루어진 이 회의는 양측이 자신의 입장과 이해를 상대에게 밝히며 팽팽하게 대치하는 것으로 그려진다. 결론은 결렬이지만 그 과정 속에서 서로의 차이가 인식되는 점이 중요하다. 동학 북접에 대한 이 소설의 이해가 편협한 것은 아님이 확인되기 때문이다.

예컨대 법소의 입장을 정리하여 김연국은 다음과 같이 말한다.

> 지금 겉으로 보면 세상이 깜깜하기만 합니다마는 그 깜깜한 가운데서도 무극대도(無極大道)는 마치 산에 나무가 자라고 논밭에 곡식이 자라듯 촌분을 쉬지 않고 어김없이 운행을 하고 있습니다. (중략) 동학이 30여년간 이 땅에 일궈온 무극대도의 기운은 이 나라 수천 수만 사람의 가슴에 퍼져 지금 들판에서 벼가 자라 익어가듯 익어가고 있습니다. 지금 무기를 들고 일어나서 전쟁을 벌이면 30년간 일궈온 그 들판을 휘저어 쑥대밭을 만들어버리는 꼴이 됩니다. 익지 않은 열매를 따는 일이요, 익지 않은 전답에 낫을 들고 덤비는 일입니다. 법헌께서 말씀하시는 시기상조는 바로 이 점을 지적하신 것입니다.(11;217)

북접의 입장이 이렇게 시기상조론에만 그쳐 있는 것도 아니다. 손천민의 입을 통해서 농민군과 일본군의 무기 차이가 비교할 수 없을 정도로 크다는 점도 지적되고 있다(11;217). 요컨대 『녹두장군』은 농민군 봉기에 반대하는 북접의 입장을 그들의 정세판단에 근거하여 제시해주고 있다.

물론 이에 대해서 전봉준은, 현실적으로 자명한 패배의 가능성을 보면서도 개인의 패배와 죽음 너머의 의의를 강조하는 것으로 그려진다. '목숨은 살지만 지는 싸움'이 아니라 '목숨은 죽지만 이기는 싸움'을 해야 한다고 주장하면서 '개벽을 향한 이 전쟁'이 이제 시작되었다고 상황을 진단한다. 이어 그는 이 전쟁의 의미를 다음처럼 해석하고 있다.

> 이제 백성들은 한 인간으로 비로소 눈을 뜬 것이고, 모두가 한 사람 한 사람으로 하늘이 될 때까지 그 기운은 식지 않을 것이며 그동안 무수히 죽을 것입니다. 나는 무극대도란 바로 이것이라 생각합니다(11;219).

이러한 주장에서 주목할 점은 다음 두 가지이다. 법소측과의 대화를 통한 것이지만 어쨌든 농민전쟁의 의미를 동학 교리의 맥락에서 강조한다는 점이 하나이다. 남북접이 힘을 합하여 전쟁에 나서는 것이야말로 '보국안민과 광제창생, 개벽의 길'이라는 이어지는 주장에서 이 점이 더욱 두드러진다(11;220). 다른 하나는, 이러한 전봉준의 주장에 대해 김연국이 "당신은 동학을 신봉하는 동학도가 아니라 전봉준교를 창시한 전봉준교 교주였구려"(11;219)라고 비판하는 데서 찾아진다. 재차 거듭되는 이러한 진단은 김연국의 말이 냉소만은 아님을 알 수 있게 해준다. 서술자가 어느 하나의 편을 들지 않고 회의 내용을 보여주기 방식으로 형상화하기 때문이다. 남접 농민군의 입장에서 최시형 등 법소 측을 일방적으로 매도하지 않는다는 것, 이 점이야말로 동학을 다루는 데 있어서 『녹두장군』이 『갑오농민전쟁』과 보이는 중요한 차이이다. 회의의 결렬 이후에도 "북접을 적대감을 가지고 대할 것이 아니라 계속 설득을 해야 할 것"(11;223)이라는 전봉준의 태도가 견지되는 데서 이 차이가 더욱 두드러진다.

동학에 대한 『녹두장군』의 태도나 입장이 단순 배제 식으로 흐르지 않는다는 점은 동학 교리에 대한 강조가 작품의 주제효과에서 적지 않은 비중을 차지하는 데서도 잘 드러난다. 기회가 되는 대로 농민들에게 동학의 가르침을 전하는 연엽의 포교 활동 비중이 적지 않은 것이 대표적인 예이다. 이뿐 아니라 농민이나 하층민들의 세상 이야기가 동학으로 귀결되는 경우도 쉽게 찾아볼 수 있다(1;283~7,3;238~46 등). 이 소설에서 보이는 등장인물들간의 교설적인 언사 중 대부분이 동학의 해석과 재해석에 할당되어 있음도 특기할 만하다. 용배가 자신이 구해준 스님과의 대화에서 불교보다 동학이 낫다는 주장을 펼치거나(1;283~7), 김한준과 해봉 영감의 대화에서 김이 동학의 반봉건 사상을 내세우거나(2;180~1), 지허 스님이 만득 부부를 이끌고 가면서 후천개벽을 강조하는 등(3;256~8,291~7) 이러한 장면도 쉽게 찾아볼 수 있다. 이러한 인식 내용들이 서술자의 직접적인 논평이 아니라 인물들이 나누는 대화를 통해 드러난다는 점도 주목할 만하다. 이러한 처리 방식이야말로 농민운동의 전개에 있어서 동학이 가지는 의미와 역할을 이 소설이 적지 않게 인정하고 있음을 알려주는 것이기 때문이다.[21)]

---

21) 이상의 논의와 관련하여 서경석의 비판을 재고해볼 필요가 있다.

그는, 갑오농민전쟁에 대한 형상화와 농민들의 삶과 투쟁에 대한 묘사의 의의를 전제(앞의 글, 266쪽)한 위에서, 『녹두장군』에 최시형에 대한 천착이 부족하여 아쉽다고 지적한 바 있다. 최시형의 기포 금지를 비겁함이나 타협성으로만 암시하는 것은, 농민전쟁 이후의 역사 특히 동학의 분화와 관련해서 볼 때 적절치 못하고, 역사소설로서 이 작품이 가질 수 있었을 현재적인 의의를 경감시키는 요인이라 주장한 것이다(264~6쪽).

이는 지금까지 살펴본 바 『녹두장군』에 드러난 최시형 및 북접에 대한 이해의 깊이를 무시하는 것이다. 논문이 쓰여질 당시의 연구성과에 기대어 이전에 나온 작품을 비판한다는 점에서도 문제가 없지 않고, 농민군과 전봉준, 김개남 등에 맞춰져 있는 작품의 초점화 자체를 비판하는 것이 아닌 이상 소설미학적인 측면에서 볼 때 지나친 요구라 할 수도 있다.

동학을 대하는 두 소설의 이러한 차이는 일차적으로 사태를 보는 눈의 광협을 확인시켜주며, 궁극적으로는 농민전쟁을 바라보는 역사관의 차이에 닿아 있다. 『갑오농민전쟁』의 농민군들은 반민족적 세력에 대한 가열찬 투쟁이라는 이념에 따라 움직인다. 반면 『녹두장군』의 경우는 '가능한 한 적을 줄여야 한다'는 전봉준의 정세 파악, 전략적 선택 위에서 행동하고 있다. 의분 · 결기가 아니라 사태를 내다보며 현실적으로 움직이는 것이다.

약간 다른 맥락이지만 이러한 차이는 대원군이나 김홍집의 형상화에서도 잘 드러난다. 『녹두장군』에서는 대원군의 왕조적인 한계가 농민군 두령들에 의해 뚜렷이 인식되는 반면, 『갑오농민전쟁』에서는 대원군 자체가 (『계명산천은 밝아오느냐』의 독립적이고 희극적인 에피소드들과도 달리) 거의 그려지지 않고 있다. 관리의 경우 긍정적인 면모를 거의 인정하지 않는 『갑오농민전쟁』이 조 참봉에게서 40여 가지나 되는 가렴잡세의 내역을 듣는 입각 전의 김홍집을 다소 긍정적으로 그려 둔 것도 특기할 만하다(7;222~4). 이 장면이 등장하게 된 것은 가렴잡세의 극심함을 강조하기 위한 방편이 필요했기 때문이라고 할 수 있는데, 이는 『녹두장군』에서 김홍집에 대한 평가가 사태의 진전에 따라 변화하는 것과 대조적이다. 『녹두장군』에서는 2차 기병 즈음하여 개혁 세력에 대한 비판적 인식을 명료하게 드러낸다(11;157~8). 전자가 주제 제시의 한 방식일 뿐이라면 후자는 복합적인 사태를 사실적으로 형상화하려는 의도의 소산이라 하겠다.

요약하여 『녹두장군』의 경우 농민전쟁에 관련된 제반 역학관계를 다면적으로 고려하면서 각 세력의 주체들을 나름의 입지에서 살피고 있는 반면, 『갑오농민전쟁』의 경우는 농민군의 시선을 기준으로 한 최종적인 피아 판단을 전제로 하여 이들을 일면적으로 그리거나 무시했다고 할 수 있다. 이 또한 궁극적으로는 역사관에 말미암는 것이라 하겠다.

3) 부정적인 세력 관계의 진위

『갑오농민전쟁』이 『녹두장군』에 비해 잘 갖추고 있는 미덕으로, 조정과 외세를 망라하여 당시의 세력관계를 충분히 구현했다고 보는 견해가 있다. 물론 『갑오농민전쟁』은 외국 침탈사의 맥락으로 외세에 대해 여러 곳에서 언급하거나(5;18~24,60~9 등), 조선 출병을 획책하는 일본 관료의 상황을 보여주고(8;30~3), 전주 화약 후 일본군의 철병을 요구할 때의 정세를 구체적으로 조명하기도(8;137~45) 하며, 조정의 동향에 대해서도 적지 않은 비중을 할애하고 있다. 그러나 외세 침탈사의 경우는 서술자의 역사관을 강조하는 방편으로 반복되고 있을 뿐이며, 고종과 민비, 민영준, 진령군 등에게 할애된 서사는 세력관계의 규명을 목적으로 기술되었다고 보기 어렵다. 사실 이 부분들은 인물들의 부정적인 양태를 부각시키는 데 초점을 맞추고 있을 뿐이다.

예를 들어 고종과 민비의 연일 계속되는 연회 장면(4;86~105)을 보자. 분량상으로 적지 않은 이 부분은, 대원군에 대한 민비의 사사로운 원한과 민비의 눈치를 보는 고종의 '심약한 남편의 면모'를 부각시키고 있을 뿐이다. 그들의 부정적인 품성과 한심한 행태를 강조하는 것이지 동학운동과 관련된 정치 세력의 역관계상에서 그들의 입장과 정략을 그려내는 것이라고 보기 어렵다. '정전 사건'을 설정함으로써 왕족의 겁약함과 호위 무장들의 나태함을 강조하는 것도 이 부분의 서술의도를 명확히 해준다.

동학의 보은 집회 관련 어전회의 장면에서도 사정은 마찬가지다. 왕과 정승의 대책 논의(5;43~8)를 기술하면서 서술자는 환관들이 어이없어함을 지적하고 있다(5;46). '왕은 외국 군대를 부르겠단다'라는 절의 제목에서부터 서술자의 시선과 입장, 주제의식이 확인되듯이, 편파적인 서술태도에 의해 봉건지배세력이 부정적으로 그려지는 것이다. 태인 민란에 대처하는 상황에서도, 왕은 궁녀들의 기색을 살피고, 정작 중요한 결정은 바로 그 자리에서 왕비가 처결하는 것으로 그리고 있다(7;104~9). 그러면서 이러한 국사보다 진령군의 제사가 더 중요하다는 발상을 이들 인물에게 씌우고 있는데(7;106), 이야말로 서술자가 역사를 사사화(私事化)하는 것이라 하지 않을 수 없다. 이러한 점은 왕실과 대신들을 다루는 장면들에서 거의 예외 없이 확인된다.

어전회의라든가 대신들의 언행 등을 자주 그리기는 해도 그 초점이 이렇게 이들 인물의 부정적인 측면을 강조하는 데 맞춰져 있음은 분명하다. 따라서 형상화 빈도나 비중만을 가지고 『갑오농민전쟁』이 당시의 제 세력관계를 충분히 아우르고 있다고 말할 수는 없는 일이다. 서사구성상의 긴밀성이라는 점에서 보자면, 자체로 독립적인 에피소드라 할 만큼 이들 장면이 전체 사건과 맺는 연계는 대단히 취약하다.

이상이 대비적으로 잘 확인되는 곳은 초토사 파견 이후의 대책 마련 부분이다. 초토사 홍계훈의 장계 뒤에 전라감사를 교체하고 선전관을 파견하는 등 정부 입장에서는 중차대한 결정에 대해서는 따로 구체적인 묘사를 전혀 하지 않고 간략히 처리한 뒤에(7;156), 왕비가 민영준을 질책하는 것이나, 진령군의 굿에 매달리는 왕비의 언행, 굿 구경을 핑계로 왕비를 따라 들어와서 일본의 출병 구실로 쓸만한 정보를 챙기는 오오에에 초점을 맞추고 있을 뿐이다(7;157~8). 홍계훈이 알리는 사태의 심각함은 배제된 채 국왕 부부의 한심한 행태만 강조되고, 일본의 출병이라는 역사적인 사건 또한 탐정소설식 쇄말사로 끌어넣어지는 것이다.

어전회의 중 가장 세밀하고 비중 있게 그려지는 청군 청병 문제를 논하는 장면도 예외는 아니다. 역사적 사실 차원에서 워낙 중요한 문제라 대신들이 한 차례씩 발언하게 하는 등 비중을 높이고 어느 정도 사실성을 부여하기는 했지만, 그들 모두 '설마 일본이 출병하지는 않을 것'이라는 막연한 추측에 기대어 청병을 요구하자는 의견을 내놓는 것으로 기술하고(8;18~22), "차라리 일본놈의 종이 되면 됐지 그때의 그 곡경을 다시는 겪을 생각 없다!"고 외쳐대는 왕비 민 씨의 개인적인 판단과 그녀의 비위를 맞추는 데 급급한 국왕 이형의 우유부단한 태도에 궁극적인 초점을 맞추고 있는 것이다(8;18, 23~30).

이러한 사정은 국왕 부부에 한정되지 않고 민영준 등의 고관에서부터 조병갑 등의 지방 관리, 홍계훈 등의 장군에 이르기까지 대동소이하다. 봉건 지배세력에 관한 한 그들의 한심한 행태와 용렬한 인간됨 등에 서술의 초점이 모아지는 것이다.

조병갑이 고부군수가 되는 과정의 경우, 매관매직의 우스운 일화(4;130~1)를 포함하여 진령군에 대한 민영준의 '시샘'으로 고부군수 자리가 결정된 것으로 그리고 있다(4;133~6). 사실이 어느 정도 그렇기는 했을 것이지만, 정사의 공적인 성격과 절차 등을 완전히 배제한 채로 희화화했다는 점은 부인할 수 없다. 새로 부임한 조병갑과 조 참봉이 선정을 먼저 베푼 후에 가좌책을 만들자며 수탈 계획을 짜는 장면에 있어서, 장지 밖에 있는 통인 아이를 계속 의식하는 식으로 형상화하여 격을 낮추어 놓는 것도 마찬가지다(4;238~44). 은 이방의 죄를 다스리겠다는 조병갑의 말뿐인 처사와 그로 인해서 둘이 죽이 맞게 되는 설정(4;247~261)이나, 탐관오리의 징치가 '시늉 형벌'에 그치는 것을 백성의 비판적 언행과 엮어 그려 보이는 것(5;69~85), 농민군을 앞에 둔 전라감사 김문현(7;111~2)과 홍계훈(7;152~5, 159, 162~4) 등의 겁약한 모습을 강조하거나, 그러한 상황에서 그간 모아둔 청국 은전을 이 곳간에서 저 곳간으로 옮기는 꿈을 꾸는 것으로 '금송아지 대감' 민영준을 희화화하는 것(7;147) 등은 모두, 부정적인 인물의 부정성을 부각시키는 데로 정향되어 있다.

물론 이러한 부정성을, 부패한 체제의 문제로 조명하기도 한다. 조병갑이 챙겨야 하는 조세 외의 공물 진상 내역이나(5;126~7), 치세와 무관한 관료 포상 결과(5;210~1) 등이 이에 해당한다. 백성들의 '살을 저미고 뼈를 깎는' 40여 가지의 '가렴잡세'를 지나치다 싶을 만큼 세세하게 설명해두는 것도 이에 포함시킬 수 있겠다(7;225~32). 하지만 이러한 부분들이 사건의 추동력으로 기능하는 정도가 미미함은 따로 지적해 두어야 한다.

이상에서 살폈듯이 『갑오농민전쟁』은 당대의 정치세력을 빠짐없이 등장시키고는 있지만, 한두 군데를 제외하고는 모두 지배세력의 부정적인 면모를 강조하는 데 초점을 두고 있을 뿐이다. 따라서 이러한 면모를 두고서 정치세력들의 역관계를 포착하고 있다며 상찬하는 것은 곤란하다고 하겠다.

농민군이 적대하는 반대 진영 곧 탐관오리와 조정 및 외세를 그리는 『녹두장군』의 특징은, 전체 서사의 진행과 유기적인 관련을 유지하면서 어느 정도 거리를 두고 객관적으로 형상화한다는 데 있다. 전체적인 세력 관계를 설정하는 점에서는 『갑오농민전쟁』과 다를 바 없고, 양적인 비율 면에서는 그보다 덜하지만, 이러한 부분의 형상화가 서술상의 거리를 두고 이루어졌으며 여타 부분과 맺는 관련이 보다 긴밀하다는 점에서는 역사소설의 성취 면에서 훨씬 뛰어나다고 할 수 있다. 요컨대 『녹두장군』의 이러한 부분들은 작가의 선입견이나 역사관에 의해 왜곡되지도, 서사구성상 파편화되어 있지도 않다.

이런 점에서 어느 정도 긍정적인 인물들에 대한 균형 잡힌 형상화를 『녹두장군』의 특징으로 꼽을 수 있다. 양호도어사 어윤중의 사태 조사가 객관적이라고 평가되며 기술되는 것이나(4;293~6), 신임 고부 군수 박원명의 행적이 중도적으로 묘사되는 것(7;187~205, 278~81), 김시풍의 능력과 영웅적인 면모가 좀더 소상히 그려진 것(8;137~8) 등이 좋은 예다. 여기에, 어윤중이 파면되는 것이나, 박원명의 시책에 따라 농민군이 동요하는 한편 두령들이 그의 행적을 비판적으로 분석하는 내용(7;200, 209~22)도 함께 드러남으로써, 서술자에 의한 재단적인 평가가 아니라 거리를 둔 다면적인 형상화가 이루어졌음을 알 수 있다.

이러한 점은 어전회의 장면들에서도 잘 드러난다. 『갑오농민전쟁』의 어전회의가 회의라 하기 곤란할 정도로 모든 대신들이 민비의 의중에 맞는 의견만 개진하는 데 반해, 『녹두장군』은 조정 내의 세력 관계를 복합적으로 묘사하고 있다. 예컨대 고부민란과 관련한 회의에서 민영준·심순택과 이조판서·좌의정 사이의 대립이 명확히 드러나며(7;105~11), 농민군의 전주 입성 후에 청에 구원을 요청하는 문제를 둘러싼 회의에서는 좌의정 조병세와 우의정 정범조 외에 영의정 심순택까지 가세하여,

민비의 뜻을 받들어 청병을 요구하자는 민영준과 대립함으로써, 끝내 자신들의 주장을 관철시키는 모습이 상세히 묘사되어 있다(10;16~24). 실제 사실을 파악할 수는 없지만,[22)]『녹두장군』의 이러한 설정이 『갑오농민전쟁』보다 더 리얼하다는 데 대해서는 이론의 여지가 없겠다.

여기 더하여 외국 세력의 위력과 동향도 적절하게 담고 있다. 서양 세력의 위력은, 역졸들에게 봉변을 당한 이주호 집안에서 그 처가가 베네뜨 신부와 맺고 있는 끈을 이용하여 이용태를 압박하고(8;31~2), 연엽을 구하기 위한 방편으로 달주도 베네뜨 신부에게 선을 대고자 하는 데서 확인된다(8;151). 청나라 군대뿐만 아니라 청의 상인 서문모가 등장하여 세력 관계를 미시적으로 풍성하게 하는 것(8;135)도 이에 더할 수 있다. 외세의 동향을 그리는 데 있어서도 『녹두장군』은 리얼리티를 짙게 띠고 있다. 청병조회문을 가져오라고 민영준을 압박하고(10;25~7) 일본군의 진주를 막고자 하는 원세개(10;167~9)와, 그와는 달리, 일본 공사 오오또리와의 밀거래를 통하여 사욕을 채우고 일본군의 서울 주둔을 눈감아주는 이홍장(10;158~65)을 함께 그림으로써 정세를 규정하는 내밀한 요인까지 포착하고 있다.내각과 국회의 알력이 극에 달한 상태에서 조선의 청병 요청 전보를 도청한 일본이, 소용돌이 정국을 조선 출병 문제로 해결하고 일사천리로 출병 준비를 진행하는 것도 간략하지만 적확하게 기술하고 있다(10;30~1). 『갑오농민전쟁』이 야사적인 방식으로 그리고 있

22) 청병의 요구와 관련한 조정의 의견(대립)에 대해서는 역사학계에서도 통일된 견해가 없다. 고종이 자발적으로 청나라에 구원을 요청했는가 여부에 대해서도 이론의 여지가 있는 정도이다. (정교, 『대한계년사』 2, 앞의 책, 28쪽 각주 19 참조).

는 부분들을 국제정치의 맥락을 살리면서 형상화하고 있는 것이다.

조정의 상황과 외세의 동향 외에 대원군에 대한 복합적인 시선도 빼놓을 수 없다. 『녹두장군』은 대원군의 행적과 의도를 드러내는 한편 그에 대한 농민군의 해석을 맞세움으로써, 그들의 역사적 지향이 갖는 차이를 명확히 하고 있다. 대원군이 동학에서 희망을 본다는 이야기가 이방언을 통해서 제시되지만(4;185~90), 이에 대해서, 백성을 보는 것이 아니라 왕실만 보는 것이라는 한계 또한 농민군 두령을 통해 지적되고 있다(4;193~4). 대원군이나 농민군이나 각각 서로 다른 목적을 갖고 의향을 떠보는 것으로 그려진 것인데, 이는 정황상 실제에 부합하는 것이라 할 수 있다. 농민군의 2차 기병과 관련해서도 이러한 면이 유지된다. 표면상으로 대원군은 효유문을 보내 농민군 기병을 반대하지만(11;190), 전직 승지인 이건영을 따로 밀사로 보내 효유문을 낸 사정을 알리고, 군대를 이끌고 조정을 뒤엎으라는 밀지를 내린다(11;198). 효유문에 대해 마음 쓸 것 없다며 가볍게 넘겨버리는(11;190) 전봉준은 이건영에게도 같은 태도를 취하며 농민전쟁의 특성을 명확히 한다. 그는, 다른 전쟁과 달리 여기서는 전쟁에 패한 뒤에 농민들이 죽어나갈 수밖에 없는데 공격하기만을 무책임하게 바라는 것은 안 될 말이라고 지적한 뒤에 "백성들 한 사람 한 사람 목숨도 대감 목숨이나 당신 목숨하고 똑같이 소중합니다. (중략) 앞으로 우리한테 무슨 말씀을 하시려면 우리가 모르고 있는 사정이나 알려달라고 하십시오. 결정은 우리들이 내리겠습니다"(11;199)라고 하여, 대원군과 선을 분명히 긋는다. 이러한 장면을 통해 『녹두장군』은 대원군의 왕조적인 발상과 농민군의 목표가 다름을 명확히 하는 것이다.

『녹두장군』은 탐관오리들의 모습을 그리는 데 있어서도 빼어난 면모를 보인다. 무엇보다도 이들 사이의 역관계를 놓치지 않는다는 점을 들 수 있다. 서로들 제 잇속만 생각하는 조병갑과 휘하 이속들의 미묘한 세력 관계나(3;218~28), 안핵사 이용태가 고부 이속들을 휘어잡고자 하는 것(8;75~80, 104~5) 등을 사실적으로 그리는 위에서 그들의 탐학을 형상화함으로써 사실성을 높이고 있다. 조병갑의 수탈 과정도 세세한 사정에 따라 완급을 조절하는 것으로 그려지며(2;171, 4;64~9, 5;18~9 등), 관속들과 돈놀이패 및 외세의 유착 관계까지 놓치지 않고 있다(1;119~21).

이러한 관계를 구현한 것 외에, 이들 인물 각각을 생동하는 모습으로 형상화한 것도 강조할 만하다. 백성들을 늑탈하는 한편 자신에게 항의하는 산주들이나(4;135~8) 김도삼(4;336) 등을 뻔뻔스러움을 내세우거나 능청을 떨며 물리치는 조병갑의 면면이 그렇고, 이용태의 속을 알 수 없는 면모가 그려지는 것(8;134~5)도 그러하다.

부정적인 인물의 형상화에서 가장 뛰어난 성과는 호방 은세방의 창조이다. 이 인물은 세속적인 삶의 맥락에 정통하고 철저히 현실적으로 활동하는 악당이다. 농민군 두령 정익서에 의해 '흉물이지만 앞뒤를 가릴 줄 아는 자'(8;50)로 말해질만한 면모를 갖추어, 전봉준에게도 선을 대고 있고(3;224~5) 조병갑이나 이용태 누가 상전이 되든 그 비위를 맞추며 제 잇속을 차리는 인물이다. 이주호의 약점을 잡아 돈을 뜯고 그 집 종 유월례를 제 소유로 하는 등(1;255, 288) 오리(汚吏)의 행실을 보여주는 것은 물론이고, 어떠한 상황이 되든 자신에게 유리하게 끌고 가고자 하는 배포와 계략에 능통한 면모도 갖추고 있다. 전봉준의 부하들과 연엽이 체포되어 농민군 쪽에서 손을 쓰고자 할 때, 연엽 등을 이용하여 전봉준을 잡을 계책을 이용태에게 상주하는 한편(8;39~40), 장호만을 구하고자 찾아온 정익서에게 돈을 받고(8;50~2) 김승종이가 정길남을 탈옥시킬 때 못 본 체하는(8;88) 이중적인 면모를 보인다. 역졸들에게 당한 분을 풀려는 이주호 아내가 베네뜨 신부와의 인연을 들먹이며 이용태를 위협하여(8;218~24) 자신의 처지가 위태롭게 되어도, 그는 교묘한 계책을 발휘하여 사태를 무마시키고 농민군에게도 인심을 얻는 결과를 이루어낸다(8;224~9). 그의 이러한 성과(?)는 평소 농민군의 동태를 파악해 두는 등 사세를 정확히 읽기에 가능한 것으로 그려져 있다. '은세방의 서사'로 특기할 만한 이러한 내용 요소는, 『녹두장군』의 인물 형상화가 사실적이고 사람살이의 논리에 대한 파악이 깊이와 섬세함을 갖추었음을 입증해준다.

인물의 성격화 측면에서 아쉬운 경우가 없지는 않다. 고부봉기 후 농민군의 손아귀를 벗어나려는 조병갑이 이에 해당된다. 백성들을 늑탈하는 국면에서는 노회하다고 할 정도로 느물느물한 배짱을 갖춘 매우 여유 있는 모습으로 묘사되다가, 농민군에게 쫓겨 피신하는 부분에서는 한없이 겁약하고 옹졸한 인물로 그려짐으로써(5;157~60, 266~7), 상황의 변화를 고려하더라도 지나치게 작위적이라는 인상을 주는 것이다.

그러나 전체적으로 보아, 탐관오리나 조정 관료, 외국 세력가 등에 대한 『녹두장군』의 인물 형상화는 훌륭하다고 할 수 있다. 서사 진행과 긴밀한 관련을 맺으며 인물을 성격화한 점과 묘사에 있어서 서술자의 거리두기가 전반적으로 잘 유지된 점 등이 그 근거가 된다. 이는 근대소설의 요건으로 강조할 만한 자질이다. 『녹두장군』은, 부정적인 인물을 희화화하는 경우에서도 희화화 자체를 목적으로 하거나 서술자가 흥분하지 않는다. 고종에게 전주 함락 소식을 전하려 하는 동부승지 조동윤을 막고

민비에게로 가는 민영준이 계단에서 넘어지는 장면(10;7~10)이나, 그가 재차 원세계에게 가서 청병조회문을 가져오라고 닦달당하는 장면 등도, 냉정한 서술자의 시선 아래서 세력 관계에 근거하여 그려지기에 파편화되지 않는 것이다.

4. 가상 인물 창조의 목적과 효과

1) 인민 영웅과 밤하늘의 성좌

서사 전개에서 주동적인 역할을 하는 가상 인물의 경우 『갑오농민전쟁』은 그 편폭이 그다지 넓지 않다. 사실상 오수동, 오상민 가족이 중심이고, 부차적으로는 활빈당을 이끄는 정한순이나 길남 정도를 꼽을 수 있다. 정한순의 경우는 전작인 『계명산천은 밝아오느냐』의 중심인물이고 그 연장선상에서 기능하므로 의미 기능은 주목할만해도 이 소설에서는 서사 전개상의 역할이 그다지 크지 않다. 농민전쟁과 관련해서는 더욱 그렇다. 길남의 경우도 오수동의 전사 등 농민전쟁의 막바지에 이르러 서사 전개상 의미 있는 행위를 할 뿐이다.

오수동과 그의 처, 그리고 이들 부부의 아들인 오상민과 그 정혼녀 격인 영아 등 오수동 가족이 『갑오농민전쟁』의 서사 구성에서 의미 있는 가상 인물군이라 할 수 있다. 이러한 설정에서 먼저 눈에 띄는 것은 이들이 가족으로 묶여 있다는 점인데, 그 결과 서사 전개의 맥락에서 다양한 흐름을 보이지는 못하게 된다. 오수동과 오상민 부자만이 전편에 걸쳐 나름의 서사를 이끌고 모친과 영아는 말미에 가서 한갓 옛날이야기 수준의 행적을 펼쳐 보이는 데 그치고 있다. 이러한 이들의 행적은 서사의 추동력이 다소 단순화되는 원인이자 동시에 그 결과라 할 수 있다.

이들 주동적인 가상 인물 중 가장 중요한 경우는 바로 오상민이다. 작품의 처음부터 끝까지 서사의 기본 줄기에 가담하고 있다는 점에서도 그러하지만, 보다 중요하게는, 그가 발전적인 면모를 보이면서 주동적인 역할을 하여, 인민 영웅의 면모를 보이는 점을 들 수 있다.[23)]

인정 있는 평범한 농촌 총각에 불과하던 그는 부친 오수동이 살아있다는 소식을 들은 후 한층 부지런한 면모를 보인다(4;139~44). 이후 전봉준에게서 부친의 내력과 전주민란 이야기를 듣는 한편 목도를 하사받은 뒤로는(5;93~125) 염동에게서 칼 쓰기를 배워 연습에 몰두하며 (5;131~9, 152, 188), 김도삼의 체포를 막는 데 일조(5;140~2)한 후, 단결된 농민의 힘을 인식하게 된다. 이후 그는 순돌이를 위해 변산 활빈당을 찾아가거나(5;155~6) 이 진사네 하인 문 서방을 위해 적극적으로 나서는

23) 오상민이라는 인물의 창조와 관련하여 윤정헌은 "오상민이란 한 탁월한 민중의 전형을 창조함으로써 풍랑의 당대사를 폭넓게 포용하려한 점은 갑오년의 이 민족사적 대사건을 다룬 많은 다른 소설들에서 일찍이 이룩하지 못했던 돋보이는 성과"(앞의 책, 211쪽)라고 극찬한 바 있다. 오상민을 전형적인 인물로 보는 데는 동의하지 않지만, 이 인물의 창조가 『갑오농민전쟁』의 훌륭한 성취 중 하나라는 점에는 본고도 판단을 같이한다.
오상민을 전형적인 인물로 볼 것인가 여부는 복잡한 문제를 동반한다. 북한 문예학의 경우 '전형성'을 이해하는 데 있어 당의 현실적인 지도 노선으로서의 당성·당파성과 긴밀히 관련짓고 있는데(사회과학원문학연구소, 『북한의 문예이론 - 주체사상에 기초한 문예이론』, 인동, 1989, 92~7, 228~38쪽 참조), 이는 '당파성'을 미학적 범주로 이해하는 일반적인 논의 맥락과 다소 거리가 있기 때문이다(프라하트·노이베르트, 「당파성에 관하여」, 문학예술연구소 편, 『현실주의 연구 1』, 제3문학사, 1990, 288~96쪽 참조).

(5;175~81, 193~8) 등 의협심 있는 행동을 하게 된다.

그의 이러한 변모가 사회적 행동으로 나아가는 것은 '애민선정비' 건을 공모하고(5;213~5), 일본 어민 살해자인 한갑손을 신고하라고 김 첨지가 모은 동네사람들에게 그 부당함을 알리면서부터이다(5;238~40). 이렇게 변화된 그의 모습은, 영아나 상무 등 주변 인물들의 경탄과 대비적인 반성 등을 통해 서사 차원에서 한층 부각된다. 이후 그는 전운소 부족미 징세를 집단적으로 거부하자 하고(5;258), 만석보 물세 건으로 사령 및 아전과 충돌한 후 쫓기는 신세가 되어(5;270~4) '한 달 남짓 전봉준의 가르침을 받은 뒤'(6;179) 한층 성숙한 운동가의 면모를 갖추게 된다(6;15~24).

이런 상태에서 그는 고부봉기의 선두에 서고(6;31), 농민군의 총포대 대장이 되어(6;142) 전투마다 선봉에 서서 전과를 올리게 되며, 전략 전술을 짜는 데 있어서도 재능을 보이게 된다(7;115, 142). 끝에는 자살을 기도하는 전봉준을 만류할 정도로(8;236) 이상적인 농민군 지도자의 면모를 획득하게 된다.

오상민의 발전적인 면모에서 주목할 점은, 몸소 겪은 구체적인 사건보다는 전봉준의 가르침에서 결정적인 변화의 동기가 마련된다는 사실이다.[24] 이는, 백성·민중들 사이에서 상민이 전봉준의 화신으로 비친다는 점에서도 확인된다(6;22~4). 이러한 방식은 현실의 규정력을 강조하는 리얼리즘적인 창작방법과는 다소 거리가 있는 것인데, 『갑오농민전쟁』 전편을 흐르는 이념의 우위 현상과 그 배후에 있을 의식 개혁의 중요성에

24) 인물들의 변화에 있어 전봉준의 역할이 크다는 점은 이야기꾼인 신 서방의 경우에서도 확인된다(5;151).

대한 인식의 소산이라 할 수 있다.

오상민의 형상화와 관련하여 한 가지 부기할 점은, 오상민이야말로 '당의 요구'를 반영한 이상적인 인물이라는 사실이다.[25] 그는 사실상 아무런 결점도 갖지 않는 인민 영웅이다. 바로 이러한 점에서는 전봉준과도 다르다고 할 수 있다. 전봉준이 행하는 수많은 전략적 실수와 그에 따른 후회, 그리고 전봉준이 자결을 시도할 때 오상민이 만류하는 것 등을 통해서 이러한 점이 확인된다.

오상민을 제외한 나머지 인물들이 모두 죽음을 맞는 것 또한 이 맥락에서 특기할 만하다. 이 경우 죽음은 이들 가상 인물의 영웅적인 면모를 완성하는 장치로 기능한다. 전봉준을 구하거나 전쟁에 기여하기 위해 자기 목숨을 초개같이 버림으로써 이들은 희생정신을 갖춘 인민 영웅으로 남게 된다.

이렇게 죽음으로 귀결되는 영웅적인 행위를 수행하는 인물들은 아름답게 조명된다. 전봉준을 구하기 위해 목숨을 버리고 자기 죽음의 의미를 명확히 하는 오수동(8;168)과 길남(8;231)의 경우가 특히 그러하다. 봉득의 죽음이나(8;261)[26] 오상민을 구하다 죽는 영아(8;211)의 경우도 그들의 바람과 소망이 간명하게 혹은 애절하게 드러나 있다.

이들의 죽음과 관련하여 두 가지를 말해둘 수 있다. 첫째 주제효과 측면에서 볼 때 인민 영웅의 형상화라는 목적에 부응하는 것이라 할 수

25) 이에 대해서는 이재선이 지적한 바 있다. 「사회주의 역사소설과 그 한계」, 앞의 글, 194쪽.

26) 벼랑으로 떨어져서 죽은 것으로 여겨지나, 후에 살아남은 것이 확인된다 (8;334~5).

있다. 둘째는 작품의 구성 면에서 이들의 죽음이 불가피하다는 점이다. 애초부터 이들 가상인물을 통해 작품을 이끌어왔기에 서사를 종결짓기 위해서는 이들을 소설의 무대 뒤로 옮겨갈 필요가 있었던 것이다.

첫째 항목은 사실 이념적으로 외삽된 것이어서 근대소설의 현실성을 해칠 정도로 지나치게 그려지기도 한다. 일본군 대포를 무력화하고자 포신에 물을 부은 오상민의 모친이, 억울한 사람이 누명을 쓰고 처형당하게 되자 자수하고 나서서는 관군과 일본군 장교에게 일장 훈시를 하는 장면이 대표적인 예가 된다(8;220~5).

『녹두장군』은 서사 전개에 있어서 주동적인 역할을 하는 가상 인물군을 폭넓게 마련하고 있다. 『갑오농민전쟁』의 오상민처럼 농민군의 선봉에 서는 별동대 총대장인 달주가 중심인물로서, 전쟁뿐 아니라 전체 서사의 전개에서 큰 역할을 하고 있다. 임군한과 그 부하들로 이루어진 대둔산 패는 정탐활동을 주로 맡아 농민군의 작전 활동의 폭을 넓히는 역할을 하고 있으며, 이주호 집의 충직한 하인이었다가 작두장군으로 활약하게 되는 만득과 그의 처 유월례나, 전봉준 농민군에서 이탈하여 독자적으로 활동하는 오기창 패 또한 봉건세력에 맞서는 농민운동에서 나름의 역할을 수행하는 것으로 그려진다. 이 외에도, 여러 세력에 손을 대어 농민군 자금을 모으거나 정보를 수집하는 김덕호와 월공 같은 인물이 등장하여 국내외의 정세를 그릴 수 있게 한다. 연엽과 군자란, 경옥 등의 여인은 농민군의 식량 문제나 간호 업무 등을 맡아 전쟁의 세밀한 국면을 여실하게 그릴 수 있게끔 기능한다. 정석희를 통해서 첩보전의 측면까지 가미하게 된 것(5;60~1)도 꼽아둘 만하다.

이렇게 가상 인물들을 폭넓게 설정함으로써 『녹두장군』은, 좁게는 농민전쟁을 넓게는 농민운동 일반을 입체적으로 형상화하는 데 성공하고 있다. 갑오농민운동의 총체적인 형상화에 필요한 여러 측면에 걸쳐서 서사를 이끌어가는 주동적인 가상 인물들을 적절하게 배치한 것이다. 이에 더하여, 이들 가상 인물 각각이 펼쳐 보이는 생활 모습이나 의식 등과, 이들이 여타 인물들과 맺는 관계 등을 통해 소설의 육체가 더욱 풍성해지는 것까지 고려하면, 『녹두장군』의 문학적 성취 측면에서도 가상 인물들의 역할이 지대함을 알 수 있다.

이러한 점은 이 인물들의 대부분이 발전적인 면모를 보이는 입체적 인물로 형상화된 데서 한층 분명해진다. 달주의 변모 양상은 오상민의 그것에 방불하고, 만득의 변모는 훨씬 극적이다.

작품의 첫머리에서 달주는 자존심과 돌팔매 재주를 갖추었을 뿐 특별히 남과 다를 바는 없는 농촌 총각으로 등장한다. 그러던 그의 삶은 스승 전봉준을 찾아가는 길에 우연히 포졸 두 명을 살해하게 되면서(1;55) 크게 변화하기 시작한다. 살해 사건에서 벗어날 겸 전봉준의 지시로 김덕호와 임군한을 수행하는 과정에서 변화가 이루어진다. 일행이 먹는 푸짐한 음식상을 보거나 기생 놀이에 참예하게 되었을 때 농민들의 처지를 떠올리는 순박한 마음은 변치 않지만, 여러 임무를 수행하며 돌아다니는 동안 세상을 넓게, 달리 보게 되는 것이다(3;79). 그의 발전적인 변화에서 중요한 사건은, 만득에게 하대한다는 이유로 갈재 산채에서 김확실에게 목침뜸을 당하면서 인내천을 체득하게 된 일이다(3;151~5). 이 사건 이후로 그는 세상에 대한 목침 뜸질을 고민하게 되고(4;59), 농민군에 나아가 별동대 대장이 되어(6;190) 제 몫을 수행한다. 『갑오농민전쟁』의 오상민과 마찬가지로 달주의 변화를 낳는 요인 또한 인물 자신의 체험과 주변사람들의 가르침이다.

『갑오농민전쟁』이 오상민이라는 인물을 제시했다면 『녹두장군』은 만득이를 그려냈다고 할 만큼, 이 작품에서 만득과 그 처 유월례의 서사는 주목할만하다. 만득은 이주호 집안의 노비이고, 유월례는 본디 이주호의 아들 이상만이 성욕의 대상으로 끌어들였으되 그 처 때문에 만득의 아내로 집에 둔, 미모가 출중한 여종이다. 만득은 힘이 장사여서 남들 곱절 이상의 일을 하되 충직하기 이를 데가 없는 인물이다. 그의 운명은 호방이 유월례를 빼앗아가면서 변하게 된다. 유월례를 탐하는 호방이 그 남편인 자신을 제거하고자 편지 심부름을 보낸 사실을 달주와 용배, 월공 등이 확인시켜 줄 때조차 상전에 대한 우직한 충정으로 그는 사실을 외면한다(2;96~102). 호방에게 호되게 맞다가 그를 패고 도주하면서(3;88,114) 사태를 깨달은 뒤, 달주와 산채 식구들의 힘을 얻어 유월례를 구출하여(3;194~204), 월공과 이방언의 도움으로 농민이 되어 행복한 삶을 맛보며(4;23~38, 146~56) 동학을 배우게 된다(6;228~9). 다시 호방에게 잡혀(7;137) 유월례를 빼앗긴 뒤(8;68~70, 129~33), 그는 고부봉기 후 장흥 천민부대의 대장이 되어 농민군에 합류하고(9;54) '작두장군'이 되어 전주에 입성한다(9;240~2). 그 후 만득은 농민군 대장으로 유월례와 함께 용감무쌍하게 활약하다 전사한다(12;322).

만득의 서사는 봉건적 신분 의식의 뿌리 깊음과 민중적 생명력의 강렬함을 선명하게 드러내고 있다. 극적인 변화를 보이면서 작품 전편에 걸쳐 제시되는 그의 생애 중에서, 봉건적인 신분의식을 깨고 유월례와 단란한 생활을 하게 되기까지의 과정을 긴 호흡으로 그린 반면 천민부대의 대장 이후부터는 연유와 내력 등을 따로 밝히지 않는 데서, 이 점이 명확해진다. 농민의 신역과 고통, 자기 속박, 계급적 자각, 일상의 행복과 꿈, 투쟁과 죽음이라는 한 편의 서사시가 그에게 구현되어 있되, 전쟁 이전까지에 중점이 두어진 것이다.

달주와 만득 외에 연엽 또한 주목할 만하다. 불행한 가족사로 인해 군자란에게 의탁하고 있던 그녀는 월공의 뜻에 따라 달주 일행과 합류하여 고부에 들어오게 된다. 앞서도 지적했듯이 그녀의 주된 역할은 농민들에게 동학을 포교하는 것이며(3;28~38 등), 봉기 후에는 전봉준의 신임을 받아 농민군의 안살림을 총괄적으로 지휘하게 된다(5;229~30). 연엽이라는 인물의 설정은 두 가지 효과를 낳는다. 첫째는 『녹두장군』의 주제효과에 긴밀히 관련되는 것으로서 그녀로 인해 동학 정신을 갑오농민운동의 바탕에 깔 수 있게 되었다는 점이다. 둘째는 기능적인 역할로서, 다시 두 가지로 나누어 볼 수 있다. 전봉준에 대한 그녀의 연모와(4;133~4, 5;193~4) 그에 대한 전봉준의 호응을 통해서 전봉준의 인간적인 면모를 자연스럽게 강화하는 한편, 달주와 경옥 등 관련 인물들의 서사를 매끄럽게 하고 호방과 농민군이 맺는 관계를 복합적으로 그릴 수 있게 해주는 것이다.

이상에서 확인되듯이, 서사를 이끄는 주동적인 가상 인물의 설정에 있어서 『갑오농민전쟁』과 『녹두장군』은 차이를 보인다. 전자가 오상민을 중심으로 하여 인민 영웅의 면모를 한껏 강조한다면, 후자는 서로 역할을 나누는 몇몇 인물들을 비중이 고르게 설정하고 있다. 지금까지의 비교 사항과 더불어 이 점을 고려하면, 이제 두 작품의 주제효과가 확실히 다르다고 한 차례 강조하고 넘어가도 괜찮을 듯하다; 『갑오농민전쟁』이 부정적 인물의 부정성을 강조하고 전봉준을 메가폰화하는 한편, 인민 영웅을 내세우면서 민중 주체의 역사관을 강조하는 반면, 『녹두장군』은 전봉준을 포함하여 인물들 대부분을 거리를 두고 냉정하게 형상화하면서 각 세력의 역학관계를 재구성하여, 과거 역사의 총체상을 제시하고 있다.

2) 인물과 관계의 부정성

『갑오농민전쟁』의 부정적인 가상 인물군은 고부 양교리의 유산층으로 구성되어 있다. 양교리의 유산층은 감역 이 진사를 중심으로 하여 동소임 김 첨지, 고 서방, 김 생원, 박 생원, 조 생원, 윤 생원, 지 생원 등이며, 이 진사의 가족인 '마누라'와 이상문, 이상빈, 홍덕 딸 등이 이에 더해진다. 양교리 바깥에서는 게뚜더기와 안장코 등의 전현직 포졸을 들 수 있다.

이들의 핵심은 단연 이 진사 가족이다. 이들은 행실도 그렇지만 성품 자체가 매정하고 포악하며 방탕한 것으로 그려진다. 이 진사네 위세를 희화화하는 인물로 막내아들 상빈이 팔삭동이 저능아로 설정된 것도 특기할 만하다. 다음 예에서 보이듯이, 이들은 성격 부여에서부터 사실상 부정적으로 그려졌다고 할 수 있다.

이 진사 부인이 구기가 심하여 몸을 다친 곽미륵이 침도 맞지 못하게 하는 것이나(4;180~1), 고부봉기 후 이 진사가 오방신장을 찾으며 불안에 떠는 것(6;75~8, 85), 공부한다는 핑계로 돈만 쓰고 돌아다니며(6;49~51) 부친의 말에는 콧방귀만 뀌고(6;87~9), 급기야 집안 재산을 들고 뛰는(6;91~2) 상문의 행실, 안핵사 이용태의 역졸들을 이 진사가 나서서 수발하는 것(6;230~5) 등에서, 이들에 대한 전면적인 부정적 형상화 방식이 확인된다. '학질 예방 편지 사건'(5;143~50)은 이 진사 부부와 팔삭동이 '상빈' 등 이 집안사람 전체의 부정적인 면모를 집약적으로 보여주며, 그 분풀이를 문 서방과 삼월이에게 하는 데서는(5;143~51), 이들의 면모를 피지배계층인 하인들과 대비하여 극명하게 제시하고 있다.

『녹두장군』과 비교했을 때 이 소설이 보이는 두드러지는 특징은 동소임 김 첨지 또한 전형적인 악인으로 그려졌다는 사실이다. 그는 마름에 아부하여 길보의 논을 떼어 제가 부칠 만큼 제 잇속을 차리는 인물로서(4;177), 온갖 가렴잡세를 거두는 데 있어 관원 못지않게 포달을 부린다. 이렇게, 아전뿐 아니라 동소임까지 백성을 압박하는 모습으로 설정한 것은, 순수 피지배계층만이 역사적 정당성을 지닐 수 있다는 발상에 근거한 것이 아닐까 싶다.

그 외 인물들도 부정성이 강조되며 그려진다. 이 진사(5;222, 6;45)와 마찬가지로 고 서방(5;221)도 일본 돈 모으기에 여념이 없으며, 점순이를 부리는 김 생원 댁은 매정한 주인으로 등장하고, 고부봉기 때 잡혀온 향교말 배 참봉의 경우는 아내를 바치겠다며 목숨을 구걸하는 모습으로 그려진다(6;43). 오수동이 전하는 서울 행태를 친일 풍조가 고조되고 '왜놈'들이 행세하는 모습으로 그리는 데서는 유산층 일반의 반민족적인 행태에 대한 비판의식을 엿볼 수 있다(7;82).

『녹두장군』의 부정적인 가상 인물군은 작품의 전후반부에서 변화를 보인다. 고부봉기까지는 단연 감역 이주호 가족으로서 경제적, 윤리적인 면에서 부정적인 측면을 보여준다. 후반부로 가면서는 정치적인 면에서의 부정성이 강조되는데 정 참봉과 조성국, 그리고 김 진사 및 김달 패 등 전봉준에 직접 맞서는 축이 중심을 차지한다. 이 외에 방필만, 방학주

가족 등 유산 계층이 두루 등장하며, 정익수처럼 첩자 노릇을 하는 인물도 설정된다.

감역 이주호는 혼사를 통해 신분 상승을 꾀하려 하는(3;276) 보잘것없는 지방 유지면서, 두레로 대표되는 농촌 공동체의 원리를 지키지 않고 소작을 핑계로 농민들을 지배・회유하려는 인물이다(3;155~9). 봉건사회 농촌의 전형적인 유산층이라고 할 수 있다. 고부봉기 후에는 기회주의적인 면모를 보이며 안위를 구하지만(5;260~3), 안핵사 이용태의 역졸들에게 집안을 유린당하는(7;288~303) 등 농민전쟁의 피해자이기도 하다. 『갑오농민전쟁』의 이 진사가 전형적인 지주로서 악의 화신인 양 그려진 것과는 큰 차이가 있다. 이는, 사태를 단순화하지 않으려는 작가의식의 발로라고 할 수 있다.

이주호의 면모가 다소 복합적인 데 반해 그 아들 이상만과 이복동생 이갑출은 부정성이 두드러진다. 이상만은 색욕이 넘치는 인물로서 윤리적인 측면에서 유산층의 부정성을 대변하고 있다. 유월례를 탐하는 데(1;264~7) 그치지 않고, 소작을 미끼로 장춘동의 처 예동댁을 범하는 것이다(3;183~92, 4;84~7). 그의 색욕은 고부봉기 후 농민군 세상이 되어서도 변하지 않아 끝내 장춘동에 의해 죽임을 당한다. 이갑출은 한량이자 파락호로서 조카인 경옥 사단으로 이주호의 재산을 노리며(3;277~86), 일본 상인들과 긴밀한 관계를 꾀하는 등 반민족적인 지향을 보이고 있다(10;174~8). 이상만의 살해범을 찾고, 상금을 노려 김덕호를 잡으려 하다가(11;101) 임군한 등에게 죽임을 당한다(11;112).

이주호 집안 외의 부정적 인물들은 대체로 인근의 부자들이다. 작인들뿐 아니라 동네 농민들 특히 동학도들에게 심하게 대하는 방 씨 일가나 김 진사 등이 대표적인 예이다. 이들을 포함하여 부자들은 시세에 따라 이중적으로 처신하면서 제 위상을 지키고자 한다. 고부봉기 직후에는 스스로들 나서서 수세 포기 각서를 취합하지만(5;207), 신임 군수 박원명이 온 뒤에는 그의 시책에 적극적으로 호응하는 것이다(7;206~7).

이들 중 일부는 적극적인 행동에 나서서 전봉준을 처치하고자 하는 것으로 그려진다. 평소 작인 등 농민들에게 악행을 일삼고(6;22~5, 23~44) 고부봉기 시 조병갑을 탈주시키는 데 크게 기여하다가 임군한 패에게 잡혀 곤욕을 당하고 투옥되었던 정 참봉은, 이후, 조성국과 더불어 전봉준의 암살을 획책하나 실패하고(6;270~2, 308~9) 끝내 장호만, 오기창 등에 의해 살해당한다(6;293~302). 김 진사와 김달 패는, 연이은 패전 후 입암산성을 거쳐 내장사 쪽으로 도주하던 전봉준 일행을 죽이고자 민보군을 이끌고 공격한다(12;263~71). 이들은 자기 계급의 이익을 지키기 위해 투쟁에 나선 부자들로 『녹두장군』의 현실성을 강화하는 데 크게 기여한다.

이들과 관헌에 기생하는 인물들도 적절히 배치되어 있다. 애매하게 잡혀온 농민들을 고문하는 김치삼, 아전들의 지시를 따른 그에게 협박을 당하여 첩자가 되고 만 정익수, 미관말직이나마 얻고자 수령에 아부·충성을 다하는 조성국(3;272~4) 등이 그들이다. 이러한 인물들이 복합적으로 얽히면서 『녹두장군』은 농민전쟁기의 복잡다기한 양태를 효과적으로 구현하고 있다.

『녹두장군』에서 보이는 부정적인 가상 인물의 형상화에서 주목할만한 점은 다음 두 가지이다. 첫째는 이들의 부정성과 그것이 드러나는 방식이 개인의 성격 차원보다 사회적인 관계에 근거를 두고 설정된다는 점이다. 그와 동시에 농촌 공동체라는 현실의 논리가 그들의 행동에 관여한다는 점도 강조할만하다.

이주호가 두레 문제나 자기 딸의 혼사 관련 문제를 김한준을 통해서 무마하려 하는 것이나(1;254~62 등), 부자들이 농민군과 관아 모두로부터 거리를 두고자 하는 점(5;291~8), 정 참봉의 아들과 정석남이 자신들의 아비와 아우의 죽음을 핑계로 이용태가 사람들을 심하게 닦달하자 그를 찾아가서는 농민의 입장을 들어 통사정을 하는 일(8;163), 방학주의 작인들이 그를 찾아갈 때 소작문제만 따지겠다면서 화적패를 제지하는 것(8;206~9, 212~5) 등은 모두, 공동체의 현실성에 바탕을 둔 삶의 논리 위에서 사회적인 관계에 따라 행해지고 있다. 『갑오농민전쟁』에서처럼 추상적인 만큼 맹목적인 적대감 · 살의 등이 아니라, 현실의 구체적인 문제에 따라 행동하고 그 또한 농촌사회 내의 복잡한 이해관계와 공동체적인 특성의 한계 내에서 규율되는 면모를 보이는 것이다. 이 점에서는 정 참봉을 살해하고자 하고 마침내 실행에 옮기는 오기창의 경우도 다르지 않다. 그를 살려두고서는 세상이 다시 바뀔 때 그의 소작인인 자신이 살 수 없게 되리라는 현실적인 판단에서 그런 계획을 세우는 것이나(6;135~6), 살해를 포함한 독자적인 활동 때문에 결국 친척들에게서조차 따돌림을 당하게 되는 것 모두 농촌 공동체의 현실적인 규율하에 놓이는 행동이라고 할 수 있다. 정익수가 관의 끄나풀이 되는 동기로 외숙모와 상피 붙었다는 억울한 죄를 뒤집어씌우고자 하는 것을 설정한 점도(3;262~70) 이런 맥락에서 이해할 수 있다.

서사 전개에 있어서 반동인물로 기능하는 부정적인 가상 인물의 작품화에 있어서 『갑오농민전쟁』과 『녹두장군』이 보이는 첫 번째 차이는 그

범주 설정의 상위에서 찾아진다. 동임에 대한 파악이 정반대인 것을 먼저 지적할 수 있는데, 전자에서는 지배계급의 하수인으로 그리는 반면 후자에서는 농촌공동체의 일원으로서 농민의 입장을 대변하는 존재로 그리고 있다. 『녹두장군』의 동임 양찬오는 지배계층의 일원이 아니라 동민들 중의 하나로 그려지고 있다. 관아의 속셈을 파악하고서 불가피한 대처 방안을 주민들에게 설득하거나 이도저도 안 될 때는 다른 사람들의 도움을 빌리는 데서 이러한 모습이 잘 확인된다. 실정에 맞추고 인정을 잃지 않는 동민들의 관계 속에 동임이 함께 하는 것이다(1;199~207, 249 등). 향리에 대해서도 차이를 보여 전자는 반동으로 단정함에 비해 후자는 회색분자로 그리고 있다.

이러한 차이는 전체 서사를 이끌어가는 추동력의 성격에 기인하는 것으로 보인다. 『갑오농민전쟁』은 일종의 신원주의적인 결백성을 강조하는 듯이 민중 순수주의로 일관하고 있는데, 이는 민중성과 계급성을 강조하는 이념의 영향을 받은 것이라고 볼 수 있다. 반면 『녹두장군』의 이러한 양상은, 매 단계마다 맞서 싸워야 할 '적을 최소화'하기 위해서 부자와 유림 등 양반계급을 적으로 만들지 않으려는 두령들의 의지와 맞물려 있다. 서사 바깥에 선재하는 이념에 따른 것이라기보다는 역사를 총체적으로 보고자 하는 태도의 발로로 보인다. 사정이 이러해서, 관과 농민군을 매개하고자 나서는 별산 영감 등의 역할이 그 자체로 긍정되고, 이주호 등 백두 양반 세력의 기회주의적인 처사가 묘사되고 이들 또한 이속이나 역졸들에게 유린됨으로써 탐관오리의 피해자로 그려질 수 있었으며, 호방 등 아전배가 제 안위를 위해서 농민군과도 일정하게 끈을 유지하는 모습이 담길 수 있게 된다. 삶의 복합적인 면모라는 점에서 개연성을 인정할만한 설정이라 할 수 있다.

또 하나의 차이는 부정적인 인물들의 부정성이 강조되는 방식에서 찾아진다. 『갑오농민전쟁』의 이 진사 가족의 경우, 이들 개인의 부정적인 인간성에 초점이 맞춰져 있다. 반동계급의 사회경제적인 반동성을 객관적으로 조명하기보다는 그들의 못된 인간성 측면으로 굴절시켜 강조하는 것이다. 반면 『녹두장군』의 감역 이주호 등은 좀더 포괄적인 면에서 부정성이 그려지는 차이를 보인다. 이주호의 경우는 경제 정치적인 맥락에서 자신의 부정성을 보여주고 그의 아들 이상만은 지나친 색욕으로 부정적인 인간성을 드러낸다. 이주호의 배다른 동생 이갑출의 경우는 파락호이자 건달인 한편 일본에 기대는 반민족적인 태도를 보이고 있다. 이 외에 정 참봉이나 김 진사 등은 경제적인 이해관계 위에 농민군을 붕괴시키려는 정치적인 목적까지 뚜렷이 하면서 행동에 나선다. 이렇게 『녹두장군』의 경우는 가상 인물들을 통해서 당대 지배계층의 부정성을 정치 경제 사회적으로 폭넓게 조명하고 있는 것이다.

이상은 물론 공통점 위에서의 차이이다. 이 두 작품 모두 부정적 가상 인물군의 중심에 농촌공동체를 지배하는 실질적인 수탈자인 지주 가족을 설정한 사실이 그것이다. 『갑오농민전쟁』의 이 진사 가족과 『녹두장군』의 이 감역 가족은, 뚜렷한 양반은 못 되지만 경제적 지배권을 휘두르면서 농민들을 핍박하는 존재라는 점에서 공통된다. 또한 이상문과 이갑출이 민족의식이 없는 친일적인 인물이라는 점 또한 유사하다. 이들은 당시 현실의 부정적인 인물형의 구색을 갖추기 위해 기능하고 있다.

그러나 이러한 공통점은 인물 설정상의 그것일 뿐, 서술의 초점과 비중이 처리되는 데서는 앞서 말한 차이가 감지되는 것이 사실이다. 이러한 차이는 지금까지 살핀 두 작품의 차이와 맞물리면서, 두 작품이 역사소설로서 갖는 차이를 말해주기도 하다.

역사소설에서 중요한 서사의 추동력이란 실제 역사에 근거하기 마련이고 구체적으로 보자면 정치적인 대립 인물군을 통해 발현되는 것이 일반적이다. 따라서 가상 인물들은 대체로 정치 이외의 영역에 자리를 잡고 서사의 가지들을 전개시키거나 에피소드들을 풍성하게 하면서 주제효과를 특징짓는 역할을 하게 된다. 이런 점에 비추어 볼 때 위의 차이는 역사소설로서 두 작품이 강조하는 바가 다르다는 점을 가리키는 것이다. 『갑오농민전쟁』이 서로 대립하는 역사 주체들을 품성적으로 대비하는 데 주력한다면, 『녹두장군』은 그들의 사회적인 역관계를 그리는 데 목적을 두고 있다 하겠다.

5. 농민의 형상화와 에피소드의 기능

1) 농민의 비참함과 생명력

백성들과 농민군을 그리는 데 있어서 『갑오농민전쟁』은 다음 세 가지 특징을 보인다. 첫째는 농민들의 비참한 생활상을 힘주어 강조한다는 점이다. 가을걷이 후의 상민 네 회계를 통해 궁핍할 수밖에 없는 상황을 구체적인 수치로 보여주기도 하지만(5;247~8), 이보다는 이들의 곤경을 다양한 측면에서 반복적으로 형상화하는 방식을 즐겨 쓰고 있다. 금녀 가족의 신산스러운 삶(4;148~56)이나, 김 생원 집 종인 15세의 점순이가 양식을 꾸러 다니는 막막한 상황(4;157~60), 진 서방 가족이 가난에 피폐해지는 모습(4;187~9), 이 진사네 종복들의 고된 일상(4;193~205, 212~3), 동소임 김 첨지와 고 서방의 계략에 희생된 길보의 극심한 곤궁함(4;175~7)과 야반도주(4;275~6) 등이 그러한 예이다.

이러한 장면 중에서 감화력이 가장 뛰어난 곳은 다음 두 가지이다. 군포 낼 걱정이 너무 커서 새로 들어선 아이를 딸로 점지해 달라고 피곤한 몸을 이끌고 밤마다 집을 나와 치성을 드리는 금녀와, 그것을 몰래 보게 된 남편 진천득 부부가 각자 우는 장면(4;190~2)은 농민들의 비애를 극적으로 부각시킨 뛰어난 사례라 할 수 있다. 다음으로는, 이용태의 역졸들이 몰아닥쳐서 향교말을 쑥대밭으로 만들고 무차별적으로 살육을 감행하는 사건을 두려움에 떠는 농민들의 입장에서 그려낸 부분을 들 수 있다(6;246~57). 그 중에서도, 가족애가 돈독한 백 서방네 가족이 역졸들에 의해 참혹하게 도륙되는 장면은 '살육만행'의 전형적인 예라 할 만큼 섬뜩하게 형상화되어 있다(6;246~51).

농민의 형상화에서 주목할 두 번째 특징은, 이들의 발전적인 면모를 뚜렷이 한다는 점이다. 상민이나 돌석 등은 초반부터 비교적 꿋꿋한 면모를 보이고 있지만(4;282~3, 288~9) 그 외 인물들의 경우, 봉건적인 질곡에 갇혀 있다가 그 굴레를 벗고 변화되는 모습으로 그려진다. 세상살이의 차별을 당연하다고 생각하는 봉건적인 사고방식을 고수하는 부친 춘보 영감의 굴레를 벗지 못하여 첫 봉기에도 불참했던(6;26~7) 덕삼이가 안핵사 역졸들의 만행(6;244)과 자신의 투옥에 변화를 보이기 시작하여 마침내 백산의 농민군에 가담하는 것이나(7;94), 이 진사네의 충직한 하인이던 문 서방이 의식화되는 것(5;175~99, 205~6, 222)이 대표적인 예가 된다.

이 외에도, 변산 활빈당에 의해 구조된 서분이가 보이는 강단진 행동과 그녀를 따라나서는 삼월이의 결단이나(5;167~70), 봉기를 접한 몽득이 태도에 변화를 보인 뒤(6;43, 55~8) 끝내 상문에게서 종문서 등을 탈취하여 전봉준에게 전하는 것(6;116~20), 유랑 중에 가족을 잃은 길보가 복수를 위해 양교리에 돌아와 이 진사에게 치명상을 입히는 것(6;103~7), 역졸들의 만행을 본 뒤 점순과 길남이 도주하는 것(7;17~22), 몽득, 석만, 미륵 등 변산으로 가서 '새마을패'를 조직한 이들이 농민군에 합세하는 것(7;59~61) 등도 모두, 농민들의 변화를 잘 보여준다. 여기서 강조할 점은, 이들의 변화에서 현실적인 사건이 중요한 계기로 작용한다는 점이다.

끝으로 셋째 특징은 이상무의 설정에서 찾아볼 수 있다. 이 진사의 서출인 그는 학문을 통해 신분상승을 꾀하려다 그것이 불가능함을 알게 된 이후(4;214~8) 농민군에 가담하게 된다. 이 인물이 중요한 것은 다음 세 가지 측면에서이다. 첫째는 그가 전봉준에게 관군의 정황을 알려주는 역할(7;115)을 한다는 점이다. 그로 인해 첩보전의 측면까지 가미됨으로써 농민전쟁을 입체화할 수 있게 되었다. 이보다 중요한 다른 두 가지는, 그가 행동하지 못하는 자의 갈등을 보이다가 존재 변이를 보인다는 점이다. 서얼 출신인 그는 양교리에서 신분적 중간자의 면모를 띤다. 이 진사와 농민들 사이에서 태도를 명확히 하지 못하고 갈등하는 것이다(4;219~22). 이런 모습은 농민으로서 그들을 대변하여 행동에 나서는 오상민의 모습과 대비되어 오상민의 지향을 효과적으로 부각시켜준다. 이 소설의 주제효과를 구현하는 데 기여하는 것이다. 상민을 좇아 출가한 뒤(5;241~6) 변산에서 실학을 공부(6;36)하고 농민전쟁 발발 후 모사로 기능하다 끝에 가서 이 진사의 죽음을 이끌어내는 이후의 그의 서사 또한 작품의 주제효과를 풍성하게 하는 데 기여하고 있다. 한편으로는 민중영웅의 면모를 대비적으로 부각시키고 다른 한편으로는 농민전쟁의 포괄적인 성격과 수탈 계층에 대한 복수라는 의미 기능을 담보하는 것이다.

일반 농민이나 농민군의 형상화에 있어서 『녹두장군』이 보여주는 가장 두드러진 특징은 살아 있는 생생한 사람의 모습을 그려내며,[27] 그 바탕에는 사람살이에 대한 작가-서술자의 웅숭깊고 애정 어린 인식이 깔려 있다는 점이다.

생동하는 인물로는 조망태와 강쇠네가 대표격이다. 조망태는 농을 잘하여 사람들을 흥겹게 하면서도 강단이 있어 부당한 일을 못 본 체 넘어가지 못하는 위인이다. 동임이나 두레 영좌에게 쓴소리를 하면서 사리를 따지는 한편 아낙들에게 농을 걸어 즐거움을 선사하는 것이 동네에서 그가 행하는 몫이다. 성정이 그러하기에 그는 세금 걷는 군아 서원과의 입씨름도 마다하지 않아, 독자들에게 가렴잡세를 알려주는 역할을 자연스레 수행한다(1;315). 농민군 합류 문제로 그의 아내 두전댁과 줄곧 다투는 데서는 두 인물 모두 개성적으로 움직이며 대의와 현실 사이의 갈등을 새삼 생각게 한다(5;46~8, 6;316~9 등). 강쇠네 또한 농촌 공동체에 빠지지 않는 인물로 동네의 온갖 소문을 옮기는 인물이다. 그런 한편 농민군에게 가져다줄 감역집의 된장 동이에서 제 먹을 것을 빼내는 등(6;142) 다소 뻔뻔스러울 만치 제 잇속을 챙기는 인물이지만, 이러한 행동 모두 악착같은 생명력을 보여주는 서민적인 에너지의 발로로 그려져 있다. 이들의 형상이 생동감을 얻은 데는 전라도 사투리를 사용한 문체의 힘도

27) 이상경도 이 점을 적절히 강조한 바 있다. 「농민의 시선으로 그려낸 농민소설」, 앞의 글, 92~3쪽.

빼놓을 수 없다.[28)]

『녹두장군』의 경우 농민들의 경제적 궁핍상을 핍진하게 묘사하지는 않지만 몇몇 사건을 통해 그 참경을 알 수 있게 한다. 같은 동네에 살아도 집마다 처지가 다르다는 것을, 민부전 관련 논의에서 효과적으로 보여주며(1;199~209), 봄철에 먹을 것을 찾아 산지사방을 뒤집고 다니는 사람들의 실정을 제시하고(4;250~1), 세미 추징에 야반도주하거나(1;311~5, 2;170), 군포가 밀려 솥까지 떼이거나(4;265~9), 군포 걱정에 아이를 낳지 않고자 생식기를 절단하는(4;327) 등 극단적인 궁핍상을 보여주기도 한다. 도지를 부당하게 매기거나 빚보증 문서를 속여서 작성하는 등으로 제 잇속을 채우는 정 참봉에 의해 나락에 떨어진 사람들의 경우도 (6;22~5) 이에 포함된다. 이들 부분들에서 특징적인 것은 각각의 에피소드를 길게 형상화하지는 않는다는 점이다. 이는 이러한 궁경이 개별적인 사실이 아니라는 인식의 발로라고 할 수 있다.

농민의 다양한 모습을 따뜻하게 감싸 안는 서술자의 시선도 지적해

---

28) 흥미로운 점은 전봉준이나 동학 두령들의 경우는 표준어를 구사하게 하고, 대체로 농민들에 한정하여 사투리를 쓰게 하고 있다는 점이다. 이를 김상욱은 '문제의 명확한 이분법적 배치'라 하고 '인물 형상의 분명한 이원적 분류'와 관련을 맺고 있다 하였으나, 인물의 이원화로 긍정적/부정적인 인물을 논의한 뒤에 이어지는 추정이어서 동의할 수 없다. 논지가 모호하여, '적극적인 의미 기능을 담당하는 인물'과 '방계에 존재하는 인물'의 이원화로 볼 수도 있으나 이 경우라면 현상의 기술에 그칠 뿐이다(앞의 글, 307~8쪽 참조). 본고에서는, 독서 과정을 고려하여 명시적인 주제의 구현에 봉사하는 인물들의 수용 가능성을 제고시키기 위한 장치가 아닐까 추정해본다. 어쨌든 농민들이 쓰는 생생한 방언은 『갑오농민전쟁』과의 차이점으로서도 강조할만한 사실이다. 박태원의 작품에서는 호남 사투리를 찾아보기 어려울 뿐만 아니라 경우에 따라서는 북한식 말투를 쓰기까지 한다.

둘 필요가 있다. 부정적인 인물의 부정성을 드러낼 때도 거리를 띄우고 냉정한 자세를 잃지 않는 『녹두장군』은 숱한 농민들 하나하나를 등장시켜 형상화할 때도 제 몫에 맞는 현실적인 면모를 부여해준다. 이는, 선악을 따지기 전에 농촌공동체의 구성원에는 여러 종류의 사람이 있기 마련이며 각자 자기 몫이 있는 법이라는 작가의 의식에 근거한다.

시골 동네가 동네로서 갖추게 마련인 구색에 대한 작가의 파악이 좋은 예가 된다. 그에 따르면, 시골 동네는 외양으로 정자나무와 공동우물을 갖추듯이, "사람의 구색으로는, 동네마다 동네를 호령하는 좌장 격의 동네 어른이 하나, 조망태같이 우스갯소리 잘하는 사람 하나, 싸가지없는 후레자식이 아나, 강쇠네처럼 입이 잰 여자가 하나, 성질 사나운 강아지처럼 싸움질 잘하는 여자 하나"(6;157)가 있게 마련이라고 하면서, '후레자식이나 입싼 여자도 그만한 구실이 있'다고 주장한다. 사정이 이러하니 농민들에 대한 서술자의 시선이 부정적이지 않은 것은 오히려 당연하다고 할 수 있다.

두레나 농민군의 움직임에 반드시 따르는 풍물을 통해서 설만두나 김판돌과 같은 병신이 '참신'이라는 인식을 자연스럽게 제시하는 것(5;217~8)이 극명한 예이다. 이에는 농촌 공동체에 대한 작가의 또 다른 사상도 바탕으로 작용하고 있다. 풍물이야말로 농민들이 꿈꾸는 대동세상이라는 생각이 그것이다.

> 이 풍물판이야말로 모두 따로따로 살던 이런 사람들이 잘난 놈 못난 놈 없고, 참신 병신 없이 모두가 제 생긴 대로 다 한 몫씩 서로가 제 흥대로 신명에 떠서 한 덩어리로 얼리는 제대로 대동세상이었다. 백성들

은 그들이 바라는 이런 대동세상을 이 풍물판으로 꾸며내어 사시장철 거의 날마다 두드리고 살았다(5;218).

이렇게 삶의 세계를 애정 어린 시선으로 웅숭깊게 바라보는 작가-서술자의 시선은 농민들의 면면을 생동감 있게 형상화하는 데 그치지 않고 가외의 효과까지 얻어내고 있다. 농민군 진영에 밥을 얻어먹으려고 나오는 농민들의 생존 욕구나, 전주 상인과 시민들의 계급이기주의, 중간계층의 처세술 등이 그 처지를 이해하는 안목에 포착되어 소설의 육체를 살찌우고 있는 것이다.[29)]

이상에서 살폈듯이, 농민들의 형상화에 있어서 『갑오농민전쟁』과 『녹두장군』은 따로 우열을 따지며 비교하는 것이 부적절할 만큼 모두 빼어난 면모를 보여준다. 다만 다음과 같은 차이를 지적할 수 있다. 전자가 농민의 비참함을 보다 강조한 반면에 후자는 그들의 생명력에 비중을 두고 있는 것이다. 이 또한 작품의 전체 주제효과를 부각시키는 데 관련된 특징이라 할 수 있음은 물론이다.

2) 이념과 삶의 맥락

서사 전개에 있어서 주동적 / 반동적 역할을 하는 이들 가상 인물들이

29) 이 외에도 『녹두장군』은, 농민군 패에 참여하면서 자신의 존재 의의를 느끼는 강쇠(5;210~1)와 뒤늦게 농민군에 합세하는 박문장이나(7;212) 김쥐불이(12;131~5)처럼, 변화하는 모습을 보이는 인물들도 빠뜨리지 않고 있다. 그리고 애정 어린 시선이 두드러진다 하여 농민들에 대한 비판적인 인식이 없는 것도 아니다. 새 보를 쌓은 일에 모인 사람들의 고된 신역과 이 모두가 농민들 스스로 못난 탓이라는 자책(4;118~9) 등도 드러내어 복합적인 면모를 잃지 않고 있는 것이다.

보이는 행위의 추동력 면에서도 두 소설은 적지 않은 차이를 보이고 있다.

『갑오농민전쟁』의 경우 이들 가상 인물을 움직이는 궁극적인 추동력은 경제적 상황과 이념 두 가지이다. 농민전쟁이 발발하기 전까지, 농민들의 일상적인 행동은 경제적 상황에 의해 규율되고 있다. 그들의 삶이 궁핍함에 억눌려 왜곡되고 파탄나는 것이나, 만석보 물세까지 걷어내고자 하자 끝내 행동에 나서는 것(5;253~74) 등에서 이러한 점이 잘 드러난다. 농민군의 봉기 이후에는 이념이 이들을 추동한다고 할 수 있다. 민중영웅의 면모를 보이는 중심인물들뿐 아니라 전쟁에 나서는 긍정적인 인물들 모두 농민전쟁의 대의에 의해 움직인다. 사사로운 이해관계를 전혀 돌보지 않고 전체를 위해 나서는 것이다. 부정적인 인물의 경우도 이념에 의해 규율된다고 할 수 있다. 그들의 부정성이 서술자에 의해서 명확히 되는 까닭에 그러하다고 할 수 있다.

이와는 달리 『녹두장군』에서는 인물들을 움직이는 추동력이 현실로 그려진다. 현상적으로는 각기 다르되 그 요인이 무엇이 되었든 인물을 움직이게 하는 요소가 철저하게 현실적이라는 점에서는 사실상 동일하다. 부정부패한 관리들이나 제 앞가림만 차리고자 하는 이속, 몇몇 소소유자적인 본성에 충실한 농민 등의 경우 관직이나 돈이고, 지주 등의 경우 현실적인 자기 안위와 재산의 보존, 증식이며, 농민(군)들 대부분의 경우 더 이상 생존을 도모하기 어려운 절박한 상태나 농촌 공동체의 구성원으로서 지켜야 할 도리가 이들 행위의 추동력에 해당한다.

좀더 세밀하게 보면, 궁핍한 현실에 내몰렸다는 점에서는 기본적으로 동일하지만, 농민(군)들의 경우 각자 처한 상황에 따라 다양한 편차를 보인다. 난리가 실패했을 경우의 소작권, 생존권 문제를 생각하여 갈등하는 것이 보편적인 만큼 현실성을 띠며, 그것을 대변하는 인물들 특히 아낙들의 걱정 또한 사실에 근거한 것이어서 그만큼 더 리얼리티가 살아난다. 『갑오농민전쟁』의 경우 춘보 영감과 그 아들 덕삼의 경우에서만 보일 정도로 사태에 대한 현실적인 판단에 근거한 주저라는 측면이 약화되어 있다.

한 가지 예로 겁약한 농민의 농민군 참가 계기를 보여주는 『녹두장군』의 김쥐불이 경우를 보자(12;131~5). 그는 부모 때문에 농민군에 나갈 생각은 없었지만 지주 사랑방에 갇히다시피 있어서는 '두벌로 병신이 될 판'이라 여겨, 뜬눈으로 밤을 새우다 농민군 진영으로 뛰쳐나온다. 이념이라기보다는 이웃에 대한 의리 때문에 행동한 것이다. 의리라 해도 의적패들의 그것이 아니라 사람도리 차원의 그것임이 중요하다. 이웃에 몹쓸 짓을 해서는 안 된다는 인륜적인 맥락의 의리인 것이다. 소작을 더 준다는 현실적인 이익에 한껏 끌리면서도, 그럴 요량으로 있다가 농민군 나간 사람들을 맞닥뜨리면 그 얼굴을 어떻게 보겠냐는 윤리적인 가책 때문에 나서는 것이니, 경제적인 문제와 상반된다 해도 마을 공동체의 맥락에서 보면 훨씬 더 현실적으로 움직인 것이라 할 수 있다. 이러한 점은, 민중이 역사의 주체가 되어야 한다는 식의 이념에 씌워 농민군으로 나서는 『갑오농민전쟁』의 인물들에서는 찾아볼 수 없는 것이다.

3) 이념의 구현과 역사의 구성

에피소드[30]와 작품의 주제효과의 관련에서 볼 때, 『갑오농민전쟁』은

30) 여기서 검토하는 에피소드는, 서사의 지절[모티프] 일반이 아니라, 역사를 해석, 평가하는 이념의 결과로 기능하는 가공의 경우에 한정한다.

두 가지의 특징적인 방식을 취하고 있다. 첫째는, 의미 기능이 유사한 작은 에피소드들을 반복하는 것이고, 둘째는 그러한 계열체를 병치시킴으로써 주제효과를 극대화하는 것이다.

작은 에피소드들을 반복하는 방식은 의미상으로 여러 영역에서 나타나는데, 앞서 지적한 대로 긍정적인 가상 인물군에 속하는 농민 등이 보이는 존재 변이의 이야기들이 먼저 꼽힌다. 곤욕과 궁핍 속에서 도주했다가 이 진사에게 복수하는 길보의 서사나, 충직한 하인이었다가 농민군 봉기 후 자각하여 종문서를 탈취하고 농민전쟁에 나서는 몽득의 이야기, 무력한 종살이에서 구원되자 당당하게 처신하는 서분의 에피소드 등은 모두 동일한 패턴으로 짜여져 있다. 존재 변이를 이룬 것은 아니더라도 갖은 고초와 수모를 겪다가 큰 뜻을 품고 전장에서 맹활약하는 상민의 모친과 영아의 서사 또한 구성상 동일한 모습을 보여준다. 이렇게 동일한 패턴으로 반복되는 이들 에피소드들은 모두 민중의 생명력과 저항 능력을 제시함으로써 주제효과를 풍성하게 하고 있다.

이 외에도 『갑오농민전쟁』은 각 의미소들을 반복적으로 제시하고 있다. 국왕 부처의 몰역사적인 행태를 드러내는 궁궐의 잔치나 제사가 누차 그려지는 것이나, 봉건정부의 무능과 반민족적인 성격을 폭로하는 어전회의가 반복되는 것, 하층 농민의 궁핍상이 인물들을 달리하며 계속 의미화되는 것 등도 모두 동일한 기능을 하고 있다. 각각의 의미를 보다 명확히 해 주는 것이다.

의미 기능이 유사한 에피소드들의 반복이라는 이러한 방식은, 그러한 반복체들을 병치시키는 두 번째의 방식과 맞물리면서 작품의 주제효과를 뚜렷이 각인시킨다. 『갑오농민전쟁』에 그려진 사회 각 계급·계층의 서사는 사실 매끄럽게 연결되지 않고 몽타주 방식에 의해 의미 효과를 배가시키고 있다. 사회 상황 각각을 미시적으로 묘파한 위에서 모자이크적으로 강조함으로써 주제효과를 극대화하고 있는 것이다.31)

반면에 『녹두장군』의 경우, 일반적인 에피소드들은 의미의 '구성' 과정에 참여한다. 전제된 의미의 실증이 아니라, 아직 전개되지 않은 역사를 구축해가는 하나의 요소로서 기능한다고 할 수 있다.

전제된 이념을 실증하거나 미완의 역사를 구성해내는 이러한 차이점은, 농민군의 진퇴 등에 관한 두령회의의 묘사에서 극명하게 드러난다. 『갑오농민전쟁』의 경우 사실 회의라고 할만한 회의 모습을 찾기 어렵다. 회의라는 사건들은 있지만 전봉준이 결정을 내리는 것 위주로 짧게 묘사되거나, 그나마도 없이 결정 사항을 서술자가 간략히 소개하는 것이 보통이다. 한두 장면에서는 가상인물 오상민의 발전 상태를 알려주는 기능에 그치기도 한다.

『녹두장군』에 그려지는 두령회의들은 전체적으로 매우 긴 분량에 사실적으로 꼼꼼히 묘사된다. 전봉준의 역할에 대해서도 특징적인 면을 보여준다. 그는 대체로 말을 많이 하지 않으며 제 의견을 내세우기 전에 다른 사람들의 견해를 묻는 방식을 취하고 있다. 그럼으로써 상이한 입장의 의견들이 제목소리를 내며 부딪치는 상황이 연출된다. 이러한 토론 과정이, 전제된 의미를 구현하는 것이 아니라 아직 존재하지 않는 의미를 구성해가는 과정임은 분명하다. 이러한 과정을 완결 지어 의미를 명료화하거나 의미 있는 행동을 이끌어내는 일이 대체로 전봉준의 몫이기는

31) 이러한 점이야말로 박태원이 식민지시대의 대표적인 모더니스트였던 사실에 이어지는 것이라 할 수 있다.

하지만, 토론이 상세하게 펼쳐지는 만큼 그의 결정이 독단적으로 내려지는 경우는 별로 없다.[32)]

동학 남북접의 갈등과 화합이 불거지고, 2차 기병으로 일어난 전봉준군의 북상을 결정하는 세 차례의 삼례 · 보은회의 장면 묘사를 통해, 두 작품의 차이를 확인해보자.

『갑오농민전쟁』의 경우는 남북접회의가 결렬된 사실을 왜곡 부정하여 거기서 '무장 재기를 결정'하였다고 세 줄로 요약한 뒤에, 이후 남북접 관계가 악화되었다 하며 오지영과 전봉준의 대면 장면으로 넘어간다(8;153). 이들의 대면은, 오지영이 전봉준의 몸가짐이나 말씨에 '첫눈에 황홀해지는 것'을 느낀 상태에서 논리적인 언설 없이 그저 의기투합한 것으로 정리된다(154). 이때 가상인물 오수동이 개입하는데 그는 오지영과의 이 대면에서나 그를 이끌고 보은의 북접 대도소로 가서나 오직 '남북접을 다툴 것이 아니라 모두 외세를 물리쳐야 한다'는 주장을 내세우며 남북접 화해를 이끌어내고 있다(8;155~8). 전봉준이 이끄는 남접 농민군의 북상 관련 회의는 회의가 시작되려다가 끝나버리는 희한한 방식으로 처리되어 있다. "전봉준이 막 입을 열어 이야기를 시작하려 하는데 문 밖에 발소리 들리더니 몹시 황황해 하는 목소리가 들려왔다."(8;159) 한 뒤에, 김윤식이 전봉준 휘하에 들어오는 에피소드로 서사의 지절이 끝나버리고 마는 것이다(159~63).

『갑오농민전쟁』은 이렇게, 회의를 회의답게 그리지 않을 뿐 아니라,

---

32) 농민군 진영으로 몰려드는 농민들에게 제한 없이 밥을 먹여야 한다는 것과 (5;186). 김개남 군이 드디어 청주로 진격한다는 소식에 비아냥거리는 두령들을 설득하는 장면(12;187~91) 등이 드문 예외에 해당한다.

가상인물을 메가폰으로 이용하여 작가-서술자의 테제를 전면에 내세우는 장으로 활용하거나, 흥미를 주는 다른 에피소드를 끌어내는 계기로 이용하기도 한다. 농민군의 전략회의가 서술 대상의 순위에서 밀리는 이러한 특징은, 전황의 파악과 그 의미에 대해 주의를 기울이지 않는 특징과 맞물려 있다. 두 가지 모두, 주인공 전봉준을 메가폰적 인물로 전락시키면서까지 테제를 내세우는 전체적인 경향의 결과라 할 수 있다. 요컨대 『갑오농민전쟁』의 삼례회의는, 작품의 주제를 강조하고 흥미를 돋우기 위한 방편으로 형상화되고 있다.

『녹두장군』은 매우 다른 양상을 보여준다. 먼저, 이들 회의에 대해 상당히 많은 분량을 할애하고 있음에 주목할 필요가 있다. 제2차 기병과 관련하여 남북접의 갈등이 불거지고 협상이 결렬되는 1차 회의는 김연국과 전봉준의 대화가 서로의 차이를 확인하고 대립각을 세우다 끝내 결렬되는 과정을 긴 분량에 걸쳐 차분히 묘사하고 있으며(11;214~21), 전봉준 군의 진격과 관련한 두령회의 또한 회의의 의제와 결정 과정을 일목요연하게 부각시키는 방식으로 기술되어 있다(222~6). 남북접의 동시 기병이 결정되는 오지영 등과 북접의 보은회의 또한 역동적으로 묘사되어 있다(232~6). 『녹두장군』은 이렇게, 적지 않은 분량을 할애하여 서술시를 증대시키면서 회의와 참여자들의 리얼리티를 살리고 있다.

물론 분량의 과다가 문제일 수는 없다. 『녹두장군』의 삼례 · 보은회의 부분이 의미를 갖는 것은, 갑오농민운동의 흐름에서 각 회의가 갖는 의미를 규명하는 데 이 부분의 초점이 맞춰지는 데서 찾을 수 있다. 남북접이 등을 돌리는 삼례회의의 묘사는 전봉준이라는 인물의 특징을 부조하는 데 초점을 맞추고 있다. 김연국과 전봉준의 대화에 날을 세우면서 서술자는, 현실적으로 자명한 패배의 가능성을 보면서도 개인의 패배와 죽음 너머의 의의를 강조하는 근본주의자로 전봉준을 형상화하고 있다. 그럼에도 불구하고 이것이 전봉준의 미화나 서술자-작가의 테제를 내세우는 방편으로 떨어지지는 않는데, 이는 그를 두고서 동학이 아니라 '전봉준교'를 믿는 셈이라고 김연국이 공박하는 것으로 그린 것에 말미암는다. 서술자의 거리 감각이 유지되고 있는 것이다. 삼례에서 열린 전봉준 군의 두령회의 부분에서는, 회의를 주재하는 전봉준의 능력을 자연스럽게 드러내어 그의 성격화에 기여하는 한편, '총대장으로서 전봉준이 위치를 한층 굳힌 점'(226)을 중요하다고 지적함으로써 갑오농민전쟁에서 이 회의가 갖는 의의를 강조하고 있다. 보은회의에서 남접을 공격하려던 북접이 태도를 바꾸게 되는 결정적인 계기를 하부 농민군의 동태로 설정한 것 또한 역사적인 정황을 충실히 재구하고자 하는 의도를 확인시켜 준다.

정리해보면, 『갑오농민전쟁』의 경우 작품 전체의 테제를 내세우거나 흥미로운 요소를 드러내는 수단으로 이들 회의를 이용하고 있는 반면, 『녹두장군』의 경우는 갑오농민전쟁의 사적 전개에 방불하게 서사를 구성하고 그것에 합리적이고 현실적인 면모를 부여하기 위해 이러한 장면을 구사한다고 할 수 있다. 이러한 차이는, 『갑오농민전쟁』의 경우 작가가 대변하고 있는 이념형 역사를 테제로 드러내는 데 목적을 둔 반면, 『녹두장군』은 역사적 사실의 충실한 재구를 목적으로 하고 있는 데서 유래하는 것이라 하겠다.

6. 결 론

박태원의 『갑오농민전쟁』과 송기숙의 『녹두장군』에 대한 본고의 논의는 다음 세 측면에서의 차이를 밝히는 데 주력하였다. 첫째는 역사적 사실의 서사적 구현 양상이고, 둘째는 실재했던 인물들의 형상화 방식, 셋째는 가상 인물군의 형상화 및 그와 관련된 주제 구현상의 특징들이다.

역사적 사실의 구현 양상과 관련해서는 갑오농민운동의 개황과 이들 작품의 서사 구성을 대조하여 두 작품이 보이는 선택과 집중의 양상 및 그 의미를 정리하였다. 두 소설 모두 고부 봉기 이전까지에 상당한 비중을 두어, 농민군이 일어나게 된 사회 · 역사적 배경을 제시하고 농민군 세력의 복합성을 그리고 있다. 이와 더불어 2차 기병 후의 전황은 상대적으로 간략히 다루는 공통점을 보인다.

그러나 『갑오농민전쟁』의 경우 역사적 사실의 재구성이 아니라 민중 주체의 역사관을 제시하는 데 초점을 맞추는 반면 『녹두장군』은 갑오농민운동의 전체적인 전개 양상을 충실히 재구성하는 데 주력하는 차이를 보인다. 전황의 형상화에 있어서도, 전자가 인물들의 영웅적인 면모를 부각시키는 반면 후자는 리얼리티를 살리면서 사건을 복원하는 데 치중하는 차이를 확인할 수 있다.

역사적 인물의 설정 양상과 관련해서는 다음 세 가지 점에 초점을 맞추었다.

첫째, 전봉준의 형상화에서 보이는 차이를 검토함으로써 작품 의도 및 주제 구현상의 지향성이 다르다는 점을 확인하였다. 『갑오농민전쟁』의 전봉준은 역사적 인물의 재창조인 동시에 서술자-작가의 이념을 대변하는 메가폰적 역할을 십분 수행하고 있다. 지나온 역사의 의미를 정리하거나 전쟁 수행상의 잘못을 뼈아프게 자책하면서 작가의 역사관, 투쟁관을 설파하는 것이다. 반면『녹두장군』의 전봉준은 작가로부터 독립하여 생생히 살아 움직이는 인물이다. 미화된 측면이 없지 않지만 일처리에 있어 주도면밀하고 상황을 파악하는 데 탁월한 능력을 보이는 빼어난 지도자로 그려진다.

이러한 차이는, 인물 형상화 방식이라는 문예학적 수준을 넘어서서 농민전쟁의 패인을 분석하는 역사 인식의 차원에서 중요한 의미를 갖는다. 두 작품에서 확인되는 전봉준에 대한 형상화의 차이는,『갑오농민전쟁』의 경우 농민전쟁의 실패를 농민군 지도자의 오류와 무능에서 찾는 반면『녹두장군』은 시대적인 한계에서 찾고 있음을 의미한다.

둘째로, 두령들의 비중 처리나 동학을 작품에서 다루는 방식상의 차이를 통해 작품의 의도가 각기 어디에 있는지를 확인하였다.『갑오농민전쟁』의 경우 전봉준 외의 두령들은 사실상 존재하지 않는 듯이 미미하게 그려지고 서사진행상의 역할도 미미한 반면,『녹두장군』에서는 전봉준과 대화적인 관계를 맺을 만큼 비중 있게 그려지고 김개남의 경우 전황을 폭넓게 보는 데 중요한 나름의 서사를 갖추고 있다. 최시형을 위시한 북접계 두령들에 대해서도 같은 맥락의 차이가 확인된다.『갑오농민전쟁』이 인물이나 조직 자체를 작품에 제대로 반영하지 않는 데 비해서,『녹두장군』은 주인공들을 통해서 북접의 방침을 비판하기는 해도 그들 나름의 역할과 의의 등을 무시하지 않고 있다. 연엽의 활동이나 등장인물들간의 교설적인 대화를 통해서 동학사상 혹은 투쟁론으로 재해석된 동학을 자주 언급하는 것 또한 특기할 만하다.

이러한 차이 또한 두 작품의 지향성이 다름을 알려준다. 『갑오농민전쟁』의 경우 동학농민운동을 농민들의 계급투쟁적인 측면에서 해석하고 농민들의 영웅적인 투쟁을 그려내고자, 동학 두령이나 조직 및 사상을 대폭 축소했다고 할 수 있다. 반면 『녹두장군』은 농민운동의 총체적인 양상을 사실적으로 재구성하려는 목적에서, 인물이나 조직, 기능 면에서 동학 북접의 위상과 역할을 무시하지 않고 있으며 농민군에게 있어 동학 사상이 가졌을 법한 의의를 적절히 살려주고 있다.

셋째로 왕실과 조정, 외세 등 농민군이 맞선 적대적 세력의 설정 및 형상화 양상을 살핌으로써, 이와 관련하여 제기된 기존 연구사의 통설을 바로 잡고자 했다. 『갑오농민전쟁』이 이러한 세력관계를 잘 포착한 반면 『녹두장군』은 그렇지 못하다는 판단이 있었으나 그렇지 않다고 보았다. 『갑오농민전쟁』은 당대의 정치세력들을 빠짐없이 등장시키고는 있어도 그들 사이의 세력관계를 포착하는 것이 아니라 그들 각각의 부정성을 강조하는 데 초점을 맞추고 있다. 이와는 달리 『녹두장군』은, 서술시상의 비중은 적어도, 동일하게 포착한 이들 세력을 거리를 두고 형상화하는 한편 각 세력들이 상호간에 맺는 관련을 보다 긴밀하게 그리고 있다. 여기에 더하여, 부정적인 인물이라 할지라도 살아있는 인물로 생생하게 그린 점 또한 『녹두장군』의 문학적 성취를 돋보이게 해준다고 할 수 있다.

4~5단락을 통해서 가상 인물군의 형상화 및 그와 관련된 주제 구현상의 특징들을 검토하였다. 『갑오농민전쟁』의 경우 당의 요구를 반영한 이상적인 인물인 오상민과 그 가족을 중심으로 하여 인민 영웅의 면모를 한껏 강조하는 데 주력하는 특징을 보인다. 가상 인물들 대부분이 영웅적인 죽음을 맞이하는 것 또한 동일한 맥락의 특징이다. 이 외에, 농민들의

비참한 현실을 절실하게 형상화하고 그들의 발전적인 변화를 제시하였으며 이상무를 등장시켜 회색인의 존재 전이를 드러낸 점을 주요한 성과로 꼽을 수 있다.

『녹두장군』은 한두 명의 주인공을 내세우기보다는 각기 역할이 다른 개성적인 인물들을 제시한다는 점에서 차이를 보인다. 단일한 이념적 인물형이 아니라 사태의 복합성을 드러내줄 다양한 인물들을 그리고 있는 것이다. 달주와 만득, 연엽, 용배, 경옥 등이 그들이다. 농민의 궁핍한 상황에 대해서는 『갑오농민전쟁』만큼 핍진하게 그리지는 못하고 다소 일반화하고 있다. 그 대신에 조망태와 강쇠네 같은 생생하게 살아있는 농민상을 제시하고 농촌공동체의 축제적인 모습을 강조한 점이 눈에 띈다.

부정적인 가상 인물군과 관련해서 보면 그 설정에 있어서는 유사한 면모를 보이지만 형상화 측면에서는 적지 않은 차이를 보인다고 할 수 있다. 이 진사와 감역 이주호는 모두 경제적으로 작인을 수탈하는 계층에 속하며 그 가족들은 윤리적 정치적으로 부정적인 면면을 보인다. 이들 주위의 군소 양반이나 부자들도 비슷하게 설정되어 있다.

그러나 이들의 형상화 양상에서는 차이를 보인다. 『갑오농민전쟁』이 인물들의 개인적인 부정성을 강조하는 반면에 『녹두장군』은 정치 경제 사회 제 측면에서 그들의 부정성을 펼쳐 보이고 있다. 동임이나 이속을 다루는 데 있어서도 전자가 완전히 적대세력으로 간주하는 반면 후자는 농민 세력으로 끌어안거나 기회주의적인 계층으로 간주하는 차이를 보인다. 두 작품의 보다 중요한 차이는 이들 인물들을 행동하게 하는 추동력에서 찾아볼 수 있다. 『갑오농민전쟁』의 경우 경제적인 상황과 이념에 의해 인물들이 움직인다면, 『녹두장군』에서 이들 인물은 경제적인 상황을 포함하여 농촌 공동체 내에서의 삶의 논리라는 폭넓은 현실의 규정력에 따라서 행동한다.

역사에 대한 두 소설의 해석 및 평가를 가늠하게 해주는 에피소드들의 구사 방식에서도 유의미한 차이를 확인할 수 있다. 『갑오농민전쟁』의 경우 의미 기능이 유사한 에피소드들을 반복적으로 제시하면서 병치하여 주제 효과를 극대화하는 반면, 『녹두장군』은 이들 에피소드를 묶어내는 어떤 의미망이 전제한다고 보이지 않아, 그 각각이 의미를 구성해나간다고 할 수 있다. 이러한 차이는 두령회의의 묘사에서 보다 잘 확인된다. 전자가 작품 전체의 테제를 내세우거나 흥미를 강화하는 방편으로 회의를 구사하는 반면, 후자는 농민전쟁을 사실적으로 구현하는 데 목적을 두고 회의 장면을 묘사하고 있다.

본고가 주목한 두 작품의 이러한 차이들은 두 소설의 주제 효과의 상이함으로 수렴된다. 창작의도를 추론해서 말하자면 주제의식의 상이함에 의해 이러한 차이들이 생겨났다고도 할 수 있다.

궁극적인 주제 효과 차원에서 두 소설의 차이를 정리하면 다음과 같다.

『갑오농민전쟁』은 실패한 역사에 대비되는 인민 영웅의 모습을 통하여 민중 주체의 역사관을 강조하고 있다.[33] 부정적 인물의 부정성을 강조하고 전봉준을 메가폰화하는 한편 반복적인 에피소드들의 병치 형식으

33) 이러한 점은 이 소설에 대한 북한의 공식적인 평가에서도 잘 확인된다. 과학백과사전종합출판사에서 펴낸 『문학예술사전』(1988)에서는 "각이한 계급과 계층, 인물들의 운명선을 통해 참다운 력사의 주체는 인민대중이며 인민이야말로 가장 훌륭한 애국자라는 진리를 밝혀준"(상권 146쪽) 작품으로 정리하고 있다.

로 긍정적인 가상 인물들을 인민 영웅으로 형상화하는 것이 주제 구현의 구체적인 양상이라고 하겠다.

『녹두장군』은 민중사관을 바탕에 깔지만 그것을 직접적으로 내세우기보다는 역사의 실상을 총체적으로 재구성하는 데 주력하고 있다. 냉정한 서술자가 거리를 두고 각계각층의 인물들을 생동감 있게 형상화하면서 각 세력의 역학관계를 드러내는 것이 그 구체적인 방식이라고 할 수 있다.

이러한 차이는 물론 공통점 위에서의 차이이다. 앞서 지적했듯이[34] 갑오농민운동을 다룬 소설들 일반을 두고 보면 이 두 작품은 그 수월성 면에서 차이보다는 공통점을 짙게 띤다고 할 수 있다.

그러나 오히려 그렇기 때문에도 이러한 차이는 좀더 주목될 필요가 있다. 작품의 현상을 보면 작은 차이일 수 있어도, 그 바탕에는 역사소설을 바라보는 남북한 문예학의 근본적인 차이가 놓여 있기 때문이다. 이러한 차이를 염두에 두고 일찍이 한 연구자는 『갑오농민전쟁』을 "우리가 이해하는 역사소설의 일반성과는 상당히 이질적인 거리를 갖고 있는 역사소설"이라 규정하고, 그 이유로 "작가 자신의 개성적인 역사의식보다는 당의 문학으로서의 사회주의 사실주의의 정치적인 목적성이 짙게 반영"된 점을 지적한 바 있다.[35]

이 진술에서 확인되는 주저함은 그대로 두 작품을 대상으로 하는 단선

---

34) 주 3)의 이주형의 논문 「동학농민운동 소재 역사소설에 나타난 역사인식과 그 소설화 양상 연구」 참조.

35) 이재선, 「사회주의 역사소설과 그 한계 -박태원 / <갑오농민전쟁>론」, 앞의 글, 189쪽.

적인 평가를 어렵게 만들고 있다. 본고도 이 점을 벗어나지 못한다. 역사의 재구성, 역사 구현의 문학적 성취 면에서는 『녹두장군』이 더 낫다고 말할 수 있어도, 주제의 내용적인 성격을 차치할 때 『갑오농민전쟁』이 보여준 주제 효과 구현의 집중성 또한 높이 평가하지 않을 수 없다. 이 모두를 적절히 고려하면서 궁극적인 평가를 내릴 수 있으려면, 남북한 역사소설 일반에 대한 연구들이 더욱 축적되어 한국 역사소설에 대한 보다 포괄적인 지평을 얻어야 할 것이다.

참고문헌

강만길 외, 『한국사』 1~21(한길사, 1995)을 담은 <CD롬 한국사>, 한길사, 2003.

김상욱, 「민중적 이념과 역사적 인물의 예술적 복원」, 『문학과 논리』 4호, 1994.

김승종, 「'녹두장군'과 '갑오농민전쟁'의 비교 연구」, 『현대소설연구』 2호, 1995.

김윤규, 「사실과 의도의 결합」, 『사람의 문학』 2호, 1994.

김윤식, 「박태원론」, 『한국 현대 현실주의 소설 연구』, 문학과지성사, 1990.

박태원, 『갑오농민전쟁』 4~8, 깊은샘, 1989.

사회과학원문학연구소, 『북한의 문예이론 - 주체사상에 기초한 문예이론』, 인동, 1989.

서경석, 「비극적 혁명과 개벽사상의 현재성」, 『소설과 사상』 9호, 1994.

송기숙, 『녹두장군』 1~12, 창작과 비평사, 1989~1994.

신용하, 「甲午農民戰爭의 第1次 農民戰爭」, 『한국학보』 40호, 1985.

윤정헌, 『박태원 소설 연구』, 형설출판사, 1994.

이상경, 「농민의 시각으로 그려낸 농민전쟁 -송기숙 장편소설 <녹두장군>론」, 『창작과비평』, 1994 봄.

이상경, 「동학농민전쟁과 역사소설」, 임헌영 · 김철 외, 『변혁 주체와 한국 문학』, 역사비평사, 1990.

______, 「역사소설가로서 박태원의 문학사적 위치」, 『역사비평』, 1995.

이영호, 「1894년 농민전쟁의 역사적 성격과 역사소설」, 『창작과비평』, 1990 가을.

이이화, 「전봉준과 동학농민전쟁」, 『역사비평』 7~9호, 1989 겨울~1990 여름.

이재선, 「사회주의 역사소설과 그 한계」, 『문학사상』, 1989.

이주형, 「동학논문운동 소재 역사소설에 나타난 역사인식과 그 소설화 양상 연구」, 『국어교육연구』 33집, 2001.

정교 저, 조광 편, 이철성 역주, 『대한계년사』 1~2, 소명출판, 2004.
정현숙, 「'갑오농민전쟁' 연구」, 『어문학보』 14집, 1992.
채길순, 「동학혁명의 소설화 과정과 과제」, 『한국문예비평연구』 6집, 2000.
프라흐트 · 노이베르트, 「당파성에 관하여」, 문학예술연구소 편, 『현실주의 연구 1』, 제3문학사, 1990.
과학백과사전종합출판사, 『문학예술사전』, 과학백과사전종합출판사, 1988.

6.25와 남북한 문학

『전선』(1, 2부)과 『태백산맥』을 중심으로

서 경 석

1. 은폐된 것과 은폐한 것

6.25 전쟁을 그려낸 남북한의 역사소설을 비교해 보면 그 차이가 실감있게 드러난다. 특히 한국문학에 익숙한 독자의 입장에서 보았을 때 북한 소설에 드러난 어떤 뚜렷한 경향은 흥미 있는 것이기도 하며 역으로 한국문학 속에서의 6.25전쟁 문학의 안목을 비추어 보는 거울이 되기도 한다.

보통 남북한 소설 속에 형상화된 6.25전쟁은 역사적 내용자체가 완전히 다르다. 6.25전쟁의 원인이나 과정 그리고 그 결과가 다른 양상으로 형상화되어있는 이유는 표피적으로 말하자면 남북 체제의 차이에서 오는 차별적인 해석에 기인한다. 즉 그 이데올로기적 안목 때문이다. 이때의 이데올로기란 '어떤 경을 경험했을 때 그것을 자신의 두뇌 속에서 당연하게 그려내는 미적, 종교적 법률적 등등의 재현체계'[1]이다.

그러나 이 이데올로기적 안목 즉 재현체계를 걷어내고 본다고 해도 객관적 세계상이 드러나지도 않는다. 그 객관적 세계상이라는 것 자체가 아직 이데올로기적이기 때문이다. 객관적인 자료의 수집과 분석에 의해 진리가 확보되는 것이 아니라 반대로 그것을 진리로 삼은 인식론적 패러다임 혹은 그 안목이 디테일을 발견하는 것이기 때문이다.[2] 따라서 그 '다름'을 보는 시각이 중요하다. 구체적으로 말하자면 그 다름이란 각기의 체제가 진리라고 강요해온 의식적 무의식적 패러다임에서 비롯된 것이다. 이런 패러다임은 어떤 역사적 사료가 중요한지를 결정하는 준거이다.

따라서 6.25전쟁에 대한 어떤 입장이 6.25전쟁의 사실적 형상화에 더 적합한 것인가 혹은 남북한 소설에 드러난 6.25전쟁은 어떻게 다른가를 논의하는 것은 큰 의미가 없어 보인다. 오히려 그 내부에서 역사적 자료를 그 중요도에 따라 선별하고 배열 하는 기준이 무엇이며 이것이 소설의 육체형성에 어떤 관련을 맺고 있는가를 논의해야 할 것이다. 소설 속에서의 역사적 내용뿐 아니라 역사를 사유하는 방식, 즉 문학 작품에 드러난 6.25인식 방법에 대해 탐구해 볼 필요가 있는 것이다.

비록 각기 다른 내용을 담고 있다 하더라도 그 내용을 사유하는 방식이 검토된다면 그 근원적 차이를 파악할 수 있을 뿐 아니라, 시각을 달리하면, 그 역사를 보는 이데올로기적 안목이 역사소설 속에서 작동하는 방식의 동질성도 확인할 수 있을 터이다.

---

1) R. Selden, *A Reader's Guide to Contemporary Literary Theory,* U. P. of Kenturcky, 1985, p. 43.

2) 가라타니 고진, 김경원 역, 『마르크스 그 가능성의 중심』, 이산, 1999, 86면.

소설은 각 등장인물들이 지니게 되는 당대 현실에 대한 디테일이 중심에 있다. 때문에 이데올로기 탐사에 대단히 적합한 자료이다.[3] 작가는 이데올로기에 의해 규제된 역사적인 상상력을 의식적, 무의식으로 작동시켜 역사소설에 등장하는 인물들과 그들의 삶을 그린다. 본고는 이 역사적 상상력의 구조와 의미를 탐색해보려는 것이다.

이 글의 주된 분석 대상은 80년대에 씌어진 남북한의 대표적인 6.25소재 장편소설 두 편으로 잡았다. 조정래의 『태백산맥』과 리장후의 『전선』 1부, 2부가 그 주된 것인데 선정이유나 내용에 대해서는 본론에서 언급하기로 하겠다.

2. 품성의 상상력과 근대의 결여

북한의 소설과 남한의 소설을 한자리에 놓고 작품을 읽어나갈 때 먼저 염두에 두어야 할 것은, 각 문학이 지니고 있는 문학적 토대 혹은 각 사회에서의 문학의 기능적 성격의 차이에 대해서이다.

남한의 역사소설은 일정한 이념적 방향성이 부여되어있지도 않으며 소재영역에 있어서도 그것을 다루는 특별한 지도 지침이 '규정'되어 있지 않기에 이른바 '다양한 관점'에서 씌어지고 있다고 볼 수 있다. 물론 이 '다양성'이란 자본주의사회와 일정한 상동성이 있을 것이지만 한편으로는 해방 이래 현재까지 우리 사회에 내재되어온 진보와 보수 사이의 다양한

3) 말하자면 문학은 각각의 인물들의 삶을 통해 표출된 6.25의 '전체상'을 다루려 한다는 점에서, 역사학이 다루지 못하는 영역을 지니고 있다.

이념적 스펙트럼의 반영이기도 하다. 이에 반해 북한의 문학은 그 평가가 어떠하든 간에 '당의 문학'이다. 이 말은 문학의 시각이 정치영역에서의 시각과 그 이데올로기적 위상에 있어서 통일되어있음을 뜻한다.

따라서 우리는 남한의 소설을 분석하면서 다양한 이념적 지향들을 분별하려고 하지만, 북한의 소설 속에서는 6.25에 대한 일정한 역사적 입장을 찾는 작업이 그리 큰 의미를 띤다고는 볼 수 없다. 오히려 6.25가 현재 어떤 구체적 모습으로 이해되고 있는가 즉 그 형상화 효과가 어떠한 것인가, 그리고 왜 그렇게 그리는가 혹은 그려지는가 등의 문제제기에 중점이 두어져야 하리라본다. 말하자면 '과거'를 기억하는 방식과 의미 및 그 효과가 무엇인가에 중점을 두어야 한다.

이제 작품들을 검토해 보기로 하자. 리장후의 작품 『전선』[4]1부와 2부는 필자가 볼 수 있었던, 가장 최근에 씌어진 6.25소재의 장편소설이었다. 북한문학사[5]에서 다루어지고 있는 이 부류의 작품 가운데 장편소설로는 황건의 『개마고원』(1956), 엄흥섭의 『동틀무렵』(1958), 석윤기의 『시대의 탄생』(1964) 등이 있는데, 리장후의 위 작품은 전쟁 발발부터 8월 하순경까지를 다루고 있다는 점에서 위의 작품들과 그 시기적 공통점을 지니고 있다. 뿐만 아니라 상당히 공들여 쓴 흔적들을 보이고 있다는 점에서 그리고 읽을 수 있었던 가장 최근의 소설이었다는 점에서 이 작품은 우선 주목된다. 그 분량은 1부 582면 2부 550면으로 아직 미완이라는 점이 문제가 되기는 하지만, 필자가 본 논문에서 주목하고자하는 내용의 성격상 그 측면은 그다지 중요하지 않다고 생각된다.

---

4) 1부(1987), 2부(1993), 평양 : 문예출판사.

5) 『조선문학개관』, 서울 : 인동출판사, 1988.

『전선』은 서울에서 대전까지(1부) 그리고 대전에서 낙동강전선까지(2부)의 북한 인민군의 전투과정을 쫓아가며 그린 작품이다. 이 작품의 표면을 보고 우선 지적해야할 점은 세 가지이다. 이는 북한문학에서 다음처럼 강조하는 바를 우선 염두에 두고 한 지적이다. 즉 문학작품은, 올바르다고 판단된 시각 하에, '공산주의 인간학'으로서의 문학의 본성과 묘사문학으로서 소설문학의 특성에 따라, 영웅적 형상을 창조하여 실감 있게 형상화하는 데 주안점을 둔다. 즉 '올바른 시각'과 '묘사', '인간학'의 측면이다.6)

첫째 항목은 '김일성'이란 이름만은 굵은 글자로 새겨 넣었다는 점과 관련된다. 이 사항은 다만 '그렇게 썼다'는 의미를 넘어서는 것이다. 6.25에 대한 일단의 역사의식을 반영하는 것이다. 6.25는 항일 혁명 투쟁의 연장선상에 있는 항미 전쟁이며, 그 전쟁에서 승리하기 위해서는 과거 항일 투쟁의 전통을 고스란히 이어받아야 하고, 이는 김일성의 지도에 의해서만이 가능하다는 점은 『불멸의 역사』총서 이래, 정확히는 한설야의 「혈로」이래로 북한문학에서 인식되어진 사실이었다. 이러한 인식의 강조가 표기상의 이런 특징으로 드러난 것으로 판단된다.

둘째로 지적해야 할 것은 그 '묘사'의 특이함이다.

---

6) 북한의 창작방법론에 대한 기존의 연구성과들을 검토해보면 문학적 방법의 차원에서는 이원론으로 특징짓고 있다. 즉 문학과 정치의 관계에서 볼 때는 일원적일지라도 문학적 방법 자체에 들어오면 작품이 현실의 반영적 성격(진리충실성)에서 출발하는 것이 아니라, 이념 혹은 진리가 방법문제와 독립적으로 주어지거나 선행하여, 내용과 형식이 종종 분리되어 사고되고 있다.

> 비는 수머줏해졌다. 그 대신 늦은 저녁의 내굴 같은 안개가 굼실굼실 길옆으로 흘렀다. 갈바람이 불더니 시꺼먼 서켠 하늘이 해토 무렵의 얼음장 부서지듯 쩍 갈라지며 그 틈새로 눈부신 빛이 쏟아져 나왔다. 물알갱이 같은 이슬비가 금구슬처럼 공중에서 뽀야니 흩날린다. 유리쪼각처럼 드러나는 하늘이 대지를 향해 장난삼아 물총을 쏘는가 싶다. 진주구슬 같은 비살이 서서히 안개처럼 사라진다.[7)]

남한에서 쓰이지 않은 어휘들이 많이 구사되고 있고 한편으로 문장의 미문화(美文化)가 두드러진다. 이 지적은 북한의 문학 특히 소설의 특성과 명백한 연관성을 지니고 있는 점이다. 언어가 먼저 있어서 이를 통해 구성된 현실이 아니라, 제시된 원칙으로 구성해내야 하는 현실이 먼저 있고 그 재료로서의 언어가 존재하는 것이다.

셋째 측면 즉 인간학으로서의 문학은 이렇게 촉발된다. 전쟁발발 장면을 보도록 하자.

> 6월25일 어뜩 새벽에 미제 침략군의 사촉을 받은 리승만 괴뢰군 1,2전투사령부 소속부대들이 38선 전역에 걸쳐 공화국 북반부에 대한 불의의 침공을 개시하였다는 전화를 받고 책상을 후려치며 일어나 비속을 뚫고 장군님의 집무실로 철벅철벅 달려가던 일, 근엄한 안색을 지으신 채 지도 앞에 서시여 인민경비대가 피어린 결사전을 버리고 있는 (…중략…인용자) 결정적인 반공격을 해야 한다고 하시며(…중략)드디어 인간과 야수와의 싸움이 시작되었다.[8)]

7) 『전선』 1부, 11면.

8) 위의 책, 15면.

6.25는 위와 같은 절차에 의해 발발, 전개되었으며 그 양 축의 성격이 그러하다는 점은 이 작품은 전제하고 있다. 이 작품에서 전쟁은 남측의 '불의의 침공' 즉 북쪽에서는 생각하지도 못했던 침공에서 시작되었다 보고 있다. 이에 결정적인 반공격을 감행하여 계속적인 승리를 얻게 되는데, 이 시각은 1950년대 이래 북한 소설이 보이고 있는 일관된 입장이기도 하다. 그렇다면 왜 '북침'을 감행했는가? 그 이유는 미국의 세계제패 야욕에 있는 것으로 설명하고 있다. 트루만의 승인에 의해, 맥아더는 젊은 시절에 밟아 보았던 조선에서 그 시도를 하게 되는데 그의 옆에는 문제적인 인물이자 그의 보좌관인 캠프가 붙어있다. 셔어만호에 탑승하여 조선을 침략하려다 실패한 인물의 외손자인 캠프는, 자신의 일기를 통해 미국이 힘의 논리를 배경으로 전쟁에서 승리하리라는 확신을 보여주고 있다.

따라서 『전선』에서 6.25전쟁은 미국의 세계제패전략에 맞서 싸우는 '정의의 전쟁'이자 남한을 강점하고 있는 미국으로부터 남한을 해방시키는 조국해방전쟁으로 설정된다.[9] 석윤기의 『시대의 탄생』을 두고 북한 문학사가 내린 평가를 참조하여 규정한다면 다음과 같다.

---

9) 『태백산맥』의 입장에서 보면 해방전후부터 비롯된 소작쟁의 및 대구, 여순사건과 이에 수반된 게릴라전이 6.25의 직접적인 전사(前史)로 되어 있다. 즉 남한 농민의 주체적 시각이 강하게 내포되어 있어서 북한의 소설에서 보이는 민주기지론적인 시각과는 분명히 구별되고 있다. 따라서 전쟁의 결과를 보는 시각은 북한의 소설이 승리의 전쟁에 서 있다면 조정래의 이 작품에서는 비극에 접근하고 있다. 남북 6.25 소설의 주요한 차이는 <승리를 위해 얼마나 헌신적 주체성을 발휘했는가>와 <6.25는 왜 일어났는가> 즉 소설 창작 동기의 차이에 다름 아니다.

작품에서는 많은 등장인물들과 방대한 사건들을 나열하거나 자체발전과정으로 취급한 것이 아니라 조선인민과 미제와의 적대적 갈등을 기본으로 내세우고 거기로부터 모든 사건이 발생하며 부단히 발전해나가도록 구성하였으며 그것을 구체적인 인간관계와 유기적으로 결합시키면서 집중적으로 형상화하였다.[10)]

그런데 핵심은 이러한 전쟁에서 그들이 맞서 싸우는 미국인들이나 지주계급 그리고 친일 친미 정치인들이 어떻게 형상화되었는가에 있다. '야수'의 이미지가 그것이다.

과거, 한설야의 작품 「승냥이」(1951)에서 미국인은 '승냥이'로 형상화되었었는데, 이 점은 국익에 따라 행동하는 미국인의 이미지를 넘어서서 이미 야수의 이미지로 바뀌어있다.[11)] 석윤기의 위 소설 서장에서 맥아더의 개인적 기질을 문제 삼는 동기도 이와 상통해 있다. 『전선』에 등장하는 미국인 역시 인간성 자체까지 철저히 부정되어버리고 마는데 가령 한국인을 멸시하는 기본 시각이라든가 혹은 인간의 본성을 넘어선 잔혹함 따위 등이 그러한 예이다. 이러한 북한 문학의 대미관은 『전선』의 등장인물인 캠프의 일기를 통해 한층 고조되고 있다. 전쟁의 원인에 대한 탐구가 침략자의 품성문제로 전이되어 있다는 점, 이 인간학이 북한 소설

10) 『조선문학개관』, 246면.

11) 한편 『태백산맥』의 미국인들은 철저한 합리주의자들로 그려져 있다. 주인공 김범우가 일제하에서 미국의 첩보원훈련을 받다가 8.15이후 다시 포로수용소에 넘겨진다거나 다시 군정청근무를 건의 받는 일 따위가 그 표현이다. 그 합리주의가 제3세계에 적용되었을 때 이는 여지없이 국가간의 폭력으로 비추어지며, 경제논리의 잔혹함에 다름 아니긴 하지만 가치중립적인 합리주의의 경계를 넘어서지는 않는다.

의 중요한 특징인 것이다.

여기서 '야수' 이미지가 지니는 의미를 좀 더 새겨볼 필요가 있다. 이 이미지는 근대자본주의의 총본산인 미국을 전형적으로 포착했다고 말할 수 없다. 말하자면 미국의 전체상의 상당부분이 제거되었거나 걸러지고 남은 이미지라 할 수 있다. 자본주의 사회의 제일 목적은 이윤추구이다. 이윤추구를 위한 자본의 운동이 세계시장의 확보를 추동하며 이것이 장애에 봉착할 때에 그 폭력적 구조가 작동한다. 이런 맥락에서 이해하자면 『전선』은 완전히 전도된 배치를 이루고 있다.

> 기업이란 결국 전쟁의 희생물에 지나지 않소. 전쟁에서 이길 가망이 보이면 군수기업에 매달리고 전쟁에서 질 것 같으면 민수기업에 매달린단 말이요. 그런데 문제는 저지들이 우리 미국의 전략을 모르고 이는데 문제가 있소. 그걸 알기만 하면 주권을 팔려고 저렇게 미친놈들처럼 뛰지 않을 거요. 조선전쟁은 저자들이 생각하는 것처럼 간단하게 끝날 전쟁이 아니요.
>
> 우리 미국이 개입되어 명예를 훼손당한 이상 끝까지 보복해야한단 말요. 조선전쟁은 금후로 3차 세계대전으로 학대될 성이요. 이것은 내 예측이 아니라 트루맨 대통령과 맥아더 사령관이 일치라게 주장하는 전략이요.[12)]

캠프가 슐츠에게 한 이야기인데 작가의 입장에서 보면 6.25전쟁이 결코 쉽지 않은 전쟁이어서 낙동강전투 이후의 퇴각에 대한 정당화 근거를 암시하는 것이기도 하다. 그러나 더 중요한 점은 이 소설에서 인간의 명

---

12) 『전선』 2부, 1993, 146면.

예심, 전정, 기업이라는 순서로 그 우선순위가 배치되어 있다는 점이다. 이렇게 보면 상황 속에서 가장 핵심적인 사태로 파악되는 것은 인물의 품성이 됨은 당연하다.

둘째 특징은, 첫째 특징과 연결되는 것인데 등장인물의 성격에 가장 큰 영향을 미치고 있는 것이 인간의 품성인가 아니면 경제적 동기인가라는, 그 우선순위에 관련된다. 사회 계급의 성격에 따라 그 도덕적 속성도 결정된다는 식의 계급적 시각이 견지되고 있는 것으로 보인다. 가령 박종필 같은 존재는 '지주'출신이다. 그는 운수회사 사장의 아들이며 '따라서' 잔혹한 인간성의 표본이다. 그가 연대장으로 전쟁에 참가했다는 점을 이 작품은 강조하고 있다. 이 반대축에 주인공 리철훈이 등장하는데 그는 이 박종필 집안의 고용원의 아들이며 그들에 의해 죽은 아버지의 원수를 갚는 일 자체가 6.25로 된다.[13] 이렇게 보면 이 작품은 계급간의 싸움이 곧 6.25라는 시각이어서 경제적 동기가 우위에 선 것으로 보이기도 한다. 전쟁의 원인이 분명하고 그 대립구조도 분명하다는 점, 이를 전제로 여러 선악을 배치하는 것이다.

그러나 계급적 차이와 도덕적 선악을 정확히 일치시키는 방식은 곧 인간은 그 본성상 선인과 악인으로 구분할 수 있다는 입장을 전제한다. 이는 인간의 의식이란 인간 내부의 본질적 속성에 의해 결정된다는 입장이기도 하다. 북한 소설에서는 계급적 인간관이 본질론적 인간관과 병렬

---

13) 『태백산맥』에는 지주계층으로 이러한 부류이외에 빨치산 대장 염상진에 호의를 베푸는 김사용, 지주의 아들이자 빨치산인 정하섭이나 나중에 좌익으로 전향한 김범우가 있으며 다른 한편에 염상구라는 천민출신 우익이 존재한다는 점은 이 지점에서 비교될 만하다. 이 양상은 그 자체로서 중요한 것이 아니라 그렇게 인물들을 형상화하게 되는 문학적 상상력의 성격에 중요성이 놓여있을 것이다.

적으로 드러난다. 이러한 병렬성은 산업자본주의 사회에서 성립한 인간관 즉 인간의 의식은 사회 혹은 역사와의 관련성 속에서 비로소 규정된다는 시각의 약화 혹은 소거의 기반 위에서만 가능한 것이다. 그렇다면 그것이 가능한 내적 근거는 무엇인가. 그것은 북한 사회에 있어서 근대 자본주의의 결여와 관련 있다고 생각한다. 자본주의내부에서 작동하는 이데올로기에 대한 형상화가 결여되어 있다는 점이 그것이다.

3. 인간의 가능성 실험과 혈연의 상상력

이상에서 논의한 바를 문학적인 차원에서 좀더 구체화시키기 위하여 그간 6.25가 남북의 소설작품에서 어떻게 형상화되어왔는지를 검토해보자.

한국문학에서 6.25를 다루는 방식이나 그 근저에 있는 입장은 그간 상당한 변화를 겪어온 것이 사실이다. 1950년대 문학에 나타난 반공주의는 이후 우리 문학에 큰 그림자를 드리웠으며 반공이데올로기의 기원으로 작동하면서 끊임없이 6.25전쟁에 대한 편향적 기억을 재생산하는 데 기여했다. 그러한 한편으로 1950년대 전후문학에서 전쟁은 동족상잔의 비극이자 인간성을 피폐화를 초래한 계기로 파악되었으며, 이 결과, 1950년대 문학은 반전 휴머니즘문학 즉 인간의 모럴이나 인간성 자체에 대한 심리적 차원의 탐구가 주조를 이루는 문학으로 평가되었다. 이러한 양상이 한 단계 더 진전되었던 것이 4.19이후의 『광장』(최인훈)이었음은 주지의 사실이다. 이 작품에서 최초로 주인공은 남북한을 경험하며 비판하고 있지만 그 기본정신은 자유주의 지식인의 지향과 맞닿아있었고 강한 난

민적 색채를 띠고 있었다.

7.4남북공동성명이후 80년대를 전후한 시기까지 간간히 등장했던 이러한 주제의 소설은 이른바 분단문학이라는 영역으로 확대되어 해방전후, 해방공간, 전쟁기간, 휴전회담 등의 시기에 일어났던 여러 역사적 사실들을 형상화하기에 이른다. 또한 이 작품들은 현재의 삶과의 일정한 연관 속에서 재현되는 양상을 보여주고 있었다. 다만 현재의 삶 혹은 삶에 내재된 전망의 수준(환언하면 현재의 사회적 계급적 실천의 수준)에 따라 과거를 보는 눈이 제한적 성격을 띠고 있었다고 할 것이다.

어린 시절의 체험으로서의 6.25, 현재의 삶을 끈질기게 파고드는 과거의 기억 등이 형상화과정의 주된 내용이었고, 이의 형상화를 위한 소년의 눈, 혹은 회상수법 등이 종종 씌어졌으며, 윤흥길의 「장마」나 실록소설 『지리산』이 출현하기도 했다.

1980년대에 접어들면서 이 분단문학은 다시 광주, 노동문제, 통일문제, 혹은 젊은이들의 군대체험, 혹은 미국 등과 연관되면서 그 문학적 형상화의 영역을 넓혀왔고 『노을』(김원일), 『영웅시대』(이문열), 『남부군』(이태) 등을 거쳐 『태백산맥』과 같은 작품으로 진전되어 왔다고 볼 수 있다.

이러한 진전과정에서 주목되는 점은 비극이었던 과거의 역사를 어떻게 현시대에 극복할 것인가 하는 것이다. 가령 『영웅시대』의 시각에 따르면, 6.25란 이념적 지식인의 분열과 격투에 다름 아니다. 이 이념갈등에 의해 민중들은 엄청난 고난을 겪었다고 보는 것인데 이 시각은 결국 이념의 비판, 포기, 혐오의 과정으로 나아간다. 한편 「장마」는 마지막 장면에서 보이듯 토속적인 사유 방식의 일종인 샤머니즘의 차원에서 이러한 갈등을 해소한다. 『태백산맥』의 경우, 6.25의 前史에 해당되는 여순사건 혹은 남한에서의 빨치산 투쟁이란 소작쟁의라는 시각을 제시하고 있다.

문제는 남한문학 문학에서의 6.25란 끊임없이 당대의 모순구조와 중첩되면서 소생하는 응어리진 한이라는 점이다. 분단을 고착화시킨 이 전쟁은 결과적으로 현시대의 모순을 더욱 가속화시키는 근본적 구조로 자리 잡았으며 백낙청 교수는 이 문제를 분단모순이라 하여 현재의 사회구성체 논의에 현실감 있는 문제제기를 한 바도 있다. 따라서 6.25란 남한문학에서는 아직도 풀어야할 그것도 현재의 문제와 함께 풀어야할 역사적 비극에 다름 아니다. 『전선』이 6.25라는 '정의의 전쟁'이라는 전제하에서 그 형상화가 시작되었다면, 『태백산맥』은 6.25전후를 통해 현재를 조명하려는 '전망포착'의 문제에서 출발했다고 보아도 큰 무리가 없을 것이다.[14)]

이제 『전선』에서 6.25란 무엇인가를 이 자리에서 다시 묻는다면, 이미 앞에서 지적했듯이 '역사적 사건인 6.25'란 명확한 전제하에 놓여 있어서, 그 물음 자체는 다른 방식으로 제기해야할 것이다. 북한 문학사의

---

14) 『태백산맥』의 이러한 성격에 관하여는 졸고,「비극적 역사의 전환을 위하여」(『창작과 비평』,1990년 여름호) 참조. 『태백산맥』은 빨치산 투쟁을 전쟁의 중요한 한 쪽 축으로 설정하여놓았다는 점, 그리고 전쟁의 책임문제를 거론하고 있는 점 즉 빨치산 투쟁을 포함한 전쟁의 실패(태백산맥』이, 이 전쟁은 이전에도 계속되어왔다는 점을 중심 주제로 하고 있다. 특히 전면전으로서 북한의 역량까지를 통원했던 6.25의 시기나 절차, 방법의 문제의 실패)를 두고 빨치산 혹은 남로당과 북로당의 관계까지를 고려하고 있다는 점이 특징적이다.(전쟁의 원인을 북한의 권력투쟁과정에서 찾는 견해(가령 김점곤의 견해,이 시각을 확대하자면 『영웅시대』의 시각도 이에 포함될 수 있다)와 『태백산맥』의 이 시각은 관련이 없다.) 특히 이러한 역사적 사항은 주인공의 운명을 결정하는 것으로 형상화되고 있다.

언급과, 『전선』에 등장하는 한 인민군대원의 말을 들어보자.

미제의 격화되는 새 전쟁도발책동에 대처하여 인민들을 혁명적으로 교양하는 데서 올바른 전쟁관점으로 무장시키며 지난해 조국해방전쟁 시기의 경험을 배우도록 하는 것은 중요한 문제의 하나로 나섰다.
특히 조국해방전쟁현실과 인민군대의 영웅적 투쟁을 형상화하는 것은 필수적인 요구로 나섰다.15)

짬짬이 소설책을 읽으라구. 거기엔 사람의 마음이 적혀 있소. 어떤 마음이 좋고 어떤 마음이 나쁜가 하는 게 다 씌여져 있기 때문에 그걸 읽으면 사람이 자신을 발견하게 되고 저도 모르게 마음이 훌륭해진단 말이요.16)

위의 언급들은 북한소설의 성격을 정확히 드러내고 있다. 조국해방전쟁시기의 경험을 배우는 것은 영웅적 투쟁상을 배우는 것이며 헌신적인 자세, 고귀한 인간의 본성을 배우는 것이다. 그것은 소설 속에 들어있다.
이 특성은 노동현장에서, 농촌에서 활동하는 모든 긍정적 주인공들 속에도 잠재해 있다. 이 점을 강조하고 고양시킴으로 해서 문학은 맡은 바 임무를 수행하는데 전쟁이라는 '극한' 상황 속에서 이러한 특성은 최고도로 발휘된다. 그러나 6.25는 극한 상황을 의미하는 기호일 뿐이다. 인민군사령부참모 강권, 사단장 최무현, 공병중대장 리철훈, 그의 여동생이자 수송트럭 운전수 리영숙, 간호 장교 진달래 그리고 진달래의 부친으로 항일투쟁시 '장군님의 명령을 죽음을 무릅쓰고 수행했던' 진봉우 등이

15) 정홍교 · 박종원 · 류만, 『조선문학개관』, 서울: 인동출판사, 1988.
16) 『전선』 1부, 104면.

그러한 인물이 아닌가. 『전선』 1부의 마지막 장면인 대전 점령 작전에서 리철훈은 폭탄 차에 몸을 싣고 뛰어들어 임무를 완수했으며 같은 중대의 천관석은 폭탄과 함께 폭사함으로 해서 교량을 폭파하였다. 이러한 행동은 전쟁에서 이겨야한다는 의지에 의해 수행되었지만 이 작품에서 그보다 더 우위에 두어진 점은 모두를 위해 조국을 위해 헌신하는 그리하여 초능력적으로 임무를 수행한다는 '순결한' 마음이었다. 전쟁 상황을 인간의 품성의 실험장으로 환원되는 양상을 보이고 있다. 이는 다른 작가동맹 기관지 『조선문학』에 실린 6.25소재 작품에서도 드러난다 .「수호자들」[17]에서 주인공 박성국은 전쟁능력상실자로 진단받은 상황 하에서 이를 감추고 재 입대, 지뢰밭 통과의 선봉으로 공을 세우며,「샘물은 파도를 부른다」[18]의 주인공인 18세 소년은 어린 나이임에도 연락병으로 활동하다 적의 전차를 폭파하기 위하여 전차에 뛰어들며,「길」[19]에서의 주인공은 죽는 순간까지 전우애를 잃지 않는다.[20] 이로 인하여, 북한 문학 작품

17) 『조선문학』, 평양 : 조선 작가동맹 출판부, 1983년 3월.

18) 리평, 위의 책, 1988년 9월.

19) 김관일, 위의 책, 1987년 1월.

20) 이 양상은 50년대에 씌어진 단편소설들과 견주어보면 약간의 차이를 보이고 있는 것이다. 50년대에 씌어진 작품들, 가령「아들은 전선에 있다」(리상현, 『조선문학』 1955년 1월)는 한증골이란 마을을 배경으로 치안대장의 반민중성과 이에 대항하는 한 노인의 모습을 통해 6.25를 형상화했다면 「김명화」(리영규, 위의 책, 1955년 5월)는 임신 중인 한 여인이 미군에 의해 봉변당하기 직전 중국군병사들에 의해 구조되는데 다시 그들이 미군에게 붙잡히자 그녀가 나서 구한다는 내용이다. 「그들은 굴하지않았다」(리근영,위의 책,1955년 8월)에서는 소작인인 만술과 그의 아내가 지주 김태호와 이를 옹호하는 미군에 결국 저항할 수밖에 없었음을 그리고 있다. 즉 이 작품들은 나름의 시각에서 전형적인 정황을 설정하여 인물을 행동시키고 있으며 『전선』에 비하여 상대적으로 인간학에 대한 문학적 고려가 두드러지지 않다.

분석 시, 작품의 현실 반영적 성격에서 오는 현실의 모순구조나 그에 내재된 변혁전망분석보다, 오히려 작중 주인공 성격적 특질을 규정하는 틀에 중점을 두게 된다.[21)]

이러한 북한문학의 성격은 6.25가 영웅적 인물의 활동공간을 의미한다는 점에서 명확해진다. 『전선』에서 주인공 리철훈은 전투에서 필수적인 공병대 중대장이다. 그가 군에 들어온 계기는 물론 원수를 갚기 위해서였지만, 실제전투상황에서 주로 하는 일은 도로나 다리를 신속하게 놓는 일이다. 이 일을 훌륭히 수행하는 것 자체가 전쟁에 승리하는 것이기도 한데 그는 결국 적의 통과지점을 폭파시킴으로 해서, 자신의 영웅성을 발휘한다. 대전 점령작전에서 이 임무는 대단히 중요한 것이었기 때문이다. 천관석도 다리폭파 임무를 죽기를 각오하고 수행하며 수송차 운전수 이영숙도 그러하다. 반면 이들이 싸우고 있는 대상 즉 미국과 국군은 박종필과 슐츠 모습 속에서 드러나듯이 개인적인 이익을 위해 전쟁에 참가한 존재들이다. 그들은 잔인하고 이기적인 성격의 소유자들로서 성품의 면에서도 인민군과 대조적인 것으로 되어있다. 마치 전쟁은 '정의의 전쟁'을 넘어서서 '인간과 야수' 혹은 고귀한 성품을 지닌 존재들과 악한 존재들의 결전장으로 된다.

이러한 대립적 양상 속에서 고귀한 쪽의 지향이란 어떤 것인가. 간호장교 진달래는 이렇게 생각하고 있다.

---

21) 북한의 6.25소재소설은 인간학으로 치달을 수밖에 없을지 모른다. 이러한 점을 역사소설의 성격의 측면에서 지적하자면, 역사의 사사화(私事化)적 경향의 강화라고 볼 수도 있는 것이다.

> 웃음도 많고 ,기쁨도 많고, 즐거움도 많을 아름다운 지향, 참된 삶, 다함없는 행복, 그 모든 것이 얼굴에 사붓사붓 떨어지는 눈송이에 담겨져 있는 듯 싶었다. 그것은 만주벌의 사득판에서 쓰러진 아버지처럼, 부녀회원으로 싸우다 희생된 어머니처럼 한 생을 깨끗하게 살려는 깨끗한 희망이었다. 한없이 성실한 사람, 용감한 사람, 자기 한 몸을 아낌없이 내댈 줄 아는 사람, 그런 사람이 되고 싶었던 진달래였다.[22)]

이러한 '마음'이란 1980년대 북한소설문학의 다음과 같은 과제와 관계있다고 그들은 지적한다.[23)] 1970년대 이후의 북한의 문학은 '공산주의 인간학'이라는 성격을 뚜렷이 띠고 있는 것인데 이는 다시 말해 어떠한 상황 하에서도 주체를 세우고 헌신적이며 혁명적으로 행동하는 인간에 대한 지향인 것이기도 하다. 이 인간학의 본질적 성격이 주관적 관념론에 닿아있다거나[24)] 혹은 유물론의 극복된 형태이거나 간에, 이 점은 북한사회주의의 다음과 같은 문제적 성격과 관련이 있다.

> 학자들은 조선민주주의인민공화국이 세계문명에서 얻은 성과를 이용하는 방법-인간성의 전면적인 발전과 인간의 창조적인 정신적 잠재력의 사용문제가 어떻게 해결되고 있는가-을 밝히도록 기대하고 있다.(……중략…인용자)이 사회의식은 예를 들면 금욕주의와 자기희생에 가까운 절제, 그리고 목적성, 규율, 책임성 등과 같은 여러 이질적인 특성과 특수

---

22) 리장후, 앞의 책, 569면.

23) 이 시기 소설문학은 우리 시대가 제기하는 인간문제, 사람들의 정치적 생명에 관한 문제를 제기하고 주체형의 인간전형을 빛나게 창조한 공산주의 인간학으로서의 면모를 뚜렷이 갖추게 되었다.(『조선문학개관』, 280면)

24) 정용진, 「유물론적 인간론과 주체사상의 인간론」, 『주체사상비판 1』, 서울 : 벼리출판사, 1989.

하게 결합된 것이다.[25)]

그러나 이러한 여러 이질적 특성들의 근원에 놓여 있는 것은 작품에서 드러나듯 가족과 고향으로 표상되며 인민과 국가로 유비되는 유기체적 인식론에 기반한 상상력이다. 『전선』의 곳곳에서 드러나듯 어머니나 고향에 대한 혈연적 상상력이 그것이다. 가령 이런 장면이 그러하다.

"어머니를 잊지 말아라, 자나 깨나 어머니 마음을 잊어서는 안된다. 우리가 싸움을 한다고 하지만 어머니의 그 마음에 비길 수 있느냐."

"오빠도 어머니의 부탁을 잊지 말아요. 오빠가 덤빌까봐 어머니가 얼마나 걱정하고 있나요."

영숙이의 목소리는 눈물에 젖어 떨렸다. 자나깨나 어머니 생각을 하며 전선길을 무섭게 질주하는 녀동생이었다.

만약 그에게 폭격 속을 뚫고 자동차를 몰아나갈 때 무섭지 않는가고 물어보라!

"난 무섭지 않아요! 집에 있는 어머니생각만 하면 난 무섭지 않아요. 아무서고 무섭지 않아요."[26)]

리철훈과 그의 여동생 리영숙의 대화 장면이다. 그들의 순결한 마음과 헌신성의 동력이 되는 바는 이런 어머니에 대한 상상이다. 어머니이자 가족이며 혈연에 대한 상상이다. 전인민이 한 가족으로 상상되는 바로 그 지점에서 전쟁은 부모형제 같은 '인민'을 지키기 위한 투쟁이 된다.

---

25) F. 샤브시나, 「한반도 현실과 남북한 현대사연구」, 도진순 역, 『역사비평』 10호, 서울 : 역사비평사, 1990, 65면.

26) 『전선』 2부, 18면.

가족의 터전을 침탈한 자들은 그야말로 야수 이외에 다름 아닌 것이다. 진봉우의 딸 진달래가 상상하는 고향은 그리하여 이러하다.

> 그 하얀 돛배가 잔잔한 파도를 타고 순풍에 한껏 부푼 흰돛을 올리고 돌아올 때면 어머니가 그리도 기뻐하며, 파도가 밀려오는 모래불로 달려가는 유정한 바다여! 유년시절의 동심을 싣고 달려오던 흰 돛배여! 진달래의 가슴 속에 고이 간직된 고향풍경은 아버지가 배노래를 부르며 멀리 멀리 사라지던 하얀 돛배였다. 은모래 백사장이었다. 박꽃이 핀 오두막이었다.
>
> 하얀 돛배 희망의 꿈을 실은 흰 돛배를 타고 고향으로 돌아갈 날은 과연 언제일가?[27)]

『태백산맥』까지 이르는 남한의 분단소설의 진전과정과 그 특성과 비교하여 볼 때, 『전선』의 양상은 인간의 품성의 개발이나 앙양이라는 주된 목적 아래 극한 상황 혹은 영웅적 행위를 가능하게 했던 어떤 "정황'으로 6.25를 형상화했으며, 그 상상력의 동력이란 사회에 대한 유기체적 인식론에서 비롯되었음을 알 수 있다. 이러한 유기체적 인식론은 북한문학에 있어서의 근대의 결여와도 상통되는 특성이지만 한편으로 문학의 긴 역사 속에서 종종 드러나는 바로 그 유기론과 별반 다를 것이 없는 특성이기도 하다.

역사를 다루는 소설에서 이러한 유형의 소설은 사실상 현대의 전사(前史)로서의 과거에 대한 인식을 획득하기는 어려운 것으로 규정되고 있다. 특히 북한의 소설들이 일제하 혹은 6.25전쟁을 다룰 때 당의 지도와 이에

---

27) 위의 책, 118면.

서 비롯되는 인간에 대한 새로운 실험을, 작품창작의 전제로 계속 내세울 경우, 작품들은 현재의 이념에 대한 선전의 측면에서는 일정한 의미를 지닐지 몰라도 역사를 풍부하게 참조하는 통로로서의 소설을 기대하기는 쉽지 않으리라고 생각된다.

참고문헌

가라타니 고진, 김경원 역, 『마르크스 그 가능성의 중심』, 이산, 1999.

리근영, 「그들은 굴하지않았다」, 『조선문학』, 1955.

리상현, 「아들은 전선에 있다」, 『조선문학』, 1955.

리영규, 「김명화」, 『조선문학』, 1955.

리장후, 『선』 1부 2부, 평양:문예출판사, 1987, 1993.

서경석, 「비극적 역사의 전환을 위하여」, 『창작과 비평』, 1990년 여름호.

정용진, 「유물론적 인간론과 주체사상의 인간론」, 『주체사상비판 1』, 서울: 벼리출판사, 1989.

정흥교 · 박종원 · 류만, 『조선문학개관』, 서울: 인동출판사, 1988.

조정래, 『태백산맥』 1-10, 해냄, 2000.

황 건, 『개마고원』, 미래사, 1989.

『조선문학』, 평양: 조선 작가동맹 출판부, 1983. 1987, 1988.

F. 샤브시나, 「한반도 현실과 남북한 현대사연구」, 도진순 역, 『역사비평』 10호, 서울: 역사비평사, 1990.

R. Selden, *A Reader's Guide to Contemporary Literary Theory,* U. P. of Kenturcky, 1985.

저자소개

황국명은 동아대학교 국어국문학과를 졸업하고, 부산대학교에서 문학박사학위를 받았으며, 현재 인제대학교 국어국문학과 교수이다. 주요관심분야는 한국현대소설, 한국현대비평 등이며, 주요 논문으로 「채만식소설의 현실주의적 전략 연구」, 「1930년대 가족사소설의 정치적 무의식 연구」 등이 있고, 저서로 『삶의 진실과 소설의 방법』, 『한국현대소설과 서사전략』 등이 있다. E-mail: kllhwang@inje.ac.kr

정호웅은 서울대학교 국문학과를 졸업하고, 서울대학에서 박사학위를 받았으며, 현재 홍익대학교 국어교육과 교수이다. 주요관심분야는 한국현대소설, 한국현대비평 등이며, 주요 저서로는 『우리 소설이 걸어온 길』, 『한국현대소설사론』, 『한국문학의 근본주의적 상상력』 등이 있다. E-mail: yuhaj@wow.hongik.ac.kr

민현기는 서울대학교 국어국문학과 및 동대학원을 졸업하고, 현재 계명대학교 한국어문학과 교수이다. 문학평론가이자 소설가이다. 저서로는 『한국근대소설론』(1983), 『한국 근대소설과 민족현실』(1989), 『한국 현대소설 연구』(1998), 『한국현대문학 비평론』(2002), 『우리시대의 진실 찾기』(1995, 산문집), 『교수들의 행진』(1996, 소설집), 『일제 강점기 항일독립투쟁소설 선집』(1989, 편저), 『한국 유이민소설 선집』(1989, 편저), 『한국 단편소설 선집』(1998, 편저), 『한국 현대문학의 새로운 인식』(2005) 등이 있다. E-mail: hkm170@kmu.ac.kr

박상준은 서울대학교 국문학과를 졸업하고 같은 대학에서 박사학위를 받았으며, 현재 포항공과대학교 인문사회학부 교수이다. 주요 관심 분야는 192,30년대 소설과 비평, 문학사, 대중문학이다. 주요 논저로 『한국 근대문학의 형성과 신경향파』(소명출판), 『1920년대 문학과 염상섭』(역락), 『소설의 숲에서 문학을 생각하다』(소명출판), 「잃어버린 정체성을 찾아서: '날개' 연구 (1)」, 「임화의 문학사 연구에 나타난 이론 구성과 실제 기술의 변증법」 등이 있다. E-mail: literae@postech.ac.kr

신형기는 연세대학교 국어국문학과와 동대학원에서 공부했고. 1988년 2월 「해방직후의 문학운동 연구」로 연세대학교에서 문학박사 학위를 받았다. 공군사관학교 교관, 부산 경성대학교 교수를 거쳐 현재 연세대학교 국문학과 교수로 재직 중이다. 그는 식민지 시대와 해방직후의 문학, 특히 문학논의에 관한 실증적인 연구로 학문 활동을 시작했으며 이후 북한문학에 대한 관심을 가지면서 민족 이야기(nation narrative)에 대한 고찰을 시작했다. 한국의 근대에서 민족 이야기가 어떤 기능과 역할을 했는가는 여전히 그가 천착하고 있는 주제다. 저서로는 『북한문학사』(2000), 『민족이야기를 넘어서』(2003), 『이야기된 역사』(2005) 등이 있다.
E-mail: hkshin@yonsei.ac.kr

서경석은 서울대학교 국문학과를 졸업하고 동대학교에서 문학박사 학위를 받았으며, 현재 한양대학교 국문과 교수이다. 주요관심분야는 1920-30년대 한국근대소설사이며 주요 논문으로는 「한설야문학연구」, 「1920-30년대 한국경향소설연구」 등이 있다. E-mail: ksseo@hanyang.ac.kr

계명대학교 한국학연구 총서 16

남북한 역사소설 비교 연구

인쇄 | 2006년 6월 1일
발행 | 2006년 6월 5일
저 자 | 민현기 외
펴낸이 | 이진우
펴낸곳 | 계명대학교출판부
704-701 대구시 달서구 신당동 1000번지
전화 053-580-6233 팩스 053-583-5213
등록 | 1970. 9. 1. (신고번호 제347-1998-1호)

ISBN 89-7585-362-4 93810

값 14,000원